UNE HISTOIRE DE L'AVENIR

DES MÊMES AUTEURS
À LA MÊME LIBRAIRIE

Après la fin de l'histoire. Temps, monde, historicité, Paris, Vrin, 1998.

Historicité et spatialité. Le problème de l'espace dans la pensée contemporaine, Paris, Vrin, 2001.

PROBLÈMES ET CONTROVERSES

Directeur : Jean-François COURTINE

UNE HISTOIRE DE L'AVENIR

Messianité et Révolution

par

Jocelyn BENOIST et **Fabio MERLINI**

PARIS

LIBRAIRIE PHILOSOPHIQUE J. VRIN

6, Place de la Sorbonne, V[e]

—

2004

ISSN 0249-7875
ISBN 2-7116-1664-9
Imprimé in France

www.vrin.fr

RÉVOLUTION ET MESSIANITÉ

L'HISTOIRE ET LES FIGURES DE L'AU-DELÀ

Dans des travaux précédents[1], nous avons tenté de déconstruire, par des voies diverses, un certain concept de l'Histoire en tant que concept métaphysique : l'idée d'une téléologie immanente telle qu'elle s'est mise en place à partir de la fin du XVIIIe siècle européen en laïcisation de la Providence chrétienne. Au-delà de cette conception idéaliste de l'Histoire, qui l'ordonne à une unité prédonnée, nous avons tenté de ressaisir son mouvement réel en tant que celui-ci s'expose à une dispersion essentielle, s'inscrit sur la surface des corps et ne s'identifie à rien d'autre qu'à l'épreuve même de l'extériorité.

D'une certaine façon, l'idée maîtresse de nos recherches a été que pour retrouver la réalité de l'histoire – loin d'aspirer à la fiction tout aussi métaphysique d'un monde déshistoricisé – il fallait se débarrasser d'une certaine idée ou d'un certain idéal de l'Histoire, qui nous écarte de ses tensions et de son incertitude propres : celles de *ce qui arrive*, tout simplement.

Une telle histoire purgée d'elle-même comme fantasme métaphysique (une histoire libérée de son concept qui la fait Histoire en quelque sorte) semble aussi bien, dans un processus de sécularisation qui serait allé jusqu'au bout, être une histoire qui aurait enfin rompu les liens de la provenance religieuse qui est la sienne, au moins dans l'Occident chrétien.

Et pourtant, à y regarder de plus près, il semble qu'il y ait dans cette pure et simple identification du métaphysique au religieux (certes

1. Voir J. Benoist, F. Merlini (éd.), *Après la fin de l'histoire. Temps, monde, historicité*, Paris, Vrin, 1998 et J. Benoist, F. Merlini (éd.), *Historicité et Spatialité. Recherches sur le Problème de l'espace dans la pensée contemporaine*, Paris, Vrin, 2001.

entretenue par la façon dont le premier a pu historiquement se revêtir de la dépouille extérieure du second, en opérant souvent une assez grossière traduction), quelque confusion. Il faudrait au minimum introduire une distinction entre *deux sens* du métaphysique : celui que Heidegger récapitule et peut-être invente, y ramassant non sans une construction qui pourrait passer pour « métaphysique » en ce sens-même toute l'épopée de la pensée occidentale, contre celui de Levinas, qui ratifie au contraire le dépassement du premier. D'un côté, la clôture de l'être, qui peut bien prendre pour nom « Histoire », et certainement l'a pris ; de l'autre l'appel de l'Autre, qui au contraire nous convoque, au moins en première lecture, à dépasser toute « Histoire ».

D'un côté, il s'agit de replier l'Histoire sur elle-même, en faisant son propre accomplissement, et lui permettant par là-même, sans doute, de se boucler comme « Histoire » en ce sens absolu qui a été celui de la modernité – caractérisée comme époque qui a cru à « l'Histoire » précisément.

De l'autre, il s'agit de soumettre ce concept clos d'Histoire à une critique radicale : celle d'un « impératif d'exode »[1] qui nous invite à sortir du jeu là où celui-ci est devenu insupportable. Mais non à le faire sur le mode du retrait ou du repli – « en dehors de l'Histoire », comme on dit – mais du *changement*.

La question fondamentale posée à l'Histoire comme construction proprement moderne, liée à l'idée de progrès, est : *un changement est-il possible ?*

L'Histoire, comme concept spéculatif, a tôt fait d'absorber et replier en soi tous les changements, qu'elle a pour fonction d'ordonner. Par là-même, en un sens, elle nie ou en tout cas domestique toujours la possibilité du changement radical, de ce qu'on appelle la rupture.

C'est au contraire cette possibilité qu'aurait à charge d'instruire une véritable méta-physique au sens de la fausse étymologie forgée par les néoplatoniciens et qu'on entend jusqu'à Kant et au-delà, comme instance du *dépassement*.

Peut-être et sans doute y a-t-il une dimension métaphysique, intrinsèque, de l'histoire elle-même, au sens où lui est posée, de l'intérieur, la question de son propre dépassement, mais comme, pourrait-on dire, intériorité à elle de sa propre extériorité, sentiment constitutif de sa propre insuffisance – sentiment sans lequel il n'y a pas d'histoire même. Il n'y a histoire que dans la mesure où en elle peut se jouer quelque chose qui n'a

1. Cf. H. d'Aviau de Ternay, *La liberté kantienne. Un impératif d'exode*, Paris, Cerf, 1991.

rien à voir avec elle, une forme d'exigence qui vient de plus profond qu'elle et bouscule sa propre téléologie, réelle ou imaginaire.

Telle est l'intuition, proprement politique, s'il est vrai que la politique est autre chose que la gestion de ce qui est et la garde d'un monde déjà fait, que nous avons essayé de retrouver ici en déclinant les figures du messianisme, qui, loin de constituer l'accomplissement ou l'opérateur de ce que nous appellerons la conception métaphysique (au sens heideggérien ou disons pour faire vite post-hégélien) de l'Histoire, nous en ont paru être un correctif essentiel.

Cette tension, entre messianisme et métaphysique, ou d'un sens du métaphysique à un autre, nous a paru s'incarner au mieux dans l'ambiguïté du concept de Révolution.

« Histoire », « révolution » et « modernité » constituent sans doute une constellation qui fait signe vers l'affirmation d'une idée du temps de la collectivité humaine bien précise. Ainsi ce n'est pas un hasard si la modernité a pu être définie, à la fois, comme l'époque révolutionnaire et comme l'époque de l'image historique du monde, ou encore, d'après le langage de R. Koselleck (un auteur qui a accompagné plus au moins explicitement une bonne partie de notre parcours de recherche), l'âge de la temporalisation de l'histoire. Pour qu'on puisse parler de révolution, au sens moderne du terme, pour qu'on puisse légitimer une pratique révolutionnaire, pour qu'on puisse attendre quelque chose comme un bouleversement radical (par rapport à quoi ?), il faut qu'un ordre du réel ouvert au changement soit ontologiquement déjà là, comme horizon partagé des actions et des discours humains. (Autre chose est d'évaluer s'il s'agit, ici, d'un changement caractérisé véritablement par la capacité d'accueillir l'altérité, ou si, au contraire, l'on reste de toute façon à l'intérieur du domaine de l'identité, ce qui signifierait penser la révolution comme une figure centrale *de* l'Histoire – vecteur privilégié de *son* accomplissement téléologique).

Or, en tant qu'expression de l'ontologie historique, la modernité inaugure en effet un « ordre du réel » qui s'auto-interprète comme un processus dynamique ouvert sur le futur : c'est l'idée d'une réalité traversée, en chaque point de sa texture, par une dimension temporelle progressive et linéaire. Plus précisément : c'est l'idée d'une réalité qui procède d'une certaine articulation du rapport entre passé, présent et futur. Ajoutons que, lorsque c'est l'Histoire – tel est le cas ici – qui organise ce rapport, la relation entre les trois dimensions du temps relève toujours d'une relation de co-appartenance, polarisée sur le présent, entendu comme lieu de passage topique. S'il est vrai que, dans cette perspective, le passé n'est que le passé *du* présent, le futur lui-aussi est toujours futur *d'*un présent qui doit passer, c'est-à-dire *devenir*, pour pouvoir s'avérer.

Toute réalité qui pose cette *force* du devenir comme marque spécifique de son être, est une réalité qui se pense *historiquement*. L'irruption de la révolution sur la scène de l'Histoire représente, alors, la rencontre de deux forces complémentaires qui agissent dans le même *sens*, et cela non pas seulement dans le cas où il y aurait effectivement convergence de directions (accélération de l'Histoire par la révolution), mais aussi lorsque leurs directions sont (apparemment) contraires (révolution comme dépassement d'une histoire corrompue, avènement – où restauration – de la vraie histoire, passage de la pré-histoire à l'Histoire). Révolution et Histoire, disons, appartiennent à la même surdétermination symbolique du temps : temps-archive dont aussi bien l'une que l'autre tirent la pertinence de leurs raisons et la plausibilité de leurs arguments.

Ce que nous voulons dire par là, c'est que la révolution, comme action résolutive, même quand elle paraît s'opposer à un certain décours historique, en réalité ne fait que faire appel à une possibilité qui s'inscrit dans la forme du temps propre à l'historicisme. De ce point de vue, toute révolution est *tardive*, au sens précis d'arriver toujours *après* une Histoire qui, quelque part, a déjà été faite. Et qui constitue, donc, la condition même de sa pensabilité.

Il est indéniable que le déclin de la croyance en l'Histoire qui a marqué la seconde moitié du XXe siècle s'est d'abord et en premier lieu traduit par une perte de confiance en l'imminence de la Révolution et une perte de lisibilité de son concept. L'historicisme moderne semble avoir intrinsèquement partie liée avec cette idée, et la mort de l'une est dans une large mesure la mort de l'autre.

Il s'agit de l'effacement de l'idée de Révolution comme celle de l'aboutissement programmé d'un processus téléologique qui le déterminerait comme tel. Personne ou presque plus personne ne croit aujourd'hui à un tel événement résolutif, en tant que solution produite par l'Histoire elle-même – à la mesure de ce que plus personne ou presque ne croit à l'Histoire. Symétriquement, faudrait-t-il alors parler de la mise en place d'une hypodétermination du temps, nous reliant incessamment à un présent détemporalisé, fermé et suffisant à lui-même, à vocation totalisante ?

Reste pourtant la question posée avec force par Sartre dans son débat avec Lévi-Strauss dans les années 60, à savoir celle de l'action. Celle-ci est-elle concevable sans quelque idée de l'Histoire – et sans la résolution promise, qui subsiste au moins comme aspiration ?

Ici, il faut sans doute opposer l'Histoire récapitulative de la conscience, qui met la Révolution au présent – un présent fictif et idéalisé – en faisant de celui-ci un accomplissement, et une *histoire de l'avenir*, qui voit dans le sens quelque chose de constitutivement incomplet et à placer justement sous le signe de la promesse, qui nous convoque à prendre le risque de l'action.

À ce niveau, il y a un sens fondamental et nous semble-t-il imprescriptible à l'idée de Révolution : que tout n'est pas joué et que d'une part il y a toujours quelque chose à faire, même et surtout à un moment où le monde est le plus sombre – ce qui pourrait à plus d'un titre s'appliquer à la réalité d'aujourd'hui ; que, d'autre part, nous ne sommes jamais les seuls maîtres ni absolument du sens de ce qu'il y a à faire (il y a toujours quelque chose à *attendre*).

Avec le volume que nous présentons ici, se termine la publication des matériaux et des interventions élaborés à l'occasion des travaux du Groupe de Recherches sur l'Ontologie de l'Histoire, qui se sont déroulés de décembre 1996 à mai 2000, entre l'École Normale Supérieure de Paris (Archives Husserl) et la Section de Philosophie de l'Université de Lausanne.

Que Raphaël Célis et Jan-François Courtine soient ici remerciés pour leur soutien et leur immense disponibilité.

La question du messianisme et de la révolution s'est imposée à nous, assez spontanément, à la fin d'un parcours qui a commencé par s'interroger sur les possibles sens de cette expérience du temps collectif que, plus au moins idéologiquement, plusieurs auteurs ont définie avec une locution devenue désormais célèbre : la « fin de l'Histoire ». Même si, à vrai dire, ce qui, à ce sujet, nous a occupé au début c'était plutôt l'analyse des possibles issues du « deuil de l'Histoire ». Tout un travail d'élucidation conceptuelle nous a paru nécessaire au moment où on a cessé de penser l'existence et les événements à l'intérieur, respectivement, du cadre *normatif* et du cadre *significatif* et *normalisant* offert par l'idée de l'Histoire universelle – la grande utopie de la modernité. Puis venait une deuxième étape : la réflexion sur les instances idéelles qui se sont substituées, non moins idéologiquement, au paradigme historiciste et donc aussi aux formes du temps qui lui étaient propres.

Dans cet esprit, lors d'une séance en février 1997, nous nous sommes penchés sur le paradigme du marché, comme domaine empirique et, en même temps, idéologique ressuscitant, à travers la réalité du *Weltmarkt*, les anciennes idéalités de l'Histoire spéculative : progrès, émancipation, liberté, rationalité. C'est encore, dans cette voie, pour nous interroger sur les risques d'une telle confiscation de l'historique par l'économique (cette nouvelle réédition de la figure sécularisée du salut) que nous avons organisé en mars 1998 une rencontre sur la possibilité, idéologique ou non, d'avancer l'idée de la nature comme limite *normative* de l'histoire.

Vu la direction prise par nos recherches, il est assez facile de comprendre pourquoi en octobre 1997 nous nous sommes penchés sur la structure du temps historique, en son rapport au phénomène de la sécularisation : tout autant que l'Histoire, le Marché véhicule une idée du salut mondain s'imposant à chaque fois qu'il est question d'en légitimer l'universalisation. C'est exactement cette « universalisation », comme mobilisation d'une extension mondialement illimitée, qui, pendant l'année académique 1998-1999, nous a conduit à poser la question du rapport entre discours géographique et discours historique. Comme si l'élaboration du deuil des catégories de l'ontologie historique passait par une analyse des relations entre le rôle de l'espace et celui du temps, et surtout du rapport traditionnel de *subordination* du premier au second.

Au bout de ce cheminement, nous avons, enfin, rencontré la « révolution » et le « messianisme » – *figures de l'au-delà*. Peut-être, avec un soupçon : que, dans le temps médiatisé par nos pratiques contemporaines, tout au-delà imaginable ou imprévisible a été déjà surpassé, capitalisé et donc éteint, annihilé dans sa puissance de subversion, par les performances de ce présent réitéré et absolu (présent du capital, de la marchandise, de la consommation, de la communication inconditionnelle) qui prétend, aujourd'hui, constituer notre horizon incontournable.

Nous espérons, par cet aspect ultime (mais non définitif) de notre réflexion, contribuer au renouvellement des concepts et des idées si nécessaire aujourd'hui, sans parler de celui du réel – mais les concepts et les idées, s'ils ne conduisent pas ce dernier, contrairement à ce qu'ont pu croire les conceptions idéalistes de l'Histoire, en font bel et bien aussi partie.

Jocelyn BENOIST
CNRS-Archives Husserl de Paris
Fabio MERLINI
Istituto Svizzero di Pedagogia (Lugano)
Università degli studi dell'Insubria (Varese)

PREMIÈRE PARTIE

MESSIANISME

MESSIANISME, MESSIANICITÉ, MESSIANIQUE

POUR QUOI FAIRE, POUR QUOI PENSER ?

En manière de thèse générale, on dira ceci : quelque chose arrive et à la philosophie et à la politique par le messianisme. Jusques à elles, et pour les affecter irrévocablement. Jusqu'à la philosophie, jusqu'à la politique. Le messianisme y parvient à la faveur d'une conjoncture métaphysico-historique, l'effondrement des grands récits, la disparition du communisme, la mondialisation du monde. Loin d'avoir emblématiquement énoncé un sens désormais désorienté et frappé d'inintelligibilité, loin d'avoir été la figure éminente d'une téléologie ou d'une annonciation funestes et heureusement révoquées, c'est-à-dire l'index de toute sécularisation, le messianisme affecte aujourd'hui la philosophie par la méditation du temps qu'il emporte avec lui en renouant avec des pensées considérables et parfois minorées et aussi par la détermination de l'essence de l'homme appelée par la justice à venir. Il touche la politique par la requête d'une immédiateté éthico-pratique qui outrepasserait les médiations, les processus, les dialectiques. Il signifierait d'ailleurs, en ce nœud politico-philosophique de la temporalité du temps et de l'exigence du juste, que la « fin de l'histoire » et le commencement de la « mondialisation » pourraient bien s'éclairer « messianiquement » dans leur remarquable téléscopage.

Mais alors que contient ce vocable de « messianisme » ? Doit-on y entendre et laisser résonner, fût-ce de loin et par écho, ce que la tradition de pensée du judaïsme en a immémorialement déterminé ? Ou bien « en éviter les harmoniques », même si l'on en « perçoit l'opportunité » (Nancy) ? Faut-il donc résolument larguer cette amarre et quitter le port, appareiller vers un autre mot (lequel ?), une autre chose, un autre site ? Ou encore complexifier la structure qu'indique le « messianisme » en la répétant déconstructivement sous le primat d'un « sans » ? La « messianicité sans messianisme » (Derrida) dit-elle alors autre chose que le « messianisme sans messie » (Scholem) qui qualifierait précisément le messianisme… juif ? Ces questions tout à fait décisives se laissent peut-être reprendre à partir d'une structure universelle de l'expérience humaine de la temporalité. J'ai tenté d'en dégager les contours en faisant jouer entre eux trois concepts, le *pli*, l'*écart* et le *reste*, obtenus depuis la sinueuse textualité biblico-talmudique, mais sortie de ses gonds et traitée par excès, défaut, débord. Je ne peux ici revenir ni sur les conditions de possibilité de ce geste ni sur le pli, l'écart et le reste en eux-mêmes[1]. Le messianisme nommerait avant toute chose une expérience de la temporalité, de l'attente et du rapport à l'événement, et comme tel, un quasi-transcendantal dont « l'origine » (!) ne pourrait jamais disposer – jamais, d'ailleurs, l'origine ne dispose puisqu'*elle est disposée* et son invocation ne peut qu'aplatir ce qui est appelé sur sa propre assignation, elle ôterait tout relief, toute contondance, à « l'objet » ainsi rapporté à son « origine »[2]. L'opération d'entre-jeu des trois concepts de pli, d'écart et de reste désarticule la linéarité, la progressivité et l'homogénéité du temps. Plus précisément : elle interdit ou interrompt toute possibilité de mettre en relation deux « instants » comme deux « points du temps », deux présents indifférents. Les représentations formalisées du temps, en faisant de celui-ci une synthèse, obligent en effet à considérer, de façon plus ou moins sophistiquée, que ce qui arrive au présent, dans un « point du temps » donné, aurait pu également arriver dans un « autre » présent de même qualité de présence, en un « point du temps » antérieur et semblable. Telle est la signification, profondément marquée par Kant, de la distinction entre *Zeitpunkt* et *Augenblick*, entre « point du temps », « point *de* temps » (unité de mesure commune à tous les points), et « clignotement » irrépétable, éphémère, pure naissance et pure perte d'un pur temps.

La désarticulation du temps uniformément causal a donc pour enjeu, et pour chance, l'instant. Sous la condition expresse d'une différence entre les instants, Rosenzweig, à son tour, proposait de distinguer entre les instants-passerelle et les instants-tremplin. Les premiers assurent le pontage linéaire et horizontal du temps, ses enchaînements, son flux monotone et nécessaire. Les seconds projettent verticalement hors de la simple concaténation

1. Je me permets de renvoyer le lecteur à *Le temps messianique. Temps historique et temps vécu*, Vrin, 2001.

2. Cette considération pourrait aisément se conformer au traitement hégélien du dogme de la Trinité dont les *Leçons sur la philosophie de la religion* affirment à plusieurs reprises que son « origine » est indifférente, la seule question étant de savoir s'il répond ou non à du « vrai en soi et pour soi ».

temporelle. Il y a donc des instants qui se réduisent à leur instantanéité. Ils constituent le temps dans une immanence qui pensera toujours l'instant à venir comme déjà contenu dans l'instant présent. Ils ne révèlent donc rien que leur immédiate indigence et retombent dans leur propre néant, une fois assuré leur office de continuation du temps par les moyens du temps. Ce sont ces instants implosés qui procurent le sentiment du passage uniforme, de l'inanité et de la direction mortifère du temps. De ce sentiment proviennent tout autant le nihilisme du temps et la soutenable légèreté de l'endurance de son rien, le *carpe diem*, que les trancendances religieuses qui entendent sauver le temps en l'exhaussant vers son au-delà d'éternité, au risque de son écrasement sous un autre nihilisme. Mais il y a aussi des instants explosifs où tout paraît se condenser en une durée minimale : ce tout de l'instant ouvert n'est pas une totalité finie et articulée, c'est au contraire le tout *non encore* déroulé d'événements, d'affects, de destins. Il y a donc des instants d'extrême condensation, d'intense plénitude expériencielle, et des instants d'extrême dilution, de vacuité où s'abîme leur inexorable succession. Mais rien ne les voue par avance à l'un ou l'autre destin, rien ne les prédétermine à l'horizontalité morne ou au jaillissement inattendu. En effet, l'instant est ignorant de celui qui le précède et indemne de celui qui lui succèdera. Adossé à un passé qu'il ne sait pas, porté vers un avenir inconnaissable, l'instant, à vrai dire, signifie la disjonction de ces deux dimensions du passé et de l'avenir au profit d'*un ici-et-maintenant qui est un pas-encore*. Non pas d'un présent ou d'une présence, mais de leur séparation ou de leur distension d'avec eux-mêmes, de ce qui se donne en excès ou par écart de toute permanence stable, de toute continuité fluide, de tout être disponible, de toute synthèse reproductible : « un présent qui serait à chaque fois *comme* celui d'une naissance ou d'une mort »[1]. L'instant, en son indistinction, oblige à ce « comme », c'est-à-dire à un « comme-si », à une décision temporelle de faire malgré « tout ».

Franz Rosenzweig : « Toute action devrait être agie comme si le destin de l'humanité en dépendait. Car on ne peut jamais savoir *si* il n'en dépend pas. Je ne sais pas si tu connais la légende talmudique suivante : un rabbin rencontre le prophète Élie à l'entrée d'une grotte et lui demande où est le Messie. – « À l'intérieur de la grotte ». Il y pénètre et y trouve le Messie assis. Il demande alors : « Quand vas-tu venir, Seigneur ? ». Le Messie répond : Aujourd'hui même. Le rabbin s'en va joyeusement et attend jusqu'au soir. Comme le Messie ne vient toujours pas, le rabbin dit à Élie :

1. J.-L. Nancy, *La pensée dérobée*, Paris, Galilée, 2001, p. 15 (le « comme » est souligné par moi).

le Messie a menti, il a dit qu'il viendrait aujourd'hui. Élie lui répond : il voulait dire « aujourd'hui si vous écoutiez ma voix » [Ps. 95, v. 7]... C'est par la confusion entre l'aujourd'hui qui ne veut être que passerelle vers demain et l'autre aujourd'hui qui est tremplin vers l'éternité que peut s'expliquer tout ce qui est apparemment contradictoire...Nul jour ne porte écrit sur son front s'il est cet aujourd'hui-ci ou celui-là »[1]. L'instant détient une force de rupture, de fécondité et de commencement – une *vertu*, *virtus*, puissance, illimitation de dimensions. Il témoigne, selon son indéterminabilité virtuelle même, d'une attente sans visée d'attendu, pour reprendre le mot de Levinas, qui fait sa vertu propre. Il ne sait rien, ne peut ni ne veut savoir, il jaillit, et ce jaillissement est encore dans l'instantanéité et pas encore, et pourtant déjà, dans l'au-delà de l'instant. Par cet au-delà de l'instant dans l'instant se brouille la distinction formelle d'une immanence et d'une transcendance temporelles, d'une mêmeté indifférente des instants et d'une différence si insurmontable qu'elle ne laisse plus place à l'hétérogénéité d'un temps (« messianique ») où l'avenir n'est pas séparé d'un passé toujours susceptible d'être rédimé. L'au-delà de l'instant dans l'instant peut bien s'abolir aussitôt dans un autre instant indéterminé. Mais « on ne peut jamais savoir si... ». L'indétermination de l'instant est bien la condition de son ouverture sur l'absolument imprévisible – ouverture qui ne saurait être évasement vers un accomplissement, vection téléologique. L'attente dont témoigne l'instant ne vise aucune fin déterminée, aucun projet attendu. Pour peu qu'elle vise ce terme ou s'en avise, elle ne l'atteint pas. L'attente avec visée d'attendu atteint, mais pas ce qu'elle avait en vue, ce qu'elle atteint n'est pas le visé de son attente. Non point parce qu'elle n'aurait pas su se tenir à la hauteur d'elle-même, non point parce qu'elle aurait trahi l'énergie propulsive contenue dans ses attendus, mais parce que le temps qualifie foncièrement une inadéquation à soi, un devenir-inadéquat à soi de soi, une altération, comme l'a bien vu Schelling. On ne saurait par conséquent le saisir ou tenter de le penser comme visée, et pas davantage comme reminiscence. Il ne se laisse pas déterminer comme orientation vers l'accomplissement d'un but anticipé ou ressouvenir d'un Bien substantiel. Le temps persévère, endure, tord, ouvre, excentre tout ce qui paraît s'y enclore comme contenus d'un contenant, incessamment rompu qu'il est par une extériorité ou une altérité inassimilable, hors de quoi rien de tel que le temps n'est pensable.

1. *Gesammelte Schriften*, Martinus Nijhoff, Dordrecht, I, 1, p. 345 (lettre du 5 février 1917).

Si le temps se surprend, s'il n'est que surprise du temps, et si l'instant peut nommer l'intersection, le foyer, de cette surprise et d'un jaillissement immaîtrisable de nouveauté inattendable, on pourra penser qu'une urgence éthico-pratique gît en chacune de ses pulsations. Une chance pour la justice, la chance d'une justice et, allant avec elle, sa catastrophe toujours imminente et suspendue à cette chance même.

Un agir, un avoir-à faire et à « agir une action » « comme si le destin de l'humanité en dépendait », relance l'immédiate urgence d'un faire dans la temporalité de l'histoire, de la politique et de l'éthique, dans leur hétérogénéité radicale et leur indissociabilité pratique, à la façon dont la justice se noue au droit. Ce comme-si, comme une mort ou une naissance, comme un destin et une éternité, n'est pas simplement hypothétique, il ne se tient pas en réserve de l'effectivité et de ses risques. En signifiant « une présence essentiellement en excès et en retrait de son présent et de sa présentation »[1], il condense et redistribue les possibilités, vacillantes mais tenaces, qu'une venue fasse disruption dans le cours historique des causes et des buts qui forment la « passerelle » des temps et les égalise formellement et indéfiniment. L'action est à agir immédiatement, c'est-à-dire avant toute évaluation stratégique. L'immédiateté signifiée par le comme-si désigne à vrai dire *la possibilité même de toute action*, y compris la plus pragmatique, elle en libère la dynamique car elle en fournit la profondeur d'effectuation et la teneur temporelle la plus intime. Elle en est la condition de pensabilité alors que la différenciation hiérarchisante entre de multiples actions rationnellement prédéterminables en considèrera tel caractère singulier ou tel aspect secondaire comme une fonction inutile et éliminable. La programmation concertée de l'action s'expose à la mutiler de sa force disruptive pour l'approprier à un but, la diluer dans le temps, la tempérer. L'avoir à agir dans l'instant pour que survienne ce qui est impossible à projeter parie sur un accomplissement. Infime sans doute, mais vital, car le moindre de ces « accomplissements » de l'instant peut advenir comme événement par lequel s'aboliraient les trois dimensions du temps dans une simultanéité qui détruirait leur incompatibilité dans un faire et redisposerait autrement la suite du temps. Cette interruption de la trame continuiste de l'histoire laisserait ainsi surgir de sa béance un « jusqu'à ce que » la justice se fasse, une attente nouvelle, une désinstitution de la politique telle qu'en elle-même elle constitue ses formes et ses fonctionnements. Instantanéisation de l'éternité postulée par le comme-si kantien, proche et différent du comme-si messianique. Je peux bien agir de telle sorte que la

1. J.-L. Nancy, *loc. cit.*

maxime de ma volonté fournisse la base d'une législation universelle, c'est-à-dire éternelle. Il faut encore que cette éternité postulée s'implique dans un maintenant. Le « de telle sorte que » de l'universalisation de la maxime pourrait ainsi s'entendre, dans sa lecture rosenzweigienne, non pas comme l'effacement du maintenant mais comme l'exigence de faire tout de suite l'impérieuse expérience d'une urgence imparable.

Le messianique, délié de ses attaches messianistes, mais marqué par ce dont il hérite dans le désordre d'un legs interminable[1], désignerait *l'arc d'une pensée tendue entre l'inconstructible de l'instant vécu (Bloch) et l'indéconstructible de la justice (Derrida).* « Pour que [cette] question reste posée », comment ne pas garder le mot « messianique »[2], et pour longtemps ?

Jacques Derrida : « La messianicité (que je tiens pour une structure universelle de l'expérience et qui ne se réduit à aucun messianisme religieux) est [...], dans tout ici maintenant, la référence à la venue de l'événement le plus concret et le plus réel, c'est-à-dire à l'altérité la plus irréductiblement hétérogène. [...] Cette expérience tendue vers l'événement est à la fois une attente sans attente (préparation active, anticipation sur le fond d'un horizon), mais aussi exposition sans horizon, et donc une composition irréductible de désir et d'angoisse, d'affirmation et de peur, de promesse et de menace. Bien qu'il y ait là une attente, une limite apparemment passive de l'anticipation (je ne peux pas tout calculer, prévoir et programmer de ce qui vient, du futur en général, etc., et cette limite de la calculabilité ou du savoir est aussi, pour un être fini, la condition de la praxis, de la décision, de l'action, de la responsabilité), cette exposition à l'événement qui peut arriver ou ne pas arriver (condition de l'altérité absolue) est inséparable d'une promesse et d'une injonction qui commandent de s'engager sans attendre, interdisent en vérité de s'en abstenir [...]. Elle commande *ici maintenant* l'interruption du cours ordinaire des choses, du temps et de l'histoire ; elle est inséparable d'une affirmation de l'altérité et de la justice »[3]. Ce propos général dispose avec rigueur et précision les pierres d'angle du messianique, en particulier le nœud qu'il signifie, dans ce que Rosenzweig nommait « l'à-faire du monde », entre le temps et le juste, l'instant et l'agir. J'en ai effacé ce qui se rapporte à

1. Au sens où nul héritage n'étant naturel, « on peut hériter plus d'une fois, dans des lieux et à des moments différents, choisir d'attendre le temps le plus approprié, qui peut être le plus intempestif » (J. Derrida, *Spectres de Marx*, Paris, Galilée, 1993, p. 266).

2. J. Derrida, *Marx & Sons*, Paris, P.U.F.-Galilée, 2002, p. 80.

3. *Ibid.*, p. 70.

l'utopique, récusé dans la détermination derridienne du messianique en tant qu'il serait le strict antonyme d'un « réalisme de l'immédiat ». Il faudrait contester ce point, sous certaines conditions de délimitation négative[1], et montrer que le messianique ne peut pas ne pas avoir partie liée, d'un lien opaque, avec l'utopique, sous peine de ne se mesurer qu'au « champ des possibles », comme on dit, alors que l'impossible ou l'incompossible des temps lui est problématiquement associé. Je laisse cette question de côté en raison de son caractère massif et central qui obligerait à un traitement pour soi. Ce que je retiens ici de si précieux dans Derrida, c'est la façon, *proprement messianique* (on peut y voir le cœur le plus enfoui, le plus tendu, du messianisme), de penser ensemble et rigoureusement le refus de la présence et du signifié, leur différance, et l'injonction « qui commande de s'engager sans attendre » « comme si le destin de l'humanité en dépendait ». Que la signification signifie au-delà de la présence et de l'absence, que l'histoire soit ainsi renvoyée à sa déhiscence d'avec elle-même, que le politique soit sans cesse confronté à son inadéquation à soi, que le temps ait toujours à compter avec ce qu'il ne peut contenir, sa surprise, et ne peut donc compter sur rien, tout cela ne barre en aucune façon l'ouverture de l'instant, de « l'ici maintenant », sur l'affirmation immédiate et interruptive « de l'altérité et de la justice ». Il y a là bien plutôt une pensée radicalement non-plérômatique de la relation entre l'instant et la venue, la promesse d'un messianisme ascétique, nu, désertique, seul à même de faire accueil à l'arrivant[2].

1. La principale : ne jamais penser l'utopie d'aujourd'hui comme la réalité de demain, car alors, on le voit bien, sa fonction ne serait plus que de faire linéairement « passerelle » au lieu d'ouvrir instantanément sur une altérité radicale qui déjoue tout « demain ». Il est vrai que Derrida lui-même semble ne révoquer que « ce que signifient la lettre et l'interprétation courante de ce mot » d'utopie (*ibid.*, p. 70).

2. *Spectres de Marx*, éd. cit., p. 265-268. Autant dire que je ne partage pas l'objection de G. Agamben (qui me paraît renouer avec le geste antikantien de Hegel) selon laquelle, au fond, la différance ne serait qu'un diffèrement infini de la signification, le suspens de tout accomplissement, un *mauvais* messianisme. Ce qui n'est pas faux dans la lettre de l'interprétation, mais s'inscrit dans un tout autre mouvement (plérômatique) que ce que nous tentons ici de déterminer comme messianique. « La trace est … une *Aufhebung* suspendue qui ne connaît jamais son plérôme. La déconstruction est un messianisme bloqué, une suspension du thème messianique » (*Le temps qui reste*, Paris, Rivages, 2000, p. 164). Je me contente de poser une question : que pourrait bien être un messianisme débloqué sinon une téléologie déguisée de l'accomplissement ? Le messianique ne nous dit-il pas justement que le « blocage » est ce qui caractérise au plus juste le temps de l'histoire et de la politique, ne sert-il pas à nommer le blocage absolu d'une négativité qui ne pourrait plus se nier elle-même et se relever dans une créativité ? Tout en levant instantanément l'hypothèque nihiliste par l'action-à-agir immédiatement, puisqu'en effet « on ne sait jamais » …

Derrida met à la structure dite « messianicité sans messianisme » deux conditions qui ont pour objet d'expliciter le « sans ». Elle n'aurait aucun rapport essentiel à « une figure relativement déterminée du messie » et pas davantage à « la mémoire d'une révélation historique déterminée ».

Sur le premier point, on a dit que le messianisme (juif), au moins dans la caractérisation qu'en propose la recherche scholémienne[1], portait au-dedans de soi un « sans messie ». Si le « *sans* » « n'indique pas nécessairement la négativité, encore moins l'annihilation »[2], s'il sert avant tout à interrompre l'effet analogique (de la même façon, mais à front renversé, que les théologiens juifs et musulmans du Moyen Âge disaient des attributs de Dieu qu'ils étaient, mais « *non comme* » sont leur analogues en régime humain), alors il est interne au paradigme messianique. Lequel signifie proprement une « négativité négative », un « blocage », une trace qui se produit comme son propre effacement. Il faut voir dans cette signifiance irréductible du messianisme sa résistance inentamable à se laisser penser par les philosophies de l'histoire ou les scénarios phénoménologiques. Une philosophie de la présence et de la coprésence ne fera valoir la négativité qu'afin de l'inclure dans une logique du sens et une pensée de son adéquation historiale à l'être : or la « négativité » messianique indique un état de crise, de scission, d'inadéquation, irrelevable dans un processus historique. Une phénoménologie restera tributaire d'un mode de manifestation ajustable à un regard, à une visibilité immanente : or le « messie » ne se présente pas comme tel, et moins encore à une intuition, il ne se donne pas en personne, il ne se détermine pas dans une évidence. Le messianique résiste à la pensée philosophique et à ses reprises plérômatiques en raison du « sans » qu'il contient et retient énigmatiquement : indéconstructible comme la justice.

Le second point est plus difficile. En son entente « faible », il ne fait pas vraiment problème. Le messianique, quelles que soient ses nominations et dénominations plus précises, rend possibles ses figurations historiques déterminées et signifie une expérience plus ancienne et immé-

1. Il pourrait être également d'un grand intérêt d'examiner ce que la philosophie religieuse d'Hermann Cohen et le « socialisme éthique » qui en sort montrent, à partir de Kant, du lien entre prophétisme et messianisme : 1) les prophètes annoncent une ère à venir, une sorte de règne des fins, de communauté raisonnable où tous et chacun seront traités comme des fins en soi ; 2) le messie ainsi annoncé, contre passé et présent, n'est pas un roi ou une personne particulière, mais bel et bien un ordre temporel, l'humanité elle-même en tant qu'advenir ; 3) c'est donc l'humanité qui a à œuvrer pour cette venue moyennant une idée de Dieu qui (ne) serait (que) le fondement objectif de la possibilité de la moralité.

2. *Marx & Sons*, éd. cit., p. 73.

moriale que les révélations abrahamiques proprement dites. On conviendra donc qu'il ne se réduit pas à une religion, qu'il en est structurellement distinct. En a-t-on fini pour autant avec la question de la *révélation* en tant que *question adressée à la philosophie* ?

On affirmera ici de la révélation ce que dit Derrida du messianisme et on appellera à un traitement voisin de celui emporté par le « sans ». On propose donc d'y voir une structure déliée de tout « avec », avec une mémoire déterminée, avec tel ou tel monothéisme, avec un système de croyances. La révélation en tant qu'*Offenbarkeit* sans *Offenbarung* pourrait-on dire mimétiquement, c'est-à-dire en tant que possibilité d'ouverture à un autre-que-soi précédant toute révélation religieuse, constitue la structure fondamentale de toute extériorité et de toute extériorisation. Les pensées schellingienne et rosenzweigienne portent et autorisent théoriquement cette procédure extensive qui consiste à penser la « révélation » comme un fond existentiel universel et quasi-transcendantal[1]. L'être schellingien, à quoi est opposé « ce qui sera » comme « le concept par excellence », ou encore la création rosenzweigienne, que la révélation mobilise expérienciellement et révèle comme création, nomment des modes de non-existence, de pure « première fois » substantielle et privée de tout « renouvellement », de toute singularisation[2]. Exister, c'est (se) révéler, dans un acte, dans une manifestation, dans l'expressivité d'un faire. Ce qui se contente d'être, ou même d'être-là, n'existe pas, mais s'abîme à jamais dans un « purement étant » qui n'est même pas un « étant pour soi » (je reprends tel quel le lexique schellingien). L'Absolu non historique ou la Création sans Révélation désignent les figures d'une totalité sans extériorité plus ou moins homologues à la « mythologie » ou au « paganisme ». Il faut un arrachement de soi à soi, le surmontement d'un fond pour qu'un existant se mette à exister

1. Dans la note 65 de la p. 80 de *Marx & Sons*, Derrida pose la question de la précédence, du sens de la possibilisation : « et si c'était seulement à travers l'événement de la révélation que se manifeste la révélation de la révélabilité ? ». Question entièrement ouverte, bien sûr. Mais ni plus ni moins que celle qu'on peut adresser parallèlement à la « messianicité sans messianisme » : il serait bien imprudent d'éliminer la question de savoir si ladite structure n'est pas rendue possible et pensable seulement à partir de la mise en scène biblique et talmudique de la venue du messie. Derrida ne le fait pas (*ibid.*, p. 79-80). Mais il nous semble qu'il y va ici d'une décision philosophique qui doit dans chaque cas de figure produire se cohérence propre.

2. Schelling, *Philosophie de la Révélation*, P.U.F., 1991 (cf. leçons 10 et 11 sur le « ce qui sera »); Rosenzweig, *L'Étoile de la rédemption*, Paris, Seuil, 1982 – je ne peux ici qu'esquisser grossièrement ces points et me permets encore de renvoyer le lecteur au *Temps messianique*...

depuis cette déposition de soi, cette exposition hors de soi. En ce sens, on l'aura compris, dire « Dieu existe » n'a d'autre sens que de dire qu'il s'est révélé, qu'il s'est extériorisé pour un autre que soi : l'épreuve de la divinité de l'existence destitue d'elle-même les preuves de l'existence de Dieu.

S'est-on éloigné, avec l'extériorisation, avec la révélation, du messianique ? Il faut bien voir que l'enjeu majeur ouvert par ces pensées ne concerne rien moins que *l'historicité*. Autant l'acquis schellingien de la critique kantienne de l'argument ontologique (soit une structure de l'existence) que le modèle de la kabbale lourianique repris par Rosenzweig (soit une autostructuration interne du divin préalable à toute création) servent à articuler l'histoire, toute histoire, à un devenir-manifeste, à une révélation, à une production d'extériorité, qui seules la rendraient intelligible comme histoire. Il n'y aurait pas d'historicité élucidable sans que le modèle structural de la révélation, de l'ouverture à l'extériorité, n'entre dans le jeu des déterminations multiples et, finalement, des fractures de la totalité historique. La prégnance de la *Weltgeschichte* hégélienne est ici massive. Au fond, ce que Schelling analyse comme le caractère « éminemment historique » du christianisme enté sur la possibilité d'une histoire suprahistorique, ce que Rosenzweig cible comme l'extra-historicité métaphysique du judaïsme saisi comme reste hétérogène, sont des tentatives d'élaboration « messianique » de modèles théoriques concurrents du modèle hégélien. C'est le rapport entre histoire et temps tel que donne à le penser celui-ci que l'un et l'autre n'acceptent pas. Pour fonder l'intelligibilité de l'histoire, Hegel part en effet de l'éternité de l'Idée, de l'intemporalité du processus logique. Le temps, lorsqu'il se saisit comme concept, supprime sa forme temps, il est « le destin et la nécessité de l'esprit qui n'est pas achevé en lui-même »[1] et que le savoir absolu accomplit en annulant le temps, en dominant toute temporalité. Pour concevoir l'histoire, au sens le plus fort, il faut abolir le temps ou à tout le moins se soustraire en pensée au temps. Le triomphe du concept emporterait ainsi la cessation du temps. De là proviendrait une certaine confusion présente au cœur des philosophies de l'histoire en général entre l'histoire effective, la suite des événements effectifs, et les structures de l'historicité, les conditions transcendantales de son effectuation; entre ce que Schelling appelle dans l'Introduction de Berlin de 1840 *ein Wirkliches*, tel ou tel segment d'histoire effective, et la *Wirklichkeit* elle-même, le mode de surgissement d'un effectif. Les structures de l'historicité sont intemporelles dans la « philosophie négative » car rapportées à la logique de

1. *Phénoménologie de l'Esprit*, trad. J.-P. Lefebvre, Paris, Aubier, p. 519.

l'Esprit. Aussi peut-on dire de la philosophie hégélienne et de la philosophie de l'histoire qu'elle constitue qu'elles sont de part en part philosophie du devenir (le devenir hégélien étant lui-même intemporel, ce qu'il ne faut pas perdre de vue dans cette définition).

On voit comment la question de la révélation dans sa réfraction philosophique la plus forte permet de dégager une véritable ligne de démarcation. *D'un côté les philosophies de l'histoire comme philosophies du devenir, d'un autre côté les philosophies du temps comme philosophies de l'événement.* La première ligne fournit les dispositifs conceptuels de ce que Lyotard a appelé les « grands récits », les ontologies de l'histoire, les sociologies historicisantes. La seconde peut être rapportée aux pensées du « messianique », à ces pensées des temps discontinus et de l'immémorial, avant ou hors toute ontologie, ou encore de l'événement, inanticipable puisque l'effectivité en prévient la possibilité, mais cependant expériençable dans le cligotement de l'instant.

Nous avons tenté jusqu'ici de baliser la trajectoire du messianique, l'arc de pensée liant et contrepointant instant et justice, mobilisant les analyses du faire, de l'action, de l'événement, de l'altérité, de l'histoire. On se demandera pour finir si les pensées « messianiques » ainsi déterminées peuvent être fécondes et contribuer à mieux poser certaines questions. De même qu'il signifie un écart des philosophies de l'histoire avec les philosophies du temps, le messianique[1] sépare remarquablement les philosophies politiques des pensées « désinstituantes » du politique[2]. Qu'est-ce que la politique en régime de philosophie politique, si l'on peut dire ? Elle vise l'accomplissement d'une vie bonne pour des sujets à qui elle se destine et qu'elle présuppose déjà constitués « politiquement ». Si l'homme est un animal politique, la politique effectue entéléchiquement sa nature. La philosophie politique pense depuis des lieux propres et pour des sujets naturels selon une rationalité constituée qu'elle imprime

1. On peut désormais se tenir à cette substantivation de l'adjectif pour qualifier un « élément » messianique, une sorte de bain dans lequel pourraient être plongés de façon indéterminée un certain nombre de questionnements – ce qui permettrait peut-être d'accueillir sans discrimination tous les usages du mot puis d'en redistribuer ensuite les fonctions spécifiées en des constellations de pensée singulières et demandant à chaque fois à être conceptuellement précisées.

2. Ce travail a été critiquement entamé par Michel Vanni à propos de Levinas. Cf. « Messianisme et temporalité eschatologique dans la philosophie d'E. Levinas », *Revue de théologie et de philosophie*, 130 (1998), « Pour une praxis asymétrique : l'incomparable pluralité des réponses à l'appel d'autrui », *Cahiers philosophiques de Strasbourg*, n°14, Automne 2002, *Levinas et la politique* (éd. G. Bensussan) et *L'impatience des réponses* (à paraître).

aux discords fonciers et à la disharmonie, à la mésentente (Rancière) qu'exprime la politique. Le politique ainsi circonscrit se présente toujours comme le lieu d'un ultime exhaussement dont serait plus ou moins expulsée cette « sauvagerie » que Lefort a su apercevoir au cœur de toute politique « démocratique » – la démocratie qualifiant alors non pas tant un « régime » entrant dans une typologie générale qu'un mode de défection de la politique désensauvagée par l'État, une désinstitution, une « désincorporation », un « désœuvrement ». Car en effet la politique assignée à l'institution du régime démocratique est sans cesse menacée d'une réduction pure et simple à l'étatique et, dès lors, laissée à elle-même, comme disait Levinas, exposée à la dérive tyrannique.

Une pensée « messianique » de la politique, par contraste avec une philosophie politique au sens strict, ou plus exactement un investissement messianique de la politique, consistera minimalement à *ne pas laisser la politique à elle-même*. On aurait là affaire à une sensibilité, comme on dit, à une disposition d'accueil des formes nouvelles de l'invention démocratique et d'ouverture aux inédits de l'histoire. Cette politique messianique procède de la reconnaissance d'un vide de légitimité et de fondation de toute politique instituée. Elle a donc sans cesse à en contester les dispositifs qui harmonisent les dissensions et régulent les écarts du symbolique et du réel. Une politique démocratique-messianique, sans cesse en quête d'elle-même, est une politique faible ou incertaine, attentive à la fragilité énigmatique des mises en scène et en forme, par ailleurs indispensables, de la démocratie représentative. Cette attention me paraît pouvoir le plus souvent être articulée comme entente et accueil de l'instant, de ce qui surgit dans l'instant – par où la qualification messianique peut être globalement retenue.

L'instant qui survient vient instantanément, il advient en sortant de rien, *ex nihilo*. Ce *nihil* de l'instant n'est pas un rien, à rigoureusement parler, ou alors seulement si l'on entend par là que *ce rien, c'est le temps lui-même*. La grâce de l'instant, c'est de nous faire apercevoir le temps en son entier non plus comme un « quelque chose » qui serait préalable à l'instant ou une composition en forme de résultante, un être, un mouvement, une synthèse, une durée, mais comme une venue et une attente, comme la « dis-position d'un surgissement » ou d'un « écartement »[1].

1. J.-L. Nancy, *Être singulier pluriel*, Paris, Galilée, 1996, p. 35 : « c'est un écartement qui a d'emblée toute l'amplitude de l'espace-temps et qui n'est aussi d'emblée rien d'autre que l'interstice de l'intimité du monde : l'*entre-étant* de tous les étants qui lui-même n'est rien d'étant »-le temps dont je parle ici me paraît ajustable à cette caractérisation de « l'origine ».

Cette instantanéité du rien de l'instant fait de l'événement en son sens le plus fort tout autre chose qu'un moment assignable dans son après-coup à un système de significations. L'événement est inidentifiable, il est lui aussi un rien, si l'on veut. Il n'est plus là lorsque s'inscrit sa trace dans la mémoire et l'imagination, c'est-à-dire qu'il s'absente de toutes les identifications qui lui prêtent sens. Plus encore, cette prestation de sens affectant un événement déjà passé (et elle ne peut autrement procéder, bien sûr) risque à tout instant de s'aveugler sur l'événement advenant. À cet égard, la fidélité, qui est un mode d'une telle prestation de sens, est difficilement appariable à l'événement (Badiou) tant elle menace, même dans son incertitude, l'attente du temps. L'événement est, définitionnellement, destitution de toute prestation de sens, substitution à toute justice déjà rendue d'une nouvelle exigence de justice à attendre. C'est à s'accorder à une telle pensée de l'événement insaisissable que le messianique peut se déterminer comme l'écartement de toutes les identifications historiques, la séparation des identités, le soupçon jeté sur toutes les manifestations et attestations, de la justice en particulier[1].

Cette question vectrice de la justice indéconstructible, l'approche messianique, pour éminemment politique qu'elle est (et on a tenté de dégager quelques repères sur ce terrain), ne la réduit pas à un problème anthropologique ou seulement éthico-pratique. En n'obtempérant pas aux requisits consensuels de la philosophie politique, le messianique permet au contraire de porter la justice à sa hauteur proprement « métaphysique ». Cette question de la justice est co-originairement associée aux commencements de la philosophie, elle se tient encore à son horizon sous les deux termes radicalement contraires et exclusifs de l'indéconstructible ou de la destruction. Un philosophe l'a compris mieux que nul autre, qui demeure à ce titre le grand antagoniste du paradigme messianique dans un corps-à-corps certainement interminable. C'est Nietzsche. D'abord en faisant de Socrate et Platon des « Juifs » en tant qu'ils se présentent comme des défenseurs inflexibles de la justice – il le dit expressément. Ensuite en appelant les philosophes à « lever l'ancre » et à inventer une « nouvelle justice » qui serait l'indice et la mise en œuvre effective de la transvaluation : « Mais ce qui fait défaut, c'est une nouvelle *justice* ! Et un nouveau mot d'ordre ! Et de nouveaux philosophes ! »[2]. Cette nouvelle

1. On peut gager qu'il y a là un point de bifurcation décisif entre prophétisme (« jusques à quand ? ») et paulinisme (« la justice de Dieu s'est manifestée, attestée par la Loi et les Prophètes », Rom., 3, 21).

2. *Le gai savoir*, § 289 souligné par Nietzsche, trad. P. Klossowski.

justice, à venir, est le gond qui permettra d'ouvrir une nouvelle détermination surhumaine de l'humain. Elle ne pourra advenir qu'à condition d'aller jusqu'au terme de la mort de Dieu, en prenant désormais acte de la mort de sa justice. L'indéconstructible signifierait en revanche, très messianiquement, qu'on en a toujours pas fini avec l'ancienne justice, qu'elle ne s'est pas encore « manifestée », inépuisable réserve de suspens et de relances. Le surmontement nieztschéen de Dieu et de sa justice n'est possible qu'à raison du présupposé du surmontement du prophétisme dans le paulinisme, de l'ancien dans le nouveau, du judaïsme dans le christianisme. L'indéconstructible de la justice fait valoir qu'on aura beau faire, « rien n'y fera » (Lyotard). On pourra déconstruire « l'indéconstructible » en feignant d'y voir une simple figure idéologique, voire religieuse, la justice comme requête infinie en déplacera encore l'indéconstructibilité, elle en reconduira l'attente de la façon la plus inattendue. Messianisme « sans » messie ou contre-messianisme nieztschéen, il y va là d'une décision philosophique cruciale. Non pas en ce qu'elle appellerait à un choix exclusif ou à un sens unique et clos, mais parce que s'y déploie en tout état de cause l'humain lui-même dont Blanchot pouvait dire qu'il vaut comme « l'indestructible qui peut être infiniment détruit ». Et qui demeure encore, selon l'exacte entente du « malgré tout » prophétique, indestructible.

Le messianique pourrait bien désigner cet abîme instant-justice-homme, un sans-fond où l'inconstructible peut se retourner en « origine », où l'indéconstructible se diffère par les déconstructions, où l'indestructible se fait lieu dans les plus sinistres désastres.

Gérard BENSUSSAN
Université de Strasbourg

LA MISSION DES PEUPLES

HISTOIRE ET POLITIQUE SELON ROSENZWEIG

Lorsqu'en 1920, Rosenzweig rédige une préface pour le livre monumental qu'il avait, en grande partie, achevé avant la guerre : *Hegel et l'État*, il s'en démarque, sans le retoucher, en constatant à son sujet deux choses. La première est qu'il relève d'un genre qui lui est désormais devenu profondément étranger : l'écriture de l'histoire allemande. La seconde est que ce livre – qui se présente donc comme un livre d'histoire, et même plus spécifiquement comme une contribution à l'histoire allemande, est « un témoignage de l'esprit d'avant-guerre ». D'où une triple question : qu'est-ce, d'une façon générale, que l'esprit d'une époque ? Quel est l'esprit de *cette* époque, en particulier (l'avant-guerre) ? En quoi est-il désormais devenu impossible de s'y reconnaître ou d'y souscrire ?

L'esprit d'une époque est le type d'attente ou d'espérance qui lui donne sens, la façon dont elle se tourne vers l'avenir (ou refuse de s'y tourner, crispée sur la conservation du passé). L'espérance qui porte l'avant-guerre, c'est celle d'une « ouverture de l'empire à l'esprit libre du monde », c'est-à-dire d'une sortie de l'empire hors de son repli sur la conservation étroite (bismarckienne) de l'institution étatique :

> On pouvait espérer que l'étouffante étroitesse intérieure et extérieure de l'État bismarckien laisserait place à un Empire ouvert à l'air libre du monde. Cet ouvrage, autant qu'un ouvrage le puisse, voulait y préparer pour sa modeste part. L'idée hégélienne de l'État, dure et limitée, était progressivement devenue l'idée dominante du siècle écoulé et avait engendré, « comme la foudre jaillit des rues », l'acte historique du 18 juillet 1871. Dans son devenir au travers de la vie de celui qui l'avait pensé, cette idée devait en quelque sorte se fracasser elle-même sous les yeux du lecteur, afin que s'ouvre ainsi la

> perspective d'un avenir allemand plus vaste, à l'intérieur comme à l'extérieur. Il en est allé autrement. Un champ de ruines signale le lieu où se tenait autrefois l'Empire [1].

Ce texte nous apprend au moins trois choses. La première est que ce livre d'histoire n'entendait pas se contenter d'être un récit ou un travail d'érudition. Il s'inscrivait dans un stratégie politique déterminée pour faire venir quelque chose qui avait été rêvé [2] (peut-être même par Hegel lui-même) et qui n'était jamais arrivé [3]. C'est en ce sens qu'il était un témoignage de l'esprit d'une époque. Il devait contribuer à la prise de conscience de l'inadéquation de l'État avec le rêve dont il était issu – mettre en évidence donc l'échec de l'idée (telle qu'elle s'était figée dans la pratique) à la lumière de sa genèse. L'esprit de l'époque, c'était aussi cela : faire servir l'histoire, comme remémoration et intériorisation critiques du devenir d'une pensée, à des fins politiques qui concernaient essentiellement l'avenir de l'Allemagne. C'était la conviction que la puissance critique de cette histoire pouvait contribuer à modifier le cours des événements. La seconde chose est que cette stratégie consistait pour l'essentiel à jouer le déploiement et l'évolution de la pensée hégélienne de l'État (Hegel en mouvement, ou encore une certaine dynamique de la pensée hégélienne), à partir de son impulsion initiale, contre un autre usage politique de Hegel. C'était faire valoir son inscription dans une temporalité d'avenir, dans le registre d'une attente et d'une promesse déterminées – ce rêve inaccompli dont parle la conclusion [4] – contre sa récupération bismarckienne ou sa caricature [5]. La troisième chose est que, en 1920, ce sont cette attente et

1. Rosenzweig, *Hegel et l'État*, trad. fr., G. Bensussan, Paris, P.U.F., 1991, p. 9-10.

2. C'est en ces termes que Rosenzweig conclut. Cf. *Hegel et l'État*, *op. cit.*, p. 433 : « Sur le chemin qui alla de la chute de l'ancien Empire à la fondation du nouveau, de Hegel à Bismarck, ce rêve déjà, demeura inaccompli. Pourtant, lorsque ce livre fut commencé, il pouvait encore passer pour un rêve prémonitoire, un de ces rêves qui restent vivants pour devenir un jour ce que les rêves peuvent devenir, une force créatrice d'histoire ».

3. C'est la raison pour laquelle nous ne dirions pas, comme Guy Petitdemange, en dépit du caractère très éclairant de son étude, que « pour le commentateur, et le brillant commentateur, le texte de Hegel restait un dehors, soumis au regard, à un regard panoramique, attentif comme d'un seul coup à la totalité du texte », dans Franz Rosenzweig, *Les Cahiers de la nuit surveillée*, Paris, 1982.

4. C'est en ce sens qu'il se démarque de la lecture de Haym qui, sur le plan politique, nie qu'il puisse se trouver dans la philosophie hégélienne un horizon d'espérance politique autre que l'asservissement au pouvoir le plus réactionnaire.

5. Sur ces usages de Hegel, entre 1870 et 1914, cf. D. Losurdo, *Hegel et la catastrophe allemande*, Paris, Albin Michel, 1994. Même si ce livre a le tort de mettre systématiquement sur le même plan les analyses de Meinecke et celles de Rosenzweig, sans prendre en compte

cette espérance qui étaient devenues impossibles, ce rêve qui n'avait plus lieu d'être. La perspective qui semblait ouverte (que le livre, en tout cas, devait contribuer à ouvrir) s'était refermée.

D'où, à nouveau, toute une série de questions. Qu'est-ce qui se trouve clos, après la guerre? Est-ce le fait que Rosenzweig ne se sente plus concerné par l'avenir de l'Allemagne? Ou que « l'essence allemande », « le devenir allemand », le « destin de l'Allemagne », – autant d'expressions qui appartiennent autant à l'esprit de l'avant-guerre qu'à celui de l'après-guerre – lui soient devenus étrangers – auquel cas, ce sont les motifs personnels qu'il faudrait mettre en avant, la décision, antérieure à la guerre, de ne pas se convertir au christianisme et de tout offrir à son être juif? Où est ce qu'il ne place plus aucune espérance dans cet avenir – un avenir auquel la guerre mondiale, dans laquelle il s'est trouvé engagé, aurait donné un tout autre sens? De ces questions, nous pouvons retenir une orientation de lecture pour nous frayer un chemin à travers le livre *Hegel et l'État* et dans les nombreux textes que Rosenzweig, durant la guerre et les années qui lui succèdent, consacre à la politique[1]. Il nous faut chercher, dans le livre sur Hegel, le sens et tous les signes de cette ouverture – relever, autrement-dit, la promesse qui se trouve rappelée entre les lignes du travail de l'historien.? Il nous faut comprendre ensuite comment la guerre invalide cette promesse, comment elle donne raison à Hegel[2], avec un effet de vérité tel qu'il n'y a plus rien à en attendre.

un seul instant la richesse, la complexité et les évolutions de la lecture rosenzweigienne de Hegel.

1. Dans cette étude, nous privilégierons la lecture de tous ces textes qui entourent *L'Étoile de la Rédemption*, qui en précèdent et en accompagnent la rédaction, sur celle de l'*opus magnum* qui a été, jusqu'à ce jour, davantage commenté. Voir notamment S. Mosès : *L'ange de l'histoire*, Paris, Seuil, 1992. Dans le chapitre consacré à Rosenzweig, Stephane Mosès montre notamment tout ce que l'analyse de la politique messianique proposée dans *L'Étoile* doit à une lecture très serrée des paragraphes des *Principes de la philosophie du droit* traitant de la nature de l'État (§ 257 et 258) de la guerre (§ 324 et 340) et surtout de l'histoire universelle (§ 341 et 360). Cf. p. 56-74.

2. C'est un point que Stephane Mosès a mis en évidence avec une particulière acuité dans *L'Ange de l'histoire*, *op. cit.*, p. 56-57 : « L'autre expérience décisive est celle de la guerre, qui impose à Rosenzweig la double évidence sur laquelle toute sa philosophie sera fondée : l'affrontement sanglant des États européens au nom du principe des nationalités, et, plus profondément, au nom des mystiques nationales dont celui-ci n'est que la conséquence, confirme et condamne à la fois la vision hégélienne de l'histoire comme la scène où s'accomplit, à travers les États souverains, la constitution de l'Esprit universel, de même que l'angoisse devant la mort démasque la vérité cachée de l'ontologie hégélienne comme système de la Totalité, à savoir la négation de l'irréductible unicité de la personne ».

LA MARCHE DE DIEU DANS LE MONDE

« L'ouverture de l'empire ». En inscrivant cette formule, rétrospectivement, presque au fronton de son livre, Rosenzweig l'inscrit dans une longue tradition : celle des textes qui, de Leibniz[1] à Hegel, se sont interrogés sur la fonction singulière du Saint-Empire romain germanique dans l'histoire universelle. Mais, d'une façon plus générale, il signale le motif impérial comme un de ceux qu'il a interrogés tout au long de son travail. On peut en repérer trois scansions. La première a trait à l'analyse critique de l'empire romain que Hegel propose dans *La Phénoménologie de l'esprit.* Rosenzweig rappelle comment, pour Hegel, l'empire romain se caractérise par une égalité juridique universelle doublée d'une « dépossession universelle des droits au profit de l'Un, du maître »[2]. De cette ambivalence résulte l'apparition de la personnalité qui, dès lors qu'elle se trouve dépourvue d'un espace de vie et d'action qui lui convienne, inaugure le règne de l'esprit devenu étranger à soi même : la culture. Cette première scansion, dans l'étude de Rosenzweig, reproduit donc une approche négative de l'Empire (sous sa figure romaine), conçu comme la forme politique la plus éloignée de cette liberté que doit incarner l'État.

La seconde, c'est l'étude de ce qu'a pu représenter pour Hegel la figure de Napoléon. L'auteur de *Hegel et l'État* lui consacre une place réduite mais significative, refusant de voir dans l'expression célèbre : « l'empereur, âme du monde » le simple signe d'une fascination exagérée. Il montre quelle mutation a connue la figure de Napoléon, dans la pensée de celui qui s'était émerveillé de le voir passer à cheval. Le fait significatif que relève Rosenzweig est que, à la différence de nombre de ses contemporains, Hegel n'a pas perçu l'œuvre politique de Napoléon comme la volonté de construire un empire universel et de s'approprier l'Europe. La notion d'empire, autrement-dit, n'implique pas (dans ce cas précis) l'idée de domination et d'hégémonie brutales ni celle d'appropriation du sol. Le nom de Napoléon est lié, bien davantage, à une conception de l'État qui lui assigne pour tâche de contribuer à la formation spirituelle de ceux qui lui sont assujettis. Ce que fait Hegel, selon son commentateur, c'est transposer cette idée dans la perspective d'un État allemand, c'est concevoir déjà la perspective d'un État allemand qui serait en charge de la vie spirituelle du monde à venir

1. Voir, par exemple : Leibniz, « Considérations inattendues sur l'usage et l'amélioration de la langue allemande », dans *L'Harmonie des langues*, présenté, traduit et annoté par M. Crépon, Paris, Seuil, 2000.

2. Rosenzweig, *op. cit.*, p. 205.

– une charge qui, sans doute, s'accorde sur ce point avec ce motif de l'espérance que Rosenzweig évoque rétrospectivement dans sa préface de 1920.

> Dans cette formule [l'empereur, âme du monde] se noue bien plutôt une conception tout à fait déterminée du passé et du présent, du monde germanique et du monde latin, et finalement des rapports entre l'État, la religion et la philosophie[1].

De l'empire romain à l'empire napoléonien, l'empire change donc radicalement de sens. Mais c'est la troisième scansion du motif impérial qui doit évidemment retenir toute notre attention – celle qui parle précisément de cet État allemand (qui pourrait être en charge de la vie spirituelle du monde à venir), de ce nouvel Empire fondé par Bismarck. Elle enserre le livre entre sa préface tardive et sa conclusion. Elle est capitale, car elle permet de comprendre ce à quoi, en 1914, Rosenzweig *croyait* encore (ce qui faisait encore l'objet d'une *foi* historique et politique), avant que la guerre n'apporte son lot de désillusions. On sait, nous y reviendrons, que l'apport décisif de son analyse du conflit consistera, au cœur de la guerre, à penser celle-ci comme l'affrontement sanglant de prétentions rivales à l'élection, le choc des nationalités. Elle impliquera donc une critique forte de l'État national, de la prétendue symbiose de l'État et de la culture dans l'État-nation, y compris de ce que cette symbiose aura pu représenter comme horizon d'espérance. Car, et c'est ce que nous voudrions montrer, rien ne permet de penser qu'au moment où il rédigeait *Hegel et l'État*, cet horizon n'était pas le sien. Sa critique est même peut-être l'abime qui sépare le livre de sa préface rédigée a posteriori et de sa conclusion.

Pour la comprendre, il faut donc plonger au cœur du livre, repartir, en l'occurrence, de ces pages où l'auteur de *Hegel et l'État* entreprend de suivre le développement du concept d'histoire dans le système hégélien. Rosenzweig rappelle, en effet, comment, pour Hegel, celle-ci se présente comme le tribunal du monde, donnant à ce qui apparaissait d'abord comme un destin aveugle ou une nécessité irrationnelle le sens d'« un développement, une explicitation et une réalisation de l'esprit universel »[2]. Tout

1. Rosenzweig, *Hegel et l'État*, *op. cit.*, p. 216. Rosenzweig commente ici la fameuse lettre de Hegel à Niethammer du lundi 13 octobre 1806, le jour où Iéna fut occupé par les Français et où l'empereur Napoléon entra dans ses murs : « J'ai vu l'empereur – cette âme du monde – sortir de la ville pour aller en reconnaissance ; c'est effectivement une sensation merveilleuse de voir un pareil individu qui, concentré ici sur un point assis sur un cheval, s'étend sur le monde et le domine », dans Hegel, *Correspondance*, t. I, trad. fr. J. Carrère, Paris, Gallimard, 1962, p. 114-115.

2. Rosenzweig, *op. cit.*, p. 369.

l'enjeu consiste alors à comprendre comment les histoires des peuples singuliers s'inscrivent dans ce procès de la conscience de soi. Les peuples, explique-t-il, représentent des niveaux différents de ce procès. Lorsque le niveau atteint par un peuple correspond à ce plein épanouissement qui lui donne un droit absolu sur tous les autres, il prend place dans l'histoire mondiale. Tout ce qui compte historiquement dépend alors de lui. Son déclin, à l'inverse, commence lorsqu'il entend incarner encore ce niveau, alors que le procès de l'histoire continue et qu'un nouveau peuple a été appelé. La conséquence d'une telle inscription est que l'État, la réalisation d'une constitution politique parfaite, ne peuvent plus constituer l'unique fin de l'histoire. Cette réalisation doit s'accompagner de la perfection de l'homme singulier. Il y a donc quelque chose d'autre que l'organisation de la vie en commun ou quelque chose en plus qui contribuent à la réalisation de l'esprit universel – quelque chose auquel Rosenzweig se montre déjà particulièrement attentif.

> Au-dessus du monde éthique, au dessus de l'organisation visible de l'éthicité se trouve *un dernier empire* qui n'est plus une organisation, un ultime être auprès de soi de l'âme, où cette dernière est solitaire, comme elle l'était avant de se déployer en monde de l'esprit objectif et où sa solitude, maintenant qu'elle a parcouru ce monde, est cependant différente de ce qu'elle était auparavant [1].

Pour caractériser ce dépassement de l'État, qui permet à un peuple d'atteindre le niveau où il tient sa place dans l'histoire mondiale, Rosenzweig reprend l'expression hégélienne qui fait de l'État « la marche de Dieu dans le monde ». Il s'agit là d'une proposition capitale, pour au moins deux raisons. D'abord, c'est en elle que se concentre l'objectif que poursuit Rosenzweig, en écrivant *Hegel et l'État* : penser la fonction de l'État au-delà du perfectionnement des institutions. Elle oriente délibérément sa lecture de Hegel vers la question du théologico-politique, à savoir le lien entre la forme politique de l'État-nation et le christianisme. Ensuite, elle se retrouve (pour cette raison précisément) – sous une forme modifiée [non plus la marche de Dieu, mais la marche vers Dieu] – dans la correspondance qu'il échange entre 1916 et 1917 avec Eugen Rosenstock, alors que l'un et l'autre se trouvent sur le front. Et, à défaut de l'expression, l'idée en réapparaît encore dans l'*Étoile de la Rédemption*. Il s'agit donc d'une expression et d'une pensée récurrentes qui, sous la plume de Rosenzweig, constituent comme un fil conducteur reliant le livre sur Hegel

1. Rosenzweig, *Hegel et l'État, op. cit.*, p. 371.

à la correspondance écrite sur le front et à l'*opus magnum*. Mais surtout, d'une occurrence à l'autre, son sens se trouve infléchi, sinon même inversé. Dans le livre sur Hegel, elle est encore, par opposition à la conception bismarckienne de la puissance étatique, le principe d'une espérance – de cette espérance, à laquelle le livre lui-même entend contribuer. Dans la correspondance et dans l'*Étoile*, son interprétation permet de donner à cette espérance son véritable visage. Ou plutôt, elle permet à Rosenzweig de saisir ce qu'elle signifie *pour lui*, compte tenu de ce que la guerre révèle, et après qu'il a décidé, comme il l'écrira dans un texte d'octobre 1920 intitulé *Un Lernen nouveau*, de « tout offrir à son être juif », de « tout reconduire au judaïsme ».

Penser l'État comme « la marche de Dieu dans le monde », c'est, pour Rosenzweig, un point d'aboutissement dans le devenir de la conception hégélienne de l'État. Mais une telle pensée ne devient possible que parce que, dans l'*Encyclopédie de 1817*, comme dans les ultimes paragraphes des *Principes de la philosophie du droit* et enfin dans les *Leçons sur la philosophie de l'histoire*, Hegel propose une pensée de l'histoire qui fait d'elle un développement vers la liberté :

> Ceci n'est possible que parce que Hegel présente maintenant, et maintenant seulement, l'histoire comme un développement vers la « liberté ». D'une part, cette liberté est réalisée dans l'organisation éthique et achevée ; d'autre part, elle est le présupposé de la vie dans « l'esprit absolu ».

Du coup, c'est aussi le sens du rôle que jouent les peuples dans l'histoire modiale qui se trouve considérablement modifié. Leur épanouissement successif qui les conduit à occuper une place prépondérante dans le procès de développement et de réalisation de l'esprit universel n'est pas seulement affaire de domination politique, il ne consiste pas seulement à imposer sa volonté aux autres. Il a la dimension d'une élection prophétique pour une mission. Le peuple qui prend sa place dans l'histoire est un peuple élu pour la liberté. Ce que Rosenzweig découvre dans Hegel (et qui lui semble en décalage avec l'héritage strictement politique et idéologique de la pensée hégélienne de l'État) – ou, pour le dire autrement, le coup de force qu'il impose à cette pensée – c'est d'y déceler une conception messianique de la politique[1]. L'État n'a de sens que rapporté à l'élection d'un peuple pour une mission universelle.

1. C'est ce que Stephane Mosès appelle, d'une formule particulièrement éloquente : « le retournement de l'idée d'élection sur ceux-là mêmes qui l'avaient toujours dénoncée », *op. cit.*, p. 71.

Reste à savoir comment se fait cette élection pour la liberté. Deux choses sont à prendre en considération. 1) La première est le rapport entre l'État et la culture – c'est-à-dire déjà la question de la nationalité. Dans *Hegel et l'État*, cette question revient à plusieurs reprises comme un leit-motiv. Elle marque à la fois les limites de la pensée hégélienne de l'État, qui aurait achoppé sur la question de la « nationalité » ou, pour le dire autrement, de « l'appartenance à une culture » et l'horizon qu'elle dessine pour l'avenir, l'objet peut-être du rêve inaccompli.

> Ainsi l'histoire mondiale, la croissance de l'Esprit du monde à travers les Esprits des peuples successifs, n'est-elle articulée et développée par le philosophe qu'en fonction de la vie éthique de l'homme singulier, telle qu'elle se parachève dans la vie interne de l'État. Dans le cadre de l'histoire mondiale, *Hegel ne concède aucun développement propre à la culture en tant que telle*[1].

Cette question revient dans la conclusion de l'ouvrage, écrite en 1920. Si l'on suit le bref résumé que donne Rosenzweig de la postérité hégélienne, sa vision du trajet (déjà étudié par Meinecke) qui mène de Hegel à Bismarck, il apparaît que celui-ci est tout entier orienté par le problème de l'union de l'État et de la nation dans un État national. Il explique d'abord qu'en dérivant l'État de la volonté, Hegel a empêché son idée de l'État de devenir celle de l'État national. D'où la tâche qui s'est imposée à ses successeurs : donner à l'État son fondement national[2]. Cette tâche, on put croire un temps que l'Empire fondé par Bismarck l'avait accompli. Mais, explique Rosenzweig, cette espérance fut vite déçue. Il apparut que l'État restait étranger à la vie de la nation. Ce fut le cas dès les années 1870[3]. Mais ce le fut bien davantage encore, à la veille de la guerre de 1914, quand le désir du « national » – c'est-à-dire de l'ancrage de l'État dans un socle culturel solide – atteignit son point culminant, donnant une nouvelle vie à ce qui avait été peut-être le rêve de ceux que l'auteur de *Hegel et l'État* appelle « les natifs de 1770 » : Hegel et Hölderlin, le rêve d'une nation. Dans les dernières pages de son livre, écrites après la guerre,

1. Rosenzweig, *Hegel et l'État, op. cit.*, p. 373-374. Nous soulignons.

2. Cf. Rosenzweig, *Hegel et l'État, op. cit.*, p. 430 : « Il fallut trancher le concept de volonté, le détacher des racines emmêlées de l'idée d'État pour que, de cette dernière, les bourgeons puissent s'ouvrir à la lumière de l'idée nationale ».

3. Cf. *ibidem* : « Dès avant la guerre, des voix s'élevèrent à nouveau pour manifester qu'elles ne reconnaissaient guère dans l'action bismarckienne l'authentique accomplissement des aspirations allemandes. La séparation de l'État et de la nation leur paraissait être l'indice d'une autre séparation, perçue avec inquiétude par des esprits sensibles juste après 1870, celle de l'État et de la culture ».

Rosenzweig prend un ton lyrique (presque empreint de nostalgie) pour évoquer ce que fut ce rêve – au point qu'on peut se demander s'il ne décrit pas exactement cet horizon d'espérance qui caractérisait l'esprit d'avant-guerre (et que la préface évoquait) – une espérance qui fut celle de Rosenzweig lui-même et qui l'inscrivait alors *encore* dans la même lignée que Schelling, Hölderlin et Hegel, ces penseurs du moment 1800 que, durant la guerre, il avait reniés entre-temps.

> Peut-être l'homme appelait-il l'État de ses vœux exclusivement en tant qu'homme solitaire et en vertu de sa solitaire aspiration. Peut-être l'image de la nation n'était-elle pas alors pour lui une puissance autonome opposée à sa quête. Peut-être l'État pouvait-il ainsi revêtir passagèrement à ses yeux l'apparence d'une communauté nationale et culturelle – dont, même après Bismarck on ne pouvait que rêver. Peut-être enfin, et pour toutes les raisons qu'on vient de dire, ceux qui avaient ce rêve rivé au cœur ne pouvaient-ils prévoir la forme politique de son accomplissement, telle que la lui conféra Bismarck. Voilà pourquoi, peut-être Hegel n'a pu parvenir à accorder à la nation son droit propre et absolu : il éprouva trop intensément l'État, même non national, comme l'intégral acomplissement de tout ce que pouvait désirer l'individu singulier, comme la satisfaction de sa volonté, pour être en situation de reconnaître à la nation une position propre, celle du contenu nécessaire du corps étatique[1].

Avec ce bref condensé d'histoire, sous le double signe d'un rêve et d'une attente déçue, c'est sans doute tout le projet de Rosenzweig, dans *Hegel et l'État* qui prend son sens. Il s'agissait de reconduire la pensée politique de Hegel à ce rêve initial, en analysant comment et pourquoi il n'avait pu être réalisé – comment aussi il s'était perdu en route. Il s'agissait aussi de montrer à quel point l'État bismarckien en restait éloigné. Nul doute donc que Rosenzweig partagea pour l'Empire (pour ce nouvel Empire), ce rêve du « national ». Mais la guerre vint le briser. C'est, comme nous le verrons, un tout autre visage du « désir du national », un tout autre usage du lien entre État et culture qu'elle révéla, dans les tranchées puis dans les décombres de l'Empire.

2) La seconde chose qu'il faut prendre en considération pour comprendre ce que signifie cette élection pour la liberté concerne le privilège que cette vision de l'histoire, des peuples dans l'histoire, confère au christianisme et plus précisément aux différents États chrétiens. Rosenzweig, en effet, repère ce qu'il appelle « un singulier contraste dans

1. Rosenzweig, *Hegel et l'État*, *op. cit.*, p. 432.

l'histoire hégélienne » – contraste entre les différents moments de cette histoire (antérieurs au christianisme : le monde oriental, le monde grec et le monde romain) et le dernier (le monde germanique ou plutôt germano-chrétien). Tandis que, pour les premiers moments, le développement de l'histoire est assuré par la succession des peuples (qui ne représentent chacun qu'une phase de l'histoire, avant de disparaître), dans le monde germano-chrétien, l'avancée et le retrait des peuples ne supposent pas leur disparition successive, mais leur progrès commun vers la liberté. Le peuple élu ne remplit pas une mission universelle uniquement parce qu'à un moment donné de l'histoire, il incarne le progrès de l'esprit, mais parce qu'il les fait tous progresser communément[1]. Aussi son élection donne-t-elle un sens particulier à la coexistence des peuples chrétiens. Elle dessine les linéaments d'une communauté des peuples *supra*-étatique – une communauté qui ne prend pas la forme d'une organisation étatique, mais bien davantage d'une Église régie par la loi de l'histoire mondiale.

Du même coup, ce sont aussi les conflits qui existent entre ces peuples qui prennent un tout autre sens. Ils ne sont pas les symptômes de leur folie, mais l'instrument de cette loi de l'histoire qui les rassemble en une communauté invisible.

> La loi invisible qui rassemble cette invisible communauté des peuples, la loi de l'histoire du monde est celle-là même qui sépare de toute éternité les peuples visibles. L'histoire ne croît qu'à partir des antagonismes et elle seule est le lien qui réunit ces individus autonomes[2].

Tel est donc le parcours qu'accomplit Rosenzweig, en suivant non seulement le devenir de la pensée de l'État dans la philosophie de Hegel, mais aussi, comme il le rappelle lui-même, le « développement du concept d'histoire dans le système »[3]. Il nous fait comprendre trois choses. La première tient à l'esprit de l'avant-guerre. Cet esprit, c'est celui qui était prêt spontanément à reconnaître, comme ce sera le cas, une valeur spirituelle à la guerre. La seconde concerne l'espérance que Rosenzweig inscrit,

1. Rosenzweig, cf. *Hegel et l'État*, *op. cit.*, p. 375 : « Alors que les peuples pré-chrétiens ne représentaient chacun qu'une phase et qu'ainsi le développement s'accomplissait dans la succession de ces peuples, il s'effectue pour le groupe chrétien germanique à la façon d'une progression interne, où certes des peuples s'avancent et se retirent, où l'histoire ne connaît certes nulle fin, mais où la collection des peuples chrétiens ne dépérit pas, où elle se déploye, au contraire, en une perfection de plus en plus grande, où elle évolue de plus en plus vers la liberté éthique ».

2. Rosenzweig, *op. cit.*, p. 375.

3. Rosenzweig, *op. cit.*, p. 370.

rétrospectivement, au fronton de son livre – espérance désavouée au moment même de la publication. « Ouvrir l'empire à l'air libre du monde », c'était donner à la domination politique de l'Allemagne le sens d'une élection pour la liberté, non seulement à l'intérieur de ses frontières, mais aussi à l'extérieur – c'était élire cet empire pour un « autre empire », « le dernier empire », cet « ultime être auprès de soi de l'âme » qui faisait de l'État « la marche de Dieu dans le monde » – lui donner la dimension culturelle et nationale que Bismarck n'avait pas su ou pas voulu lui donner. La troisième touche davantage le parcours spirituel de Rosenzweig lui-même. Sa lecture de Hegel nous fait saisir, en effet, quels ont pu être les motifs à la fois politiques et historiques qui lui ont fait envisager un temps sa conversion au christianisme. Se convertir au christianisme, c'était souscrire au sens de l'histoire, tel que le développe la pensée hégélienne – c'était choisir de consacrer toutes ces forces à cette élection pour la liberté.

L'APPROPRIATION DU MONDE

La guerre fait tomber les masques. Dans les tranchées, « la marche de Dieu dans le monde » prend un tout autre sens, la communauté invisible des peuples chrétiens montre un autre visage qui incite à penser différement le développement de l'histoire mondiale. Mais ce n'est pas le seul événement qui pousse Rosenzweig à reconsidérer son interprétation de l'histoire du monde. Cette révision est partie prenante de la confrontation qui, durant les années 1916 et 1917, l'oppose à Eugene Rosenstock. Ce que celui-ci oppose au désir de Rosenzweig de rester fidèle au judaïsme – et même de consacrer sa vie à lui redonner sens – n'est pas éloigné de cette vision, à laquelle l'auteur de *Hegel et l'État* souscrivait encore. En témoigne la lettre du 30 octobre 1916 :

> Elle [la synagogue] représente la malediction de l'assurance, de la fierté aristocratique et de l'indifférence irréfléchie face à la loi du devenir propre au cosmos homogène, au « paix sur terre à tous les hommes de bonne volonté ». Cette humanité nouvelle issue d'une même détresse et du même péché, le *corpus christianum* sans cesse réengendré par tous les hommes de bonne volonté, ce « répandez-vous parmi tous les autres peuples », voilà ce qu'elle ne connaît pas. Elle connaît une consanguinité originaire, une coexistence des membres du peuple élu, mais pas d'union finale de tous les enfants du père. [...] L'homme et les peuples sont censés vivre en agissant librement, sans peur et sans barrières contingentes. Si un peuple qui ne peut plus physiquement se défendre lui-même court à sa perte,

> tout peuple a besoin dans sa spiritualité de déployer de manière en soi indépendante les lois de son existence. [...] Le juif ne meurt pour aucune patrie, pour aucune mission [1].

Dans ce texte, Rosenstock raisonne, en effet, en hégélien. Il manifeste son appartenance perdurante à l'esprit de l'avant-guerre. Trois choses apparaissent, en effet. La première est qu'il croit encore à cette communauté invisible des peuples chrétiens. Il en fait encore le sens de l'histoire. Et c'est au nom de ce sens (confirmé par la guerre) qu'il fait du judaïsme une croyance obsolète et révolue. Être juif, c'est se tenir à l'écart du sens de l'histoire. Ensuite, il reconnaît que la foi chrétienne investit les peuples d'une mission (à l'inverse des juifs qui, dit-il, n'en ont aucune). Ce faisant, il souscrit pleinement à la loi, inscrite par Hegel au fronton de l'histoire, selon laquelle les peuples n'ont d'existence que tant que et dans la mesure où ils sont investis de cette mission spirituelle. Enfin, il donne à l'extension du christianisme dans le monde une dimension exclusivement spirituelle. Il fait du monde entier une terre de mission chrétienne – ce qui donne aux guerres, y compris à celle dans laquelle il est engagé, une portée et une justification religieuse. Le sacrifice du sang (du sang pour la patrie) se trouve entièrement sacralisé. Du coup, (Rosenstock ne le dit pas explicitement, mais le laisse entendre) l'engagement des juifs dans la guerre ne peut avoir la même signification.

Aussi est-ce sur un double terrain que Rosenzweig va devoir se défendre. Il lui faut, comme on l'indiquait plus haut, faire tomber les masques – c'est-à-dire mettre au jour le sens réel de l'engagement des « peuples chrétiens » dans la guerre, désacraliser cet engagement, tout en tenant compte de l'usage qui est fait, dans la guerre, des rhétoriques de la mission et de l'élection. Il lui faut répondre aux questions suivantes : qu'est-ce que cette élection, à laquelle prétendent les « peuples chrétiens » ? en quoi ne saurait-elle être confondue avec, à plus forte raison se substituer à celle du peuples juif ? Ce faisant, il lui faut aussi revenir sur cette assimilation du monde à une terre de mission. Quel est le sens exact de ce « répandez-vous parmi tous les autres peuples ! » ? Est-ce de donner une forme concrète à cette église invisible ? Ou s'agit-il, plus généralement, pour des motifs théologiques et politiques, de la manifestation répétée d'un désir vain de gagner l'éternité par l'appropriation du monde ? Enfin, il lui faut montrer que cette singulière étrangeté du judaïsme à l'histoire du

1. Correspondance entre F. Rosenzweig et E. Rosenstock, dans *Foi et savoir, autour de L'Étoile de la rédemption*, textes traduits, présentés et annotés par G. Bensussan, M. Crépon et M. de Launay, Paris, Vrin, 2001, p. 88-89.

monde a le sens inverse de celui que lui prête Rosenstock. Loin d'être le signe de sa caducité, loin d'avérer son appartenance à un passé définitivement révolu, comparable à celui d'Athènes et de Rome et plus généralement des peuples païens, (selon le schéma hégélien), elle témoigne au contraire de son éternité – ce qui impose aux Juifs un tout autre rapport à l'État et même une tout autre politique.

De fait, « la marche de Dieu dans le monde » prend, dans les tranchées et à la lecture des bulletins militaires ou des articles autorisés des correspondants de guerre, un tout autre sens. Toute la construction de Rosenstock vise à faire du judaïsme la dernière religion païenne, par opposition au seul christianisme. Mais la guerre atteste, en réalité, une toute autre filiation. L'élection juive ne reproduit aucun motif, dont on puisse trouver trace chez les peuples païens. Tout au contraire, elle dissocie radicalement le peuple élu de ce que furent les *ethné*. Par contre, elle se retrouve, sous une forme dévoyée, chez les peuples chrétiens. Le peuple juif n'est donc pas le dernier des peuples païens, mais bien plutôt le modèle unique de cette « élection », que les peuples chrétiens voudraient reprendre à leur propre compte. Comme celle-ci ne leur est pas donnée, il leur faut la gagner, en affirmant leur identité, en luttant pour qu'elle soit reconnue. Les peuples chrétiens ont à cœur et à charge de prouver, selon un schéma qui reste très hégélien, qu'ils sont bel et bien le peuple élu pour « cette marche vers Dieu » :

> C'est seulement le XIXe siècle qui ajoute à l'ἔθνος le ισμός, mais il s'agit désormais du nationalisme. mais cela ne signifie plus ce que ἐθνισμός voulait dire vers l'an 0 : la notion abstraite du paganisme, mais la christianisation achevée de la notion de peuple. Car le nationalisme signifie que les peuples non seulement croient procéder de Dieu (c'est également, comme vous le dîtes à juste titre, ce que croient les païens), mais aller vers Dieu. Or désormais, c'est ce que croient les peuples, et c'est pourquoi se succèdent 1789, 1914-1917 et bon nombre de « de … à » et la christianisation de la notion de peuple n'est pas encore la christianisation des peuples [1].

« La marche de Dieu dans le monde » n'est donc pas le signe d'une élection naturelle, mais d'une illusion et d'un désir d'élection. Les peuples chrétiens, à la différence du peuple juif, ne sont pas des peuples élus, mais des peuples qui ont pour ambition de faire reconnaître aux autres leur prétendue élection. En ce sens, cette élection est un but qu'ils ne cessent de poursuivre et qu'ils ne sont jamais en mesure d'atteindre. Elle est, dit Rosenzweig, « le faire-valoir de toute nationalité ».

1. *Correspondance Rosenzweig-Rosenstock*, *op. cit.*, p. 91.

Quel est le sens de ce faire-valoir? C'est ce que Rosenzweig tente d'expliquer à Rosenstock, en commentant, dans la traduction de Luther, Isaïe VII, 9 : « Si vous ne croyez pas, vous ne demeurerez pas ». De ce lien entre subsistance et croyance, le nationalisme présente la version sécularisée. Mais de quelle croyance et de quelle subsistance s'agit-il? Quel visage la guerre donne-t-elle à cette foi singulière? Il s'agit encore une fois du rôle des peuples dans l'histoire, selon un schéma qui reste très hégélien. Les peuples doivent se persuader et persuader les autres de la mission qu'ils remplissent. Ils ne gardent leur place (au sens d'une subsistance) que s'ils ont et font partager cette foi dans leur mission.

Reste à savoir quels sont les moyens de cette persuasion. C'est ici qu'on retrouve, sous une autre forme, la question de l'empire. Rosenzweig y insiste, dans la lettre capitale du 30 novembre 1916 :

> Rome, à l'origine πόλις, anéantit la πόλις en elle (de 133 av. J.-C. à 476) et devient *imperium* (800), le reste jusqu'en 1806 et par la suite – non par celui qui usurpe la tradition (empire oriental) Pierre le Grand, non par celui qui usurpe la personne (en faisant la Révolution) Napoléon Ier, mais de par un héritage légitime, François, empereur d'Autriche – l'empire devient un concept et, à cause de Guillaume II en 1914, en ce sens nouveau, une réalité. C'est à ces empires actuels (le russe, l'« indien » conquis contre Napoléon Ier, celui de Guillaume protégeant l'Autriche) et non aux *nationes* ἔθνη, que j'« identifie » le christianisme parce qu'il s'identifie lui-même[1].

L'espérance inscrite dans le livre *Hegel et l'État* était de reconnaître dans la mission de l'Allemagne son élection pour la liberté. Ce que la guerre révèle est un tout autre sens de l'histoire. Ce n'est pas tant par la liberté qu'ils incarnent que les peuples témoignent de leur grandeur et de leur place dans l'histoire – ce n'est plus en ce sens que l'État est « la marche de Dieu dans le monde », c'est par l'extension des frontières. La nationalité se fait valoir, se fait reconnaître dans l'appropriation du monde. C'est ce que Rosenzweig explique, dans un texte contemporain de sa correspondance avec Rosenstock : un texte de 1917 intitulé *Globus, études sur la doctrine de l'espace de l'histoire universelle.* Dans cet essai, l'accent est mis, en effet, sur un thème qui n'apparaissait pas jusqu'alors : celui de l'appropriation du sol. Toute l'histoire de l'humanité s'inscrit dans un entre-deux : une première appropriation et une dernière. Le concept déterminant n'est plus celui de liberté, mais celui de « frontière ». L'histoire du monde, c'est d'abord l'histoire de l'appropriation de la terre, ou plutôt de ses

1. Rosenzweig-Rosenstock, *Correspondance*, *op. cit.*, p. 113.

« appropriations successives », des premiers tracés aux derniers – c'est-à-dire à leur suppression. Mais ce que dessinent ces frontières, ce n'est pas seulement le partage du mien, du tien et du sien. Dès lors que la logique de l'appropriation est une logique d'extension, d'accroissement de ce qui est approprié, cette appropriation du sol est en même temps la formation d'un « nous ». Le moteur de l'histoire, c'est l'extension d'une pluralité de « je » (au principe des premières appropriations) à une pluralité de « nous » – c'est le renforcement et la volonté de perdurer (en se consolidant et en s'étendant) de ces « nous ». Le pronom « nous », de fait, est ce que la Terre, à l'origine, ne connaissait pas. L'histoire, donc, commence véritablement quand nous pouvons dire « nous ». Mais nous ne pouvons commencer à le dire que dans le sentiment partagé d'une propriété commune.

> Avec le tracé de la première frontière, l'humanité prit possession de la terre. Toute l'histoire universelle n'est que le prolongement de cette première frontière, n'est que l'empiètement permanent du mien, du tien et du sien, la formation toujours plus prégnante des relations *je* et *tu*, à partir du chaos indifférencié du *ça*. De même que le premier *je* limité et son extension également limitée en un premier *nous* décrivent le premier moment de l'histoire, de même le dernier *nous* sans limite et son approfondissement tout aussi illimité jusqu'au dernier *je* en sont l'ultime phase. C'est entre ce matin et ce soir que les frontières se meuvent sur le sol, et elles répondent à qui s'interroge en lui indiquant à quelle hauteur se situe le soleil au ciel de l'histoire[1].

Ce faisant, écrit Rosenzweig, la nostalgie demeure toujours de cette absence de frontière originelle, dont la mer offre, depuis toujours, l'exemple. Si le partage de la terre est le moteur de l'histoire, l'unité de la mer rappelle aux hommes la fin ultime de ces partages : la disparition de toute frontière, c'est-à-dire l'existence d'un « nous » qui ne connaisse plus de « vous », un empire sans frontière. L'histoire des hommes est ainsi animée par le pressentiment d'une unité à venir.

On comprend mieux alors le sens de la mission que s'octroient les peuples chrétiens, et pour laquelle ils s'estiment élus. Elle n'est pas la liberté, mais l'unité. Le nationalisme, c'est la prétention à être le centre de l'unité à venir. C'est pourquoi l'élection est « le faire valoir de toute

1. Rosenzweig, "Globus", dans *Confluences, Politique, Histoire, Judaïsme,* trad. fr. par G. Bensussan, M. Crépon et M. de Launay, Paris, Vrin, 2003, p. 37. *Gesammelte Schriften*, III (désormais GS, III), *Zweistromland, kleinere Schriften zu Glauben und Denken*, édités par R. et A. M. Mayer, Dordrecht, Martinus Nijhoff, 1984, p. 313.

nationalité ». C'est pourquoi aussi, comme le dit la lettre du 30 novembre 1916, le christianisme s'identifie aux empires actuels, et non aux *nationes*. D'où la dimension politique du « répandez-vous parmi tous les autres peuples ! », que ne veut pas voir Rosenstock. « Répandez-vous parmi tous les autres peuples ! », cela ne s'adresse pas à tous les chrétiens unis dans une seule et même communauté (tous frères) ni à des nations isolées, mais à des empires en cours de constitution et d'extension – à des empires qui luttent pour que leur extension croissante les fasse reconnaître comme centre du monde, centre de l'unité à venir.

Une telle grille de lecture permet à Rosenzweig de construite toute une réflexion sur la première guerre mondiale, sur le sens qu'a eu pour l'Allemagne, mais aussi pour l'Angleterre et pour la France, l'entrée dans la guerre, sur les buts de guerre de chacun des bélligérants. L'essai *Globus*, en effet, est loin d'être le seul texte que Rosenzweig consacre à la politique mondiale. À ce qui se donne comme une tentative d'histoire récapitulative pour mieux comprendre le présent, il faut ajouter toute une série d'études souvent très brèves, écrites en Macédoine, sur le front – des études qui relèvent davantage de l'analyse directement politique. Politiques, elles le sont, parce qu'elles commentent des stratégies, des calculs diplomatiques, l'héritage politique de Bismarck, l'enchaînement des décisions et leurs conséquences. Mais elles sont surtout éclairées par une démarche philosophique : faire apparaître la dimension messianique (nationaliste, au sens de messianique) de la guerre, montrer que celle-ci ne relève pas d'un calcul de l'intelligence diplomatique, mais de la découverte et de l'emportement soudain d'une mission. Ces textes, dont les titres sont éloquents (*Realpolitique*, *Canna et Gorlice : une explication du concept stratégique d'espace*, *Le but de guerre*) ont tous en commun d'être écrits au printemps 1917, c'est-à-dire dans les semaines qui suivent l'échange épistolaire avec Rosenstock sur le judaïsme et le christianisme. Tout se passe comme s'il avait fallu que cette question de l'élection soit clarifiée, de façon aussi dramatique et dans la tension que reflètent ces lettres, pour que le sens de la guerre, dans laquelle il était lui-même engagé à titre individuel, devienne clair aux yeux de Rosenzweig.

Qu'est-ce que la guerre a apporté à l'Allemagne, de quoi lui a-t-elle permis de prendre conscience ? Si la politique de Bismarck eût pour effet, de donner réalité, dans un monde hostile, à quelque chose qui semblait à tous impossible : la fondation de l'État allemand, s'il posa par là les fondements d'une nouvelle époque, d'une nouvelle politique et d'une nouvelle vie, il manquait encore à cet État son âme propre (*eine eigene Seele*) :

> Le nouveau but que la guerre elle-même rendit apparent aux yeux des dirigeants allemands n'était pas une pensée qui devrait devenir réalité. [...] Ce n'était rien d'autre que ce qui était déjà effectif au commencement de la guerre et que le peuple ressentait : l'Allemagne. À ceci près que l'Allemagne, en même temps qu'elle était contrainte de combattre pour défendre sa vie, acquit dans cette guerre pour le tout ce que son créateur Bismarck n'avait pu lui donner, parce qu'il aurait dû le lui procurer par la ruse et en secret : son âme propre (*eine eigene Seele*)[1].

Or cette « âme », ce n'est, pour Rosenzweig, rien d'autre que des buts politiques conscients – une vision de la politique étrangère qui ne relève pas de calculs, d'alliances diplomatiques au coup par coup, mais de la conscience effective d'une vocation propre, d'une mission, historique, politique et spirituelle, dans laquelle l'Allemagne affirme pleinement, au-delà de son unité politique, son identité. Ce que l'Allemagne a découvert pendant la guerre, c'est cette « destination mitteleuropéenne (*seine mitteleuropaïsche Bestimmung*) »[2] qui fait d'elle un nouvel empire. Une fois que l'Allemagne était unifiée, que le nouvel État était fondé, il était inévitable qu'il en soit ainsi. L'État ne pouvait demeurer sans mission et sans vocation. Il ne pouvait rester en dehors de la course impériale et laisser les autres empires se partager le monde. C'est ce que comprirent les Anglais, avant même les Allemands, avec leur stratégie d'encerclement.

C'est pourquoi l'interprétation de l'élection en termes d'appropriation permet aussi de comprendre pourquoi cette guerre est une guerre *mondiale* – une guerre qui concrétise un certain concept du monde. Si elle ne s'étend pas à toute la surface du globe, il n'en demeure pas moins qu'elle a effectivement pour objectif cette appropriation du monde, c'est-à-dire le dessin d'un monde, dans lequel chacun des belligérants ambitionne d'occuper l'espace le plus largement possible.

> Si ce ne sont les forces en présence, leurs fins du moins justifient certainement le qualificatif de la guerre actuelle. Il semble donc qu'elle soit, du point de vue de l'histoire universelle, une transition qui conduit d'une époque européenne révolue vers une époque planétaire à venir. Ainsi se trouve justifié le regard rétrospectif porté sur les conditions d'élaboration de la scène où se déroulent les événements dont nous sommes les témoins. Car dans la vie intérieure des États, pris un à un, ou dans leur vie extérieure, prise en totalité, le

1. Rosenzweig, "*Realpolitik*", GS, III, p. 264-265, trad. inédite de Marc Crépon.
2. Rosenzweig, "*Realpolitik*", *op. cit.*, p. 265.

> moteur premier et le plus décisif de tout ce qui arrive, c'est la frontière, la scène. Ce que nous appelons histoire universelle n'est rien d'autre que la transformation de la terre en un espace historique fermé, un « monde ». Chaque époque a son concept de monde, d'« œcoumène », quand bien même, par moments, ce concept ne circonscrit qu'un espace restreint qu'on embrasse d'un coup d'œil, quand bien même il se fût maintenu jusqu'à l'époque de l'empereur Auguste, avant de s'éveiller, justement dans le mot « œcoumène », à la conscience de soi historique [1].

On conçoit alors comment la guerre à la fois confirme et déplace l'interpétation hégélienne de l'histoire. Elle confirme que l'un des moteurs de l'histoire est la luttte des peuples pour faire reconnaître leur élection. Mais elle interprète différemment la spatialisation de cette lutte, faisant du déplacement des frontières, de l'extension des territoires, de la constitution des empires le véritable objet de cette histoire. Elle soumet le développement du processus historique à une autre finalité : non plus l'avénement de la liberté dans le monde, mais la reconstitution d'une unité perdue, pour laquelle chaque empire s'estime élu.

Marc CRÉPON
CNRS – Archives Husserl de Paris, ENS-Ulm

1. Rosenzweig, "Globus", trad. fr. cit., p. 39. (GS, III, p. 314).

INSTANT, ÉVÉNEMENT ET RUPTURE CHEZ EMMANUEL LEVINAS

VERS UNE POLITIQUE MESSIANIQUE ?

Lors d'un entretien datant de 1988, Levinas fait cette déclaration étonnante, parce qu'elle semble contredire la primauté de la question d'autrui dans sa pensée : « Mon thème de recherche essentiel est celui de la déformalisation de la notion du temps »[1]. Pourtant, ce « thème essentiel » de la déformalisation du temps structure en fait de manière profonde toute sa réflexion, depuis les premiers textes publiés après la guerre[2]. Quel est donc ce temps qu'il s'agit de déformaliser ? Le temps comme forme, c'est le temps comme synthèse unitaire du devenir, rassemblement de l'hétérogénéité des instants et des événements. Ceux-ci ne prennent pas sens pour eux-mêmes, mais seulement à partir d'une temporalité complète dans laquelle ils s'intègrent et se dépassent a priori. C'est le temps de la phénoménologie : unité du flux des rétentions – protentions chez Husserl, unité des trois extases temporelles chez Heidegger. Le temps, pour la phénoménologie, représente la synthèse la plus large, l'englobant ultime, jusqu'à se confondre avec l'ouverture même de l'être chez Heidegger. Le présent, l'instant, ne valent pas pour eux-mêmes, n'ont aucune densité propre : ils se transcendent toujours déjà au-delà d'eux-mêmes. « Le fait originel serait l'existence où passé, présent et avenir se trouvent engagés à la fois, sans que le présent ait un privilège quelconque pour loger cette existence. Le présent pur serait une abstraction : le présent concret, gros de tout son

1. *L'Autre, Utopie et Justice*, Entretien avec la revue Autrement, dans *Entre Nous*, Paris, Grasset, 1991, p. 244.

2. *De l'existence à l'existant,* Paris, Vrin, 1990 (1re édition 1947), noté EE par la suite. *Le Temps et l'Autre*, Paris, P.U.F., 1985 (1re édition 1948), noté TA.

passé, s'élance déjà vers l'avenir, il est avant et après soi-même »[1]. Nous reconnaissons déjà ici ce qui sera réélaboré plus tard en tant que concept de totalité : « Le concept de totalité [...] domine la philosophie occidentale. [...] Les individus empruntent à cette totalité leur sens (invisible en dehors de cette totalité). L'unicité de chaque présent se sacrifie incessamment à un avenir appelé à en dégager le sens objectif. Car seul le sens ultime compte, seul le dernier acte change les êtres en eux-mêmes »[2].

À l'inverse, déformaliser la notion de temps, dans la perspective des premières œuvres de Levinas, revient à conférer à l'instant une valeur en dehors de son inscription dans la synthèse du temps, qui est aussi la synthèse du monde comme ouverture d'un domaine de transcendance extatique. Plus encore, il s'agit de concevoir le temps *à partir de l'instant*, à partir de l'événement qui s'y joue, et non le contraire. Avec le Levinas des premiers textes (jusqu'à *Totalité et infini* y compris), nous avons affaire à une pensée de l'événement d'une part, et à une pensée de la temporalité spécifique résultant de cet événement d'autre part. Telles sont les deux strates que j'aimerais retracer brièvement dans la première partie de cette étude. Il faut d'emblée préciser que je ne considérerai que la première période de la pensée de Levinas, à l'exclusion de la phase de maturité commencée avec *Autrement qu'être*. En effet, le traitement de toute cette problématique change alors considérablement, et si l'entreprise de déformalisation du temps s'y prolonge selon d'autres modalités, toutefois les thèmes de l'événement, de l'instant et de la fécondité, de même que l'insistance sur l'avenir, y perdent largement de leur relief. En un mot, je n'y retrouve plus vraiment une pensée de l'événement à proprement parler, avec les potentialités associées selon moi à cette caractéristique événementielle[3].

Mais revenons aux premières analyses de Levinas : qu'est-ce qui dans l'instant résisterait à la synthèse ? On conçoit aisément ce qui peut motiver Levinas dans cette interrogation. Car si le temps est une extase, un mouvement a priori de transcendance, alors c'est bel et bien l'altérité – en tant que rupture et surprise – qui est rendue impossible, niée dans son altérité même. Elle se trouve d'emblée anticipée ou remémorée, c'est-à-dire intégrée a priori dans la forme temporelle du monde. Il faut donc que

1. EE, p. 167-168.

2. *Totalité et Infini*, La Haye, Martinus Nijhof, 1961, p. X. Noté TI par la suite.

3. Sur cette question, cf. Michel Vanni, « Transcendance et ambiguïté. Quelques problèmes d'interprétation de la pensée de Levinas », *Les Études Philosophiques*, Paris, P.U.F., janvier-mars 2002, p. 103-122. Cf. également M. Vanni, *L'impatience des réponses*, ouvrage à paraître.

l'événement de la rencontre de l'autre résiste à une telle intégration, ou la fasse éclater. Or, dans les premiers textes de Levinas, ce n'est pas simplement l'irruption d'autrui qui vient fracturer de l'extérieur l'immanence formelle du temps. Cette irruption extérieure rencontre un mouvement de résistance qui se produit d'abord au cœur de la subjectivité, ou plutôt en deçà d'elle-même, dans son corps ou sa matérialité. Avant même la rencontre d'autrui, c'est sur l'immanence irréductible du corps que vient se briser la synthèse temporelle du monde.

Le corps est « de l'ordre de l'événement » pour Levinas[1], et cet événement est le surgissement d'un existant dans le flot anonyme de l'existence (de l'il y a). C'est ce qu'il nomme *hypostase* dans ses premières œuvres : position d'un existant à partir d'une base matérielle qu'il contracte ou condense, et par là position d'un commencement dans la neutralité de l'être, mais base matérielle qui tout à la fois le tire en arrière, et vis-à-vis duquel il se trouve toujours en retard (« L'existence traîne un poids »[2]). L'existant, comme corps ou hypostase, tout à la fois se pose, surgit, et retombe sur soi. Cette curieuse dialectique de surgissement et de retour en arrière constitue pour Levinas un processus strictement interne à l'instant, une sorte de mouvement instantané qui ne doit rien au temps. « Ce mouvement de venir à soi sans partir de quelque part ne se confond pas avec celui qui franchit un intervalle du temps. Il se fait dans l'instant lui-même où quelque chose si l'on peut dire précède l'instant. L'essence de l'instant, son accomplissement, consistent à franchir cette distance intérieure »[3]. C'est dans l'instant, en deçà de son intégration à une temporalité extatique et mondaine, que se joue un événement toujours réfractaire à la synthèse et à la totalisation, un événement de naissance : l'acte par lequel un existant acquiert l'existence.« L'instant, avant d'être en relation avec les instants qui le précèdent ou qui le suivent, recèle un acte par lequel s'acquiert l'existence. Chaque instant est un commencement, une naissance »[4]. Mais on l'a vu, cette naissance retombe toujours sur elle-même comme un poids. C'est dire que si la pensée du premier Levinas est une pensée du surgissement matériel, une pensée du corps comme effectivité événementielle, cette effectivité est cependant insuffisante à générer d'elle-même un processus temporel, une productivité positive qui ne finirait pas par

1. EE, p. 122.
2. EE, p. 38.
3. EE, p. 131.
4. EE, p. 130.

« s'infléchir et s'embourber en elle-même »[1]. C'est dire également que la situation du sujet incarné dans l'existence est de l'ordre d'une *faiblesse* pour Levinas, faiblesse qui ressurgit toujours en dessous des activités mondaines les plus glorieuses, et qui empêche le monde de s'affirmer dans sa belle et pure synthèse formelle. C'est en premier lieu cette faiblesse du corps qui dés-œuvre irrémédiablement les activités du monde, et qui déformalise sa temporalité.

Dans ses premiers textes, Levinas va présenter toutes sortes d'expériences dans lesquelles s'atteste phénoménologiquement cette faiblesse, et le mouvement d'hypostase qui s'y joue. Il analyse notamment la fatigue et la paresse[2], mais c'est avant tout dans l'expérience de la souffrance que se montre le mieux ce « destin » d'un sujet attaché à lui-même sans possibilité de fuite, ici et maintenant, corps et instant, sans espoir d'une transcendance, d'un dépassement temporel ou d'un devenir de la souffrance. Celle-ci condamne le sujet au pur présent. Ainsi non seulement le sujet incarné est-il faible, mais il est radicalement seul et inconsolable, car rivé à lui-même et à son corps. Sous la totalité ou la forme, derrière ou à travers elle, il y a toujours un corps souffrant ou fatigué, une immanence prisonnière d'elle-même, et qui tire le sujet en arrière. Sous la synthèse, unité des rétentions – protentions, il y a toujours une *hylè* sensible qui résiste à son intégration, à son dépassement. L'instant de fatigue ou de souffrance, c'est toujours l'immanence d'une donnée sensible réfractaire. Dès lors, le sujet ne saurait être consolé ou libéré de ce poids dans le temps du monde, temps de *l'économie* et du *salaire*. L'instant présent peut y être compensé par une indemnisation dans l'instant suivant, le projet futur peut soulager voire donner un sens à la souffrance actuelle, mais celle-ci ne saurait jamais y être réparée ou soulagée dans son exigence même, c'est-à-dire au présent : « L'avenir peut apporter une consolation ou une compensation à un sujet qui souffre dans le présent, mais la souffrance même du présent reste comme un cri dont l'écho retentira à jamais dans l'éternité des espaces. Il en est du moins ainsi dans la conception du temps calquée sur notre vie dans le monde et que nous appelons [...] le temps de l'économie. [...] La peine est vidée de ses exigences profondes. Le monde est la possibilité du salaire. [...] Le temps, dans le monde, sèche toutes les larmes, il est l'oubli de cet instant impardonné et de cette peine que rien ne saurait compenser. [...] La situation, ou l'engagement dans l'existence qu'est l'effort, se refoule, se

1. EE, p. 38.
2. EE, p. 29-40.

compense et s'amortit, au lieu d'être réparé dans son présent même : c'est l'activité économique »[1].

On l'aura compris, c'est précisément parce que le sujet est défini par cette susceptibilité matérielle, qu'il pourra être affecté par l'autre homme, sans avoir pu l'anticiper c'est-à-dire amoindrir le choc. C'est précisément en tant que le sujet est transi de part en part de faiblesse corporelle, que la venue d'autrui sera susceptible de le libérer, de réparer sa souffrance. Enfin, c'est cet événement de l'altérité qui apportera un autre instant, c'est-à-dire le temps, au sujet incarné, un temps et un avenir qui ne coïncideront pas avec le temps du monde. « L'altérité absolue de l'autre instant – si toutefois le temps n'est pas l'illusion d'un piétinement – ne peut pas se trouver dans le sujet qui est définitivement lui-même. Cette altérité ne me vient que d'autrui »[2]. Il y a donc une autre intrigue qui se joue en deçà ou à l'écart de la temporalité mondaine, une intrigue nouée autour de la corporéité du sujet et de son affection par autrui. Mais quel est cet autre temps, et de quelle manière le définitif de l'instant peut-il être réparé dans son présent même par la venue de l'autre ?

Reprenons notre fil : la souffrance dans l'instant ne saurait être compensée par des promesses futures, elle doit être réparée « dans son présent même ». Cela signifie que ce présent doit pouvoir non seulement être remplacé par un autre présent plus heureux, mais qu'il doit pouvoir *revenir* en tant que tel, c'est-à-dire être ressuscité : « La peine ne se rachète pas. [...] Il faudrait pouvoir revenir à cet instant ou pouvoir le ressusciter »[3]. Ou encore : « il s'agit de se demander si l'événement du temps ne peut pas être vécu plus profondément comme la résurrection de l'irremplaçable instant »[4]. On devine ici que cet autre temps qui vient croiser et interrompre le temps du monde est fondamentalement *discontinu* : chaque instant n'est pas simplement dépassé vers le suivant, mais recommence en lui-même à chaque fois à partir de rien, selon le schéma de la *creatio continua* de Descartes, souvent cité par Levinas. Le temps est ici conçu comme série discontinue de nouvelles naissances[5]. Mais Levinas va plus loin encore, puisqu'il affirme le caractère *messianique* de cette temporalité : « Mais ce temps de la compensation ne suffit pas à l'espoir. Il ne lui suffit pas que la larme soit essuyée ou la mort vengée ; aucune larme

1. EE, p. 153-154.
2. EE, p. 160.
3. EE, p. 156.
4. EE, p. 158.
5. « Le temps est essentiellement une nouvelle naissance. », TA, p. 72.

ne doit se perdre, aucune mort se passer de résurrection. L'espoir ne se contente donc pas d'un temps composé d'instants séparés, donnés à un moi qui les parcourt pour recueillir dans l'instant suivant, aussi impersonnel que le premier, le salaire de sa peine. L'objet véritable de l'espoir, c'est le Messie ou le salut »[1]. Dans l'analyse philosophique de Levinas, le salut ou le Messie désignent la possibilité temporelle de la rupture dans l'instant : rupture ou interruption qui tranche sur la fatalité des processus historiques, à travers lesquels sont constitués progressivement des états de fait, sans rattrapage possible. Comme si ce qui fut jadis exclu, ce qui a souffert définitivement, bénéficiait d'une seconde chance, « fécondité miraculeuse dans l'instant lui-même par lequel il recommence comme autre »[2].

Le messianique, en tant que structure temporelle, désigne quelque chose comme une possibilité récurrente, dans la discontinuité de chaque instant, et non point l'accomplissement d'une évolution. Il est une rupture ou un décrochement qui vient féconder le temps du monde dans la potentialité de chacun de ses instants, sans pour autant prétendre lier ceux-ci en une nouvelle synthèse. Il n'y a donc ici aucune téléologie. Par ailleurs, le Messie n'est ni l'intervention extérieure d'un envoyé divin, ni la révélation répétée d'un *contenu* transcendant : il est possibilité de ce monde-ci au cœur de chaque instant. Nous retrouvons ici les traits caractéristiques de la temporalité messianique, telle que la dégage Gérard Bensussan dans son récent ouvrage, à partir notamment de Rosenzweig, de Levinas et de la tradition judaïque[3]. Il montre bien entre autre comment le temps messianique est fondamentalement discontinu, et comment chaque instant y est une « crise incessante »[4], un « saut » ou encore une « petite origine qui renouvelle »[5]. Une telle temporalité faite de surgissements renouvelés ne saurait être reconduite à une quelconque linéarité : « Ces instants où tout (ou rien) peut arriver, s'apparentent à des points de suspension messianique dont la discontinuité interdit la sursomption dans la ligne et par elle »[6]. On retrouve également cette idée selon laquelle l'événement même passé n'est jamais définitivement révolu, mais peut toujours bénéficier d'un rappel ou d'un renouveau : « Réinstallée dans le temps, la perte elle-même, arrachée à l'engloutissement dans sa propre nécessité,

1. EE, p. 156.
2. EE, p. 159.
3. G. Bensussan, *Le temps messianique (Temps historique et temps vécu)*, Paris, Vrin, 2001.
4. *Ibid.*, p. 106.
5. *Ibid.*, p. 131.
6. *Ibid.*, p. 39.

rencontre l'infime chance d'une retrouvaille et le don d'un nouvel instant. Telle est la chance messianique du temps que décrit le Talmud »[1].

Chez Levinas, cette messianité du temps s'incarne dans l'événement de la rencontre d'autrui : extériorité radicale qui me sauve à chaque instant du définitif de mon engagement dans l'existence. Mais qu'en est-il réellement de cette intervention d'autrui ? De quelle manière la dimension messianique pourrait-elle se lire à même l'intervention corporelle de l'autre ? Immédiatement après avoir évoqué la figure du Messie, Levinas esquisse la description d'une situation concrète de rapport à autrui. Citons le passage dans son entier : « La caresse du consolateur qui effleure dans la douleur ne promet pas la fin de la souffrance, n'annonce pas de compensation, ne concerne pas, dans son contact, *l'après* du temps économique ; elle a trait à l'instant même de la douleur qui alors n'est plus condamné à lui-même, qui entraîné "ailleurs" par le mouvement de la caresse, se libère de l'étau du "soi-même", se trouve de "l'air frais", une dimension et un avenir. Ou, plutôt, elle annonce plus qu'un simple avenir, elle annonce un avenir où le présent bénéficiera d'un rappel »[2]. La caresse consolatrice ne promet pas un avenir dont le contenu compenserait la souffrance présente. Elle n'annonce pas un avenir qui résulterait continûment du présent, sous forme de processus d'amélioration. Elle ouvre bien plutôt sur une dimension de libération dans laquelle le présent de la souffrance prend un sens. Non pas un sens mesuré à l'aune d'un contenu eschatologique ou de valeurs éternelles, mais comme si l'instant de souffrance contenait en lui-même le secret de sa toujours possible transfiguration, c'est-à-dire de son recommencement libéré. Tout est possible maintenant, tout se joue à l'instant même : telle est proprement la dimension messianique – « plus qu'un simple avenir » – inscrite au cœur de chaque présent[3].

La thématique de la caresse devient plus centrale dans *Le temps et l'autre*, où elle est envisagée cette fois dans un cadre érotique. Après avoir défini l'autre comme féminin, et l'avoir caractérisé par le retrait et la pudeur, Levinas tire de cette caractérisation l'idée que l'événement

1. *Ibid.*, p. 122.
2. EE, p. 156.
3. « Maintenant-ou-jamais : le messie ne peut venir qu'aujourd'hui car il est par lui-même la levée des prières qui ne peuvent plus attendre. », G. Bensussan, *op. cit.*, p. 131. Comme le rapporte Walter Benjamin dans son essai sur l'histoire, chaque seconde est la porte par laquelle le Messie peut survenir : « *Jede Sekunde die kleine Pforte, durch die der Messias treten konnte.* », W. Benjamin, « Über den Begriff der Geschichte » dans *Gesammelte Schriften* I 2, Frankfurt am Main, Suhrkamp Taschenbücher n° 931, 1991, p. 704.

de la rencontre d'autrui ne nous met pas en relation avec des possibles mondains. Il est au contraire ce qui interrompt la trame du possible, ce qui surprend radicalement, hors du domaine des processus réalisables, toujours pensés à partir des potentialités du présent. « C'est la relation avec l'altérité, avec le mystère, c'est-à-dire avec l'avenir, avec ce qui dans un monde, où tout est là, n'est jamais là avec ce qui peut ne pas être là quand tout est là. Non pas avec un être qui n'est pas là, mais avec la dimension même de l'altérité. Là où tous les possibles sont impossibles, là où on ne peut plus pouvoir, le sujet est encore sujet par l'eros »[1]. Il faut donc compléter notre description, et ne pas dire simplement que dans l'instant tout est possible, mais plutôt que l'instant, dans sa teneur messianique, est le surgissement même de l'impossible. Et la caresse vient s'inscrire dans cette rencontre érotisée comme le geste même d'ouverture à cet impossible qui se dérobe, ouverture à une dimension d'avenir qui ne saurait être remplie par un contenu quelconque : « Elle est comme un jeu avec quelque chose qui se dérobe, et un jeu absolument sans projet ni plan, non pas avec ce qui peut devenir nôtre et nous, mais avec quelque chose d'autre, toujours autre, toujours inaccessible, toujours à venir. La caresse est l'attente de cet avenir pur, sans contenu »[2].

Dans cette temporalité de type messianique, on trouve donc bien une attente orientée vers l'avenir. Plus haut, nous avions vu que l'instant de souffrance impliquait un espoir de libération. Attente et espérance ne représentent toutefois pas ici une forme de visée intentionnelle qui amoindrirait la force de rupture de l'événement. Comme le dit Gérard Bensussan, l'attendu n'est pas ici « précontenu dans l'attente »[3], ou encore « il n'est pas l'anticipation ou le calcul d'une réalisation historique de vœux ou de promesses »[4]. Cette attente ne se tient que dans le pur présent, mais simultanément elle introduit dans le présent une dimension d'ouverture ou d'avenir sans contenu, comme si à chaque instant tout pouvait être accompli, mais sans aucun délai, sans médiations, c'est-à-dire sans aucun

1. TA, p. 81.

2. TA, p. 82.

3. G. Bensussan, *op. cit.*, p. 135 : « L'utopie éthique du messianisme n'est pas l'attente d'un lieu à venir pour les sans-lieux. C'est sa sécularisation en progressisme, marxiste, sioniste, libéral, qui dans son optimisme historique pose que l'utopie d'aujourd'hui, c'est la réalité de demain. L'attendu serait ainsi toujours précontenu dans l'attente ».

4. *Ibid.*, p. 131.

calcul des moyens et des fins[1]. L'attente messianique introduit en somme un indice temporel d'éternité au cœur du temps et du monde, elle suggère le « comme si » de son achèvement. Mais précisément, cet achèvement n'est pas anticipé ni conçu : il est un écart irréductible et purement interne qui dégage le monde de lui-même, qui déplace ses sédimentations figées.

Si nous revenons à l'analyse levinassienne de la caresse, nous pouvons constater que l'attente ne précède pas la rencontre d'autrui ni ne la provoque. Cette attente inhérente à la caresse se produit seulement quand l'autre est déjà survenu, au cœur de la rencontre elle-même. Plus encore, cette attente est amplifiée, renforcée par la rencontre, sans jamais pouvoir être comblée. « La caresse [...] est faite de cet accroissement de faim, de promesses toujours plus riches, ouvrant des perspectives nouvelles sur l'insaisissable. Elle s'alimente de faims innombrables. Cette intentionalité de la volupté, intentionalité unique de l'avenir lui-même, et non pas attente d'un fait futur, a toujours été méconnue par l'analyse philosophique »[2]. S'il y a donc une espérance et une promesse, celles-ci ne s'entretiennent que de ne pas être comblées. On peut même aller jusqu'à dire que la promesse se réalise par le fait d'être maintenue en tant que promesse, elle ne donne que sa propre ouverture. Ou encore, que ce qui est donné dans la promesse, c'est la promesse elle-même. Ce qui interrompt le poids des identifications, ce qui brise le définitif des processus constitués, ce n'est pas l'espoir ou la promesse d'une autre identification, éventuellement plus glorieuse mais toujours aussi lourde à porter, mais c'est le surgissement même de la dimension de promesse, « air frais » insufflé au cœur du monde pour le distendre. Enfin, si cet autre temps noué autour de la rencontre d'autrui est discontinu, cette discontinuité d'instants est ponctuée par le renouvellement de la promesse.

Une telle discontinuité renouvelante se trouve également thématisée chez Levinas à travers le thème de la fécondité. Dans la série des situations concrètes par lesquelles s'atteste cette autre temporalité, l'analyse de la fécondité (ou paternité) prolonge celle de la caresse dans *Le temps et l'autre*[3]. Mais c'est dans *Totalité et infini* que ce thème reçoit son plein développement, élaboré selon une perspective qui n'a pas fondamentalement varié depuis les premiers textes. Livré à lui-même et à ses seuls

1. « Entre l'instant présent et l'accomplissement, nul délai n'a plus droit à trouver place. », F. Rosenzweig, *L'Étoile de la rédemption*, trad. A. Derczanski et J-L. Schlegel, Paris, Seuil, 1982, p. 388.

2. TA, p. 82-83.

3. TA, p. 85-87.

pouvoirs, aux seuls possibles, le sujet s'embourbe en lui-même, et son existence « vire en destin »[1], c'est-à-dire *vieillit* selon Levinas. Au contraire, la fécondité à l'œuvre dans la paternité autorise un recommencement, un renouvellement discontinu qui libère le sujet. Il est intéressant pour notre propos de noter ici de quelle manière la notion de pardon reprend la thématique de « l'instant impardonné » du temps économique, évoqué dans *De l'existence à l'existant*, et témoigne de la tonalité messianique de ces analyses : « Le temps discontinu de la fécondité rend possible une jeunesse absolue et un recommencement, tout en laissant au recommencement une relation avec le passé recommencé, dans un retour libre – libre d'une liberté autre que celle de la mémoire – vers le passé et, dans la libre interprétation et le libre choix, dans une existence comme entièrement pardonnée. Ce recommencement de l'instant, ce triomphe du temps de la fécondité sur le devenir de l'être mortel et vieillissant, est un pardon, l'œuvre même du temps »[2]. Nous avons là une temporalité certes discontinue, mais dans laquelle demeure une « relation » d'un instant à l'autre, comme si quelque chose se maintenait à travers la discontinuité. En fait, comme nous l'avons vu, c'est la dimension de promesse ou de fécondité qui se renouvelle, se « renoue » à chaque instant, renouement qui tout à la fois dénoue ou défait les sédimentations du monde. À travers les dénouement – renouement discontinus de cette temporalité, se tisse comme une autre intrigue, « continuation à travers la rupture », qui croise, déplace et interrompt le temps du monde en produisant une autre forme de lien, qui n'est constitué par rien d'autre que par le retour continuel d'une même dimension d'ouverture : « Le temps est le non-définitif du définitif, altérité toujours recommençante de l'accompli – le « toujours » de ce recommencement. L'œuvre du temps va au-delà de la suspension du définitif que rend possible la continuité de la durée. Il faut une rupture de la continuité et continuation à travers la rupture. L'essentiel du temps, consiste à être un drame, une multiplicité d'actes où l'acte suivant dénoue le premier. [...] L'être infini se produit comme temps, c'est-à-dire en plusieurs temps à travers le temps mort qui sépare le père du fils »[3].

Il y a là l'esquisse d'une pensée de l'histoire comme histoire continuée (au sens de la création continuée) : processus discontinu de la rupture constamment reprise et renouée. À travers la discontinuité des crises ou des événements dénouant la continuité des sédimentations, le sujet renoue

1. TI, p. 258.
2. TI, p. 259.
3. TI, p. 260.

constamment avec la dimension de fécondité messianique, comme une promesse renouvelée[1]. Mais à condition de penser le contenu de cette promesse non pas comme un événement précis destiné à se produire tôt ou tard, en un processus continu de développement à partir du présent, mais comme le pur enrichissement ou l'élargissement de cette attente, sans rien d'attendu. Ce que Levinas nomme une « historicité sans destin » : « Rupture, reniement du père, commencement, la filialité accomplit et répète, à tout moment, le paradoxe d'une liberté créée. Mais dans cette apparente contradiction et, sous les espèces du fils, l'être *est* infiniment et discontinûment, historique sans destin. Le passé se reprend à chaque moment, à partir d'un point nouveau [...]. Mais ce recours au passé avec lequel cependant le fils a rompu par son ipséité, définit une notion distincte de la continuité, une façon de renouer avec le fil de l'histoire, concret dans une famille et dans une nation. L'originalité de ce renouement distinct de la continuité, s'atteste dans la révolte ou la révolution permanente qui constitue l'ipséité »[2].

Nul besoin d'insister sur la résonance politique des dernières formules citées. On entrevoit ici non seulement l'esquisse d'une possible conception « révolutionnaire » qui s'appuierait sur la force de rupture liée à l'altérité de l'autre homme, rupture et altérité qui se jouent rappelons le dans une dimension strictement matérielle et corporelle, mais également la tentative de renouveler l'approche de l'historicité portée par cette événementialité révolutionnaire. Il n'est pas exagéré de dire que toute pensée de l'événement, et toute pensée de la temporalité spécifique résultant de cet événement (nous retrouvons nos deux strates de départ), implique nécessairement un aspect révolutionnaire, au sens d'une contestation des sédimentations établies, ou d'une remise en cause perpétuelle des structures instituées. Cependant, nous avons affaire avec Levinas à une pensée de l'événement d'un type bien particulier, messianique on l'a vu. Quelles peuvent être les implications plus générales d'un tel paradigme, au niveau politique, telle sera notre préoccupation dans la dernière partie de cette étude, dans un registre plus prospectif.

Chez Levinas, l'événement est défini comme ce qui vient interrompre la synthèse formelle du temps, interrompre le jeu de la totalisation. Dans *Totalité et infini*, où l'ombre de Hegel est quasiment omniprésente, la figure la plus accomplie de ce mouvement de totalisation est représentée

1. Cf. également TI, p. 246 : « La fécondité continue l'histoire, sans produire de vieillesse ».

2. TI, p. 255.

par l'Histoire et par l'universalité de l'État. La souffrance dans l'instant, est cette « offense de l'offensé qui, inévitable, se produit dans le jugement issu des principes universels. L'invisible par excellence, c'est l'offense que l'histoire universelle fait aux particuliers »[1]. On l'a vu, cette offense ou cette souffrance ne saurait être réparée par les rétributions et les compensations produites par l'État et son système de justice. Dès lors la singularité ou l'unicité à l'œuvre dans l'événement de la rencontre d'autrui, avec sa teneur messianique, est « irréductible à l'universalité de l'État ». Plus encore, cette unicité se maintient « contre l'État »[2]. De telles formules témoignent du rapport pour le moins conflictuel qui se joue chez Levinas entre politique et éthique. Cette dernière ne s'inscrit en tout cas pas dans une continuité harmonieuse par rapport aux institutions. Mais une telle conflictualité ne vaut pas divorce complet, et l'interruption opérée par l'événement éthique vis-à-vis de l'État peut bel et bien revêtir un sens proprement politique, pour peu qu'on ne limite pas la portée de ce terme à sa seule variante moderne, à savoir tout ce qui est du ressort de l'État, et de sa normalisation juridico-rationnelle.

Si l'État est l'instance de la maîtrise rationnelle, producteur et garant d'une législation universelle, alors sa totale réalisation impliquerait non seulement la souffrance inévitable des vies singulières placées sous sa juridiction, l'injustice faite à leur singularité même, mais une rigidification complète de sa structure, « embourbement en lui-même » sous sa propre lourdeur, jusqu'à la plus complète anémie. Il faut donc que la prétention de l'État ne soit jamais totalement actualisée, qu'il ne soit jamais totalement *adéquat* à son concept. Certes, cette inadéquation n'est pas par définition inscrite dans ce concept, et bien des exemples illustreraient la difficulté pour un État de concevoir sa propre autolimitation, mais la nécessité de cette ouverture ou de cet inachèvement lui sont le plus souvent imposés par la richesse et la complexité de la praxis sociale, et par la protestation toujours renouvelée des singularités offensées par son universalisme abstrait. Cette inadéquation ou cette remise en question de l'État, qui empêche sa clôture définitive, même si elle lui est imposée de l'extérieur, représente donc un bénéfice politique *général*. Mais pour cela, il convient de ne pas séparer une sphère spécifiquement politique du reste de la société,

1. TI, p. 225.

2. TI, p. 277 : « L'irremplaçable unicité du moi qui se maintient contre l'État s'accomplit par la fécondité ».

en l'opposant par exemple à la société civile[1]. Est politique non seulement ce qui relève du seul État et de sa juridiction, mais ce qui se trouve mis en tension entre un État jamais totalement unifié et les multiples forces instituantes de la société, sans que cette tension puisse jamais parvenir à une harmonisation définitive.

Si donc nous concevons, à partir de Levinas, l'événement de la rencontre corporelle et matérielle avec l'autre homme comme rupture ou interruption de la totalité, on peut considérer que cette simple structure événementielle, envisagée en elle-même, a une portée politique. La politique vit en effet de la constante remise en cause des normes instituées, du décalage perpétuel de la loi et des singularités qui la nourrissent, et de l'ouverture inévitable d'un appareillage d'état toujours foncièrement inadéquat à lui-même. La justice vit du réajustement perpétuel de ses règles universelles, sous la pression de situations dont la singularité est toujours partiellement réfractaire. Le débat public est véritablement fécondé par la révolte, plus ou moins violente et organisée, des existences singulières qui remettent toujours partiellement en question les institutions, même à des niveaux extrêmement sectoriels ou ponctuels. Pour le dire autrement, aucune société ne peut refouler totalement ses événements instituants sous le poids des structures instituées. Entre l'instituant et l'institué se joue toujours une déhiscence irréductible qui constitue la vie même du politique. Nous pouvons dans cette optique retraduire la notion de révolution évoquée plus haut, et parler d'une « ré-institution permanente » inhérente à toute société.

À l'appui de cette conception peuvent être convoquées les catégories messianiques de *l'écart*, de *l'excès* et du *reste*. L'écart signale tout d'abord l'inadéquation irréductible du rationnel au réel : « L'identité du concept et de l'objet exprimerait alors et sa propre intelligibilité et celle d'une identité rationnelle-réelle de la société et de l'État, de l'histoire et de ses déchirures, du temps avec les temps qu'il contient. Au contraire, les pensées messianiques soupçonnent toujours la fausseté des processus d'identification et de leurs systèmes d'équivalences. [...] L'expérience de la souffrance ou de la violence dans l'histoire est le signe le plus patent de la non-conciliation, du non-identique, et de leur entêtement patient à défier la clôture du

1. Cf. Cl. Lefort : « Impossible donc de s'en tenir aux termes d'un raisonnement qui ne prendrait en compte que l'État et la société civile. Celle-ci (si nous voulons garder le terme) s'inscrit elle-même dans une constitution politique [...]. En outre, quelles que soient l'étendue et la complexité de l'appareil d'État, on le voit impuissant à s'unifier [...]. », *Les droits de l'homme et l'État-providence*, dans *Essais sur le politique*, « Point », Paris, Seuil, 1986, p. 53.

monde »[1]. Dès lors, « envisagé du point de vue messianique [...] le politique apparaît en fin de compte comme ce qui jamais ne serait adéquat à sa visée rationnelle »[2]. Formulé d'une autre manière, toute entreprise de totalisation produit nécessairement un *reste* inassimilable : « "Plaie de l'inaccompli", le reste témoigne fondamentalement de l'impossibilité pour le tout et ses parties de faire tout, de se totaliser sans « reste » et de se fermer en une belle unité harmonieuse »[3]. À l'inverse, un tel reste peut être entendu comme *excès* vis-à-vis du tout. L'inadéquation fondamentale du rationnel, de la norme et du juridique, est provoquée par l'excès irréductible de l'événement qui fait éclater toute totalisation : excès de l'exigence de justice singulière sur toute légalité établie, excès de la rencontre et de ce qu'elle promet sur toute structure prédonnée, et sur toute réalisation envisageable. « Il y aurait un droit qui "passe" le droit, une justice qui "passe" la justice, une démocratie qui "passe" la démocratie »[4]. Dit autrement, l'institué est toujours en retard par rapport à l'instituant, mais ce retard est une fécondité, un excès stimulant : l'événement instituant – en mode messianique – est porté par une exigence irreprésentable qui féconde précisément l'institué, qui le rouvre toujours à nouveau ou qui le « travaille du dedans »[5]. Cette exigence empêche ainsi la totalité politique de se refermer sur elle-même, en la mettant en question : « Ce questionnement invite à ne pas laisser l'achèvement dans le politique se substituer à l'à-faire du monde et se fixer dans l'oubli de sa provenance »[6].

Ces catégories messianiques étayent tout à fait ce que nous disions plus haut, dans la lignée d'un Castoriadis ou d'un Lefort, de la politique comme ré-institution permanente, et de la fondamentale inadéquation des institutions avec elles-mêmes. On trouve notamment chez Lefort, qui ne se revendique pourtant aucunement de cette tradition, des formules étonnamment proches de la critique messianique du politique et de sa prétention rationnelle. Ainsi, non seulement la société démocratique (comme forme politique) est-elle chez lui caractérisée par l'impossibilité de son unification ou « incorporation », par l'impossibilité de sa pleine transparence à elle-même, mais la description du lieu même de cette impossible maîtrise entre pleinement en résonance avec les catégories évoquées plus haut. Ainsi

1. G. Bensussan, *op. cit.*, p. 97.

2. *Ibid.*, p. 151.

3. *Ibid.*, p. 157. Sur la catégorie messianique de reste, voir également G. Agamben, *Le temps qui reste*, Paris, Payot Rivages, 2000, notamment p. 90-97.

4. G. Bensussan, *op. cit.*, p. 167.

5. *Ibid.*, p. 165.

6. *Ibid.*, p. 163.

le lieu du pouvoir est-il tout d'abord caractérisé comme *vide*, ou encore comme échappant à toute représentation. Une telle société se trouve dès lors « vouée à accueillir l'irreprésentable »[1]. Ce lieu vide, lieu de l'impossible adéquation de la société avec elle-même, est le lieu d'un « écart » qui « s'indique seulement », qui est « opérant mais qui n'est pas visible »[2]. Précisons par ailleurs que chez Lefort, cet écart ou cette déhiscence est précisément ce qui motive *l'invention* perpétuelle de nouvelles expériences politiques, et donc quelque chose comme une *fécondité* politique. Enfin, la représentation d'un plein achèvement ou d'une réalisation de la politique doit demeurer « latente », les idéaux politiques ne sont opérants « qu'à la condition de tenir en échec la représentation de leur accomplissement dans le réel »[3], suggérant ainsi une temporalité de l'attente et de l'inachèvement féconds. La communauté politique ne se tient dans son ouverture à elle-même qu'à ne jamais prétendre supprimer son reste, qu'à toujours être *à venir*, ou mesurée dans l'écart vis-à-vis de la communauté « qui vient », pour reprendre une formule d'Agamben[4].

Il ne s'agit là bien entendu que d'une brève esquisse, qui appellerait des développements autrement conséquents, et qui soulève toutes sortes de questions à peine entrevues dans ces lignes, des questions qui ne sont en aucun cas réglées par de brèves références à la pensée politique de Lefort. Plutôt que d'apporter des réponses, il s'agissait plus simplement dans cette étude de suggérer une direction possible pour la recherche, d'ouvrir des perspectives. J'aimerais maintenant conclure en faisant deux remarques. La première concerne Levinas. Il est clair tout d'abord que nous l'avons pour une bonne part perdu de vue depuis un moment, en nous appuyant uniquement sur une pure structure événementielle, et que nous avons d'autre part tiré presque abusivement cette structure du côté d'une pensée politique finalement assez éloignée des dernières analyses de Levinas que nous avons évoquées, à savoir celles de la caresse et de la fécondité. Même en y adjoignant d'autres analyses menées dans *Totalité et infini*, à savoir celles du travail et de la demeure, qui complexifient encore la description de

1. « La question de la démocratie », dans *Essais sur le politique*, *op. cit.*, p. 30. Cf. également l'idée d'une « société sans détermination positive, irreprésentable dans la figure d'une communauté. », *Permanence du théologico-politique ?*, *Ibid.*, p. 292.

2. *Permanence du théologico-politique ?*, dans *Essais sur le politique*, *op. cit.*, p. 294. Il faut reconnaître ici l'influence patente de Merleau-Ponty (cf. *Le visible et l'invisible*, Paris, Gallimard, 1964).

3. « Réversibilité : liberté politique et liberté de l'individu », dans *Essais sur le politique*, *op. cit.*, p. 231.

4. G. Agamben, *La communauté qui vient*, Paris, Seuil, 1990.

l'événement de la rencontre matérielle de l'autre homme, nous ne parviendrions toujours pas à une pensée pleinement articulée du politique. Pour tout dire, cette pensée ne se trouve pas chez Levinas, même dans les textes ultérieurs, malgré quelques remarques éparses, telles que celles que j'ai citées à propos de l'État, dans *Totalité et infini*. Cependant, le fait que Levinas n'ait pas lui-même développé cette voie (encore trop focalisé qu'il était selon moi sur une vision restrictive du politique, associé exclusivement à l'État moderne) ne signifie pas que de tels développements soient fondamentalement inadéquats voire contradictoires vis-à-vis du noyau central de la pensée levinassienne. Ainsi, je crois avoir montré que la seule structure de l'événement contient des potentialités fécondes pour une pensée politique. Je considère pour ma part qu'il y a en germe une pensée du politique chez Levinas, qui demande encore à être élaborée [1].

Ma dernière remarque concerne la dimension messianique. Qu'est-ce qui est proprement nommé par ce terme, et en quoi une telle pensée du politique impliquerait nécessairement ce trait distinctif? On l'a suffisamment aperçu je crois, le messianique se rapporte ici – chez Levinas comme dans la synthèse que propose Gérard Bensussan – à une pure structure temporelle, à un régime spécifique de l'événement. Nul contenu, religieux ou autre, ne vient boucler cette structure en la remplissant par une croyance, ou par l'attente d'un événement déterminé. Pourtant, le mot charrie immanquablement avec lui des connotations – liées à une certaine tradition – dont il paraît difficile de faire totalement abstraction. Est-il nécessaire dès lors de maintenir le terme, ou faut-il ne conserver que la structure qu'il désigne? Là où nous nous trouvons au plus proche de la tradition messianique juive, ce n'est pas avec l'idée d'une inadéquation de la rationalité et de sa prétention, ni avec celle d'un écart irréductible au sein du mouvement d'institution, ni même avec le schème d'une remise en cause perpétuelle (discontinue) et fécondante de la société par un événement inassimilable. Tout cela est certes impliqué par le messianisme, mais pourrait être gagné depuis une autre perspective également me semble-t-il. C'est bien plutôt par une certaine dimension d'attente persévérante, et par l'imminence toujours vive d'un achèvement immédiat du monde dans l'instant, c'est-à-dire par l'inscription d'un éclat d'éternité fiché au cœur du présent, que se signale le noyau fort de cette tradition. Une telle expérience, en dehors de son site d'origine, a-t-elle quelque chose à dire du politique en général? Est-elle transposable de manière plus universelle? Il me semble

1. Sur cette question, voir le volume *Levinas et la politique*, édité par G. Bensussan, Cahiers philosophiques de Strasbourg, 2003.

que se signale pourtant bien ici une dimension inhérente à toute action pratique, à savoir l'endurance d'une certaine exigence d'immédiateté, par delà toutes les visées téléologiques, et malgré toutes les déceptions apportées par la médiation des processus et des évolutions, ou encore au mépris du temps du monde envisagé comme justification. En ce sens peut-être pouvons nous éventuellement faire nôtre l'idée d'une politique *messianique*.

Michel VANNI
Université de Lausanne

AU RENDEZ-VOUS DE L'HISTOIRE
SUR LE MESSIANISME *CRITIQUE* DE BENJAMIN

« cette rencontre qu'on appelle l'histoire »
HUGO, *L'homme qui rit*, II, I, 5

ACTUALITÉ DU MESSIANISME, INACTUALITÉ DE BENJAMIN ?

À en juger par le nombre de publications et de discussions récentes dont il fait l'objet, le messianisme est à la mode. Ce simple constat n'aurait cependant guère plus qu'une valeur anecdotique, si ces débats autour du messianisme ne formaient pas comme le foyer, le point de convergence d'une série de questions touchant à la détermination même de « notre » actualité. Sans pouvoir entrer ici dans l'analyse détaillée des raisons susceptibles d'expliquer ce phénomène, il n'est peut-être pas impossible de dessiner à grands traits la configuration problématique où viennent prendre place des élaborations par ailleurs très différentes. Si le messianisme, le mot aussi bien que la chose, est à l'ordre du jour, c'est peut-être en réponse à l'inquiétude ou à l'incertitude que nous éprouvons quant à notre situation dans l'histoire. Cette hypothèse semble être confirmée par le contexte de l'une des toutes premières occurrences du motif messianique dans le champ philosophique contemporain. C'est en effet sur le fond du débat autour de la « fin de l'histoire » qu'apparaît, dans *Spectres de Marx*, le thème d'un nouveau messianisme, en contrepoint polémique à la proclamation à la fois bruyante et naïve de la « bonne nouvelle » d'un achèvement de l'histoire[1], comme si, avec l'effondrement des régimes communistes et l'avènement supposé de la démocratie planétaire, toute contradiction, toutes les injustices et les inégalités avaient enfin disparu de l'histoire comme par magie. Plus radicalement, loin de marquer un retour nostalgique à une conception dépassée de l'histoire et de réaffirmer la validité intacte d'une représentation de l'histoire qui n'aurait qu'illusoirement pris fin, l'idée messianique permettrait au contraire de résister à la naïveté de cette pensée de la fin sans retomber dans l'ornière des métaphysiques de l'histoire, en ouvrant l'espace d'une autre dimension de l'historicité, mieux à même de traduire l'incontestable transformation de notre rapport à l'histoire; bref, le messianisme serait le meilleur moyen de « penser l'histoire après l'histoire »[2]. Une autre interprétation récente du messianisme permet de préciser ce que cette idée peut apporter à une pensée de l'histoire qui tente d'être à la mesure de cet événement baptisé prématurément « fin de l'histoire » : à suivre Agamben, tout l'intérêt du messianisme, la raison profonde de sa réactualisation serait d'être « le temps qui reste » après la fin de l'histoire, et qui résiste à toute tentative de clôture définitive. En tant que « paradigme du temps historique », le temps messianique serait le temps qui empêche le temps de finir, le temps d'un décalage qui n'est autre que « *le temps que le temps met pour finir* – ou plus exactement le temps que nous employons pour faire finir, pour achever notre représentation du temps »[3]. L'idée même de fin se dédouble donc et devient plus complexe : « temps de la fin », le temps messianique est en même temps le temps d'une fin paradoxale, puisqu'il est tout sauf la « fin du temps »[4]. L'« histoire finie » à laquelle nous semblons voués est « exactement le contraire d'une histoire achevée »[5]. Libérée des illusions téléologiques des philosophies de l'histoire comme de la complaisance douteuse qui anime les proclamations enthousiastes de la fin de l'histoire, cette nouvelle

1. J. Derrida, *Spectres de Marx*, Paris, Galilée, 1993 ; sur l'évangélisme des penseurs de la « fin de l'histoire », voir notamment p. 98 et p. 100. Voir également le collectif *Après la fin de l'histoire. Temps, monde, historicité*, J. Benoist, F. Merlini (éd.), Paris, Vrin, 1998.

2. Tel est le titre de l'introduction des éditeurs au volume *Après la fin de l'histoire* (*op. cit.*, p. 7-15).

3. G. Agamben, *Le temps qui reste*, trad. J. Revel, Paris, Payot & Rivages, 2000, resp. p. 12 et 112.

4. G. Agamben, *Le temps qui reste*, *op. cit.*, p. 104.

5. J.-L. Nancy, *La communauté désœuvrée*, Paris, Bourgois, 1990, p. 261. Bien que l'auteur ne se réfère à aucun moment au messianisme, la problématique de « l'histoire finie » qui donne son titre au dernier chapitre du livre (p. 235-278) nous semble participer de cet effort pour penser l'histoire à nouveaux frais.

pensée messianique de l'histoire serait seule à même de s'accorder au temps désaccordé, désajointé, « hors de ses gonds », dont nous faisons l'épreuve après Hamlet.

Une telle réhabilitation du messianisme est sans doute inséparable de la redécouverte relativement tardive des textes de Benjamin, tout particulièrement de ses dernières réflexions *Sur le concept d'histoire*, pourtant traduites en français dès 1947. Il n'y a donc rien de surprenant à voir le nom de Benjamin revenir régulièrement dans toutes ces recherches contemporaines, comme s'il y avait là l'acte de naissance et la première mise en œuvre de ce nouveau messianisme. Deux questions surgissent pourtant d'emblée. N'y a-t-il pas en effet quelque paradoxe à réinvestir un terme aussi chargé d'histoire, aussi lié à une tradition que celui de « messianisme », pour l'appliquer à une conjoncture dont c'est précisément le caractère inédit qui provoque la pensée à de nouvelles élaborations ? Comment la reprise de ce vieux mot pourrait-elle éclairer une situation toute neuve ? De cette difficulté témoignent tous les efforts pour marquer aussi rigoureusement et clairement que possible la distance qui séparerait « notre » messianisme de ses différentes figures traditionnelles, en particulier de toute eschatologie[1] – au risque de susciter une nouvelle interrogation : si le messianisme d'aujourd'hui est si différent de l'ancien (au point de lui être pour ainsi dire foncièrement irréductible), pourquoi conserver un terme qui semble plus fait pour accroître la confusion que contribuer à éclairer le présent[2] ? À moins de distinguer, comme le propose Gérard Bensussan, « trois niveaux différents de l'usage du terme », correspondant à « trois figures du temps », pour éviter de confondre le temps « interruptif » des « messianismes de l'événement » avec le temps eschatologique du messianisme « propre à la tradition juive », mais aussi avec le temps téléologique des philosophies de l'histoire qui sécularisent le

1. Cette distinction entre messianisme et eschatologie forme une des principales thèses du livre d'Agamben (voir *Le temps qui reste*, *op. cit.*, p. 95) ; quant au messianisme élaboré dans *Spectres de Marx*, il se présente comme « un messianisme sans religion, un messianique, même, sans messianisme » désignant « une structure de l'expérience plutôt qu'une religion », comme tel « quasi transcendantal », vide de tout contenu et sans référence à une tradition déterminée (cf. resp. p. 102, 266-267).

2. Cette question est reprise par Derrida dans un texte récent, en réponse à des objections adressées à *Spectres de Marx* : voir *Marx & Sons*, Paris, P.U.F.-Galilée, 2002, en particulier p. 71-83. Ces pages problématisent également la référence à Benjamin dans une note de *Spectres de Marx* (*op. cit.*, note 1, p. 95-96).

messianisme de la tradition[1]. La seconde question semble d'abord d'une portée plus restreinte : s'il est incontestable que Benjamin fut un de ceux qui s'efforcèrent de remettre en jeu le messianisme de la tradition juive, est-ce à dire que son entreprise est encore à même de nous éclairer ? Il n'y a pas là seulement l'expression d'une préoccupation archéologique ou « antiquaire », comme aurait dit Nietzsche, soucieuse de replacer systématiquement chaque pensée dans son contexte singulier afin de prévenir toute transposition anachronique ; plus radicalement, il y va du sens même du geste de Benjamin : à vouloir lire dans ses derniers textes l'ébauche d'une réactualisation ou d'une réappropriation du messianisme (que les recherches contemporaines ne feraient en somme que prolonger et approfondir), ne risque-t-on pas de manquer la singularité, assurément déroutante, de l'opération à laquelle se livre Benjamin, l'orientation proprement *critique* de son usage du messianisme ?

MATÉRIALISME ET ROMANTISME : LE MESSIANISME ET SES DOUBLES

« Tout pour moi devient allégorie »
BAUDELAIRE, « Le Cygne »

Parmi les sources du messianisme de Benjamin, le romantisme occupe incontestablement une place centrale ; loin de n'être qu'une inspiration plus ou moins contingente pour Benjamin, cette conjonction du romantisme et du messianisme constitue peut-être même un des traits les plus caractéristiques de sa pensée de l'histoire, s'il est vrai que chez Benjamin, le messianisme ne se présente jamais à l'état pur, mais toujours mêlé à d'autres motifs, tels le romantisme et le marxisme. Le messianisme, en somme, n'est jamais seul, hégémonique, il n'est ni le premier ni le dernier mot de cette pensée de l'histoire décidément inclassable et peut-être inépuisable, tout se passant comme s'il ne prenait tout son sens que dans une configuration à plusieurs termes, dans un rapport de confrontation et de tension critique avec d'autres conceptions de l'histoire[2]. Critique en ce

1. G. Bensussan, *Le temps messianique. Temps historique et temps vécu*, Paris, Vrin, 2001, p. 12. Tout en se distinguant des autres formes, le « messianisme de l'événement » demeure proche d'elles, ce qui justifie le maintien d'un seul et même terme (cf. p. 13).

2. L'interprétation des *Thèses* proposée récemment par Michael Löwy fait de cette « fusion alchimique » entre des traditions généralement considérées comme inconciliables le cœur de la pensée de l'histoire de Benjamin (cf. *Walter Benjamin : Avertissement*

sens, le messianisme de Benjamin prend, au sein de cette constellation, un tour ouvertement *cryptique*, ésotérique, dont témoigne déjà son travail sur le romantisme.

C'est dans la thèse de doctorat consacrée aux romantiques d'Iéna que se trouve en effet une des premières occurrences du terme dans l'œuvre publiée. Déçu par l'étude de la philosophie kantienne de l'histoire, Benjamin abandonne son projet de recherche initial (la notion de « tâche infinie » chez Kant[1]), pour se tourner vers le romantisme ; dans les lettres qui accompagnent la préparation de sa thèse, Benjamin explique comment ce choix a été motivé par ce qui forme pour lui le centre ou le « cœur » du romantisme, c'est-à-dire le messianisme, l'articulation entre histoire et religion. Dès l'introduction pourtant, la question du messianisme est écartée du champ de l'analyse, au nom de la méthode choisie : l'étude du concept de *Kunstkritik* menée par une « histoire des problématiques » ne peut faire place au messianisme, que seule une approche en termes de « philosophie de l'histoire » permettrait de dégager. « L'essence historique du romantisme » ne sera donc exposée, précise Benjamin, qu'à partir de « matériaux » qui ne seront pas rattachés un « point de vue » unifiant qu'il faudrait chercher dans ce que la note appelle « le messianisme romantique » ; à l'appui de cette affirmation, un fragment et une lettre de F. Schlegel suggèrent l'étroitesse du lien entre le messianisme romantique et l'expérience encore proche de la Révolution française[2]. Il faut attendre près de cent pages pour voir resurgir le messianisme dans un passage consacré à l'analyse de la « poésie universelle progressive » de F. Schlegel, dont l'essence est précisément « de ne pouvoir qu'éternellement devenir, et jamais s'accomplir »[3]. À l'encontre d'une interprétation qui ne relèverait que de la « mécompréhension modernisante », Benjamin souligne combien cette idée romantique de « progressivité » [*Progredibilität*], à entendre comme « un processus infini d'accomplissement, non un simple processus de

d'incendie. Une lecture des thèses « Sur le concept d'histoire », Paris, P.U.F., 2001, notamment le chap. 1, p. 1-19).

1. Voir la lettre à Scholem du 7 décembre 1917 (*Gesammelte Briefe*, Bd. I (1910-1918), p. 403 ; cf. *Correspondance*, t. I (1910-1928), trad. G. Petitdemange, Paris, Aubier-Montaigne, 1979, p. 147), ainsi que les fragments posthumes consacrés à ce thème, enjeu d'une confrontation avec le néokantisme (*Gesammelte Schriften*, VI, 51-53 [fragments 30-32] ; cf. *Fragments*, trad. Ch. Jouanlanne et J.-F. Poirier, Paris, P.U.F., 2001, p. 54-56).

2. W. Benjamin, *Le concept de critique esthétique dans le romantisme allemand*, *GS*, I/1, p. 12 et note 3, p. 12-13 ; trad. Ph. Lacoue-Labarthe et A.-M. Lang, Paris, Flammarion, 1986, p. 37 et note 3, p. 37-38.

3. *Das ist ihr eigentliches Wesen, daß sie ewig nur werden, nie vollendet sein kann.* (Fragment 116 de l'*Athenäum*, cité par Benjamin, *GS*, I/1, p. 91 ; trad. cit., p. 139).

devenir », s'écarte de « l'idéologie du progrès », puisqu'elle ne se fonde pas sur une représentation du temps comme infinité vide, mais comme « infinité médiale et qualitative ». C'est à nouveau une note laconique qui ajoute : « Cela découle du messianisme romantique. On ne peut le démontrer ici »[1]. Dans ces deux passages, tout se passe donc comme si Benjamin renonçait délibérément à dégager ce qui constitue pourtant à ses yeux « l'essence historique du romantisme », comme si l'essentiel devait obligatoirement demeurer hors jeu. C'est dans une lettre à Ernst Schoen d'avril 1919 que cette démarche trouve sa justification stratégique :

> J'ai mis un point final il y a quelques jours au brouillon de ma thèse. La voici devenue ce qu'elle devait être : une ouverture [*Hinweis*] sur la véritable nature du romantisme méconnue plus que partout ailleurs dans la littérature, mais cette indication n'est encore qu'indirecte [*mittelbar*] ; je ne pouvais en effet aborder le messianisme, cœur du romantisme – je n'ai traité que la conception de l'art – ni rien d'autre qui m'est présent au plus haut point sans m'interdire la possibilité de l'attitude scientifique réclamée, complexe, conventionnelle, distincte à mes yeux de l'authentique[2].

D'après cette lettre, il serait donc impossible de séparer le traitement du messianisme de l'élaboration d'un certain type de discours, où les conventions du style universitaire seraient exposées à un risque que Benjamin renonce prudemment (mais seulement provisoirement) à courir ; le rejet de la thèse d'habilitation sur le théâtre baroque confirmera aux dépens de son auteur la justesse de son verdict sur l'institution universitaire. Ne faut-il pas alors se tourner vers les thèses *Sur le concept d'histoire* de 1940, vers ces notes dont le caractère expérimental semble donner à leur auteur une liberté totale, pour trouver la formulation enfin « authentique » du messianisme de Benjamin, ou du moins une prise de position franche, affranchie des contraintes imposées par la discipline académique ? Pour naturelle qu'elle soit, cette attente pourrait bien être à nouveau déçue, tant l'entrée en scène du motif messianique dans ce texte est déroutante. Critique, le messianisme qui hante ces pages l'est aussi en un second sens, lié aux circonstances où Benjamin rédigea, sans pouvoir lui donner une forme achevée, ce qui reste son dernier travail ; composées en temps de crise, dans les premiers mois de 1940, ces quelques pages

1. W. Benjamin, *Le concept de critique esthétique*, *op. cit.*, *GS*, I/1, 91-92 (note 238, p. 92) ; trad. p. 140-141 (note 24, p. 141).

2. W. Benjamin, *Gesammelte Briefe*, *op. cit.*, II (1919-1924), 23 ; *Corr.*, t. I, *op. cit.*, p. 191-192.

denses et plus qu'énigmatiques furent publiées deux ans plus tard, dans un cahier spécial de la *Zeitschrift für Sozialforschung* dédié « à la mémoire de Walter Benjamin »[1]. Depuis ce jour, elles n'ont cessé de faire l'objet d'innombrables commentaires où le statut du messianisme est peut-être l'enjeu le plus controversé, d'autant plus brûlant que Benjamin ne se prononce jamais sur ce point, n'énonce aucune « thèse » au sujet du messianisme, mais se contente d'en indiquer la place par une parabole allégorique. Ironiquement, l'examen critique du « concept d'histoire » censé faire l'objet de ce texte s'ouvre par un récit en forme de fable, une histoire « bien connue », sinon une « légende »[2] que raconte l'auteur au sujet de l'histoire. Comme pour dénoncer d'emblée un de leurs procédés rhétoriques récurrents (et pour déjouer les attentes de leur lecteur), les *Thèses* commencent en mode allusif, par une référence implicite à l'article célèbre où Poe tente de percer le mystère du « joueur d'échecs de Maelzel »[3]. Ce que Benjamin se propose de lire dans l'analyse de Poe, ce n'est rien de moins qu'une formulation allégorique des rapports entre le matérialisme dialectique et la théologie :

> On connaît l'histoire de cet automate qui, dans une partie d'échecs, était censé pouvoir trouver à chaque coup de son adversaire la parade qui lui assurait la victoire. Une marionnette en costume turc, narghilé à la bouche, était assise devant une grande table, sur laquelle l'échiquier était installé. Un système de miroirs donnait l'impression que cette table était transparente de tous côtés. En vérité, elle dissimulait un nain bossu, maître dans l'art des échecs, qui actionnait par des fils la main de la marionnette. On peut se représenter en philosophie l'équivalent d'un tel appareil.

Voici donc comment s'établit l'analogie :

> La marionnette qu'on appelle « matérialisme historique » [Benjamin lui-même entoure cette « appellation » de guillemets] est conçue pour gagner à tout coup. Elle peut hardiment se mesurer à n'importe

1. Sur les circonstances de la rédaction et de la publication du texte (remis à Adorno par Hannah Arendt, à qui Benjamin en avait confié une copie), voir les précisions des éditeurs, *GS*, I/3, 1223-1228. La brochure de l'Institut comportait en outre deux essais de Horkheimer et un texte d'Adorno.

2. Tel est le terme qui se trouve dans une première rédaction du texte de la première thèse (*GS*, I/3, 1247).

3. C'est dans la traduction de Baudelaire (publiée initialement en 1862 dans *Le Monde illustré*, puis reprise dans le recueil des *Histoires grotesques et sérieuses* [Paris, M. Lévy frères, 1865, p. 112-167], que Benjamin a lu l'essai de Poe (voir « Verzeichnis der gelesenen Schriften », *GS*, VII/1, 457, n° 998).

> quel adversaire, si elle prend à son service la théologie, dont on sait qu'elle est aujourd'hui petite et laide, et qu'elle est de toute manière priée de ne pas se faire voir (thèse I)[1].

C'est sous cette forme redoutablement ambiguë que Benjamin formule, dès l'ouverture des *Thèses*, sa conception des rapports entre matérialisme et théologie, les deux pôles entre lesquels tout le reste du texte oscille. La composition très travaillée de ce premier paragraphe en rend l'interprétation particulièrement délicate : après avoir en effet rapporté l'histoire « bien connue » de l'automate de Maelzel, Benjamin se propose dans la deuxième moitié du texte d'en donner le « pendant » [*Gegenstück*] philosophique. Reste à déterminer la nature exacte de cette articulation rhétorique qui ressemble à s'y méprendre à la structure des allégories étudiées dans le livre sur le *Trauerspiel*, la deuxième moitié du paragraphe semblant fournir la « légende » qui énonce le sens de l'image du début : s'agit-il d'une simple analogie, la théologie étant au matérialisme dialectique ce que le nain dissimulé sous la table est à l'automate ? Tel semble être le sens de tous les rapprochements suggérés par Benjamin : l'automate de Maelzel ne trouve-t-il pas son « équivalent » dans la « marionnette qu'on appelle "matérialisme historique" », tandis que la théologie défigurée, petite et laide, semble correspondre au « nain bossu » du début ? Le sens de l'allégorie serait donc que le matérialisme dialectique, après avoir dégénéré en simple mécanisme automatique, a besoin de « prendre à son service » la théologie s'il veut s'assurer la victoire dans la bataille contre le fascisme et le nazisme. L'appel à la théologie serait en somme le moyen de répondre à la crise du marxisme, une sorte de remède miracle qui lui redonnerait les forces dont il a besoin pour son combat. En mêlant toute une série de motifs théologiques à ses thèses, Benjamin ne ferait donc que mettre en œuvre cette stratégie de complémentarité entre matérialisme dialectique et messianisme juif, seul moyen pour le matérialisme de se sauver et

1. *GS*, I/2, 693. Pour être moins littéral, le texte français de Benjamin n'est guère plus flatteur, puisqu'il présente la théologie comme « cette vieille ratatinée et mal famée qui n'a sûrement rien de mieux à faire que de se nicher où personne ne la soupçonnera » (*GS*, I/3, 1260). Pour simplifier le système des références, nous nous sommes contenté d'indiquer entre parenthèses le numéro du paragraphe cité, en reprenant la traduction de M. de Gandillac revue par P. Rusch (*Œuvres III*, « Folio-essais », Paris, Gallimard, 2000, p. 427-443). La version française rédigée par Benjamin lui-même, partielle et parfois assez différente du texte allemand, est reproduite à la fois dans l'édition de référence allemande (*GS*, I/3, 1260-1266) et, accompagnée de la traduction des principales notes préparatoires et variantes, dans le recueil des *Écrits français* de Benjamin (Paris, Gallimard, 1991, p. 339-356).

d'accomplir la promesse d'émancipation que son automatisation le rend incapable de tenir. La signature du pacte germano-soviétique quelques mois avant la rédaction des thèses aurait finalement convaincu Benjamin de la crise profonde du marxisme et de la nécessité de lui adjoindre les services de la théologie. Il reste que cette interprétation, au demeurant très fonctionnelle, oublie de *lire* cette première thèse jusqu'au bout. En effet, si les termes de l'analogie se correspondent bien l'un à l'autre, le rapport qui les unit se transforme radicalement, puisque la deuxième moitié de l'allégorie, loin de confirmer le sens de la première, en forme bien plutôt l'exact *contre*point [*Gegen-stück*]. Si l'analogie était rigoureusement respectée, le matérialisme devrait lui aussi être commandé par la théologie « petite et laide », de même que la main de l'automate est actionnée par le nain bossu ; or c'est exactement l'inverse qui se produit, puisque Benjamin semble prescrire au matérialisme de « prendre à son service » la théologie, de s'en rendre maître ou de se la subordonner. Avec ce renversement des rôles, les rapports entre matérialisme et théologie se compliquent redoutablement : c'est que la théologie est aussi, pour le matérialisme, une vieille connaissance, si l'on se souvient du rôle proprement constitutif joué par la critique de la religion dans la formation du matérialisme historique, dès Feuerbach et chez Marx lui-même, quelle que soit par ailleurs la différence de leurs stratégies respectives. De ce point de vue, la nouvelle alliance entre matérialisme et théologie, le retour ou la réintroduction de la théologie comme l'âme ou le principe devant redonner vie au matérialisme, perd de son évidence, pour apparaître au contraire comme une monstruosité philosophique : en bonne dialectique, le matérialisme ne devrait conserver de référence à la théologie que dans la mesure où il l'aurait supprimée au préalable – ainsi va (ou devrait aller) la loi de la relève. Ne faut-il pas alors considérer le montage allégorique que Benjamin emprunte à Poe d'un œil plus méfiant, et, pour tout dire, plus ironique ? Peut-être Benjamin entendait-il suggérer, à mots couverts, allégoriquement, que le matérialisme, pour s'être fondé sur une critique radicale et sans appel de la religion, avait fini par devenir lui-même une nouvelle religion, très exactement sous la forme d'une nouvelle *théologie de l'histoire* ; tout bien considéré, il finirait par ne plus se distinguer de cet adversaire initial ou, pire encore, par laisser la théologie tirer les ficelles dans les coulisses. L'enjeu proprement critique des *Thèses* consisterait donc d'abord à exhiber d'emblée la domination secrète de la théologie sur « cette marionnette qu'on appelle "matérialisme historique" » [*die Puppe, die man "historischen Materialismus" nennt*], avant de procéder à l'élaboration encore fragile (et d'autant plus fragile que les *Thèses* restent inachevées) d'un autre matérialisme qui ne serait plus commandé par une inspiration théologique. À ce compte, si la leçon philosophique de la fable reprise de Poe est bien la dénonciation des dérives théologiques du marxisme, le statut de la théologie devient beaucoup plus problématique : loin de venir en aide au matérialisme comme un remède salvateur, la théologie serait au contraire le poison ou le mal dont il faut guérir le marxisme s'il veut redevenir ce qu'il doit être. Rien, dans le texte de ce premier paragraphe, ne permet de donner la préférence à l'une de ces deux interprétations mutuellement exclusives ; il reste que le rapprochement entre le matérialisme et la théologie semble tenir sa justification de leur commune *défiguration*, si bien qu'il faut peut-être lire ce passage comme l'indice de leur nécessaire dépassement. Tout le reste des *Thèses* consisterait alors à dessiner la nouvelle configuration où peuvent s'articuler ces deux registres, une fois posée la nécessité de leur refiguration critique dans le cadre d'un « matérialisme messianique » inouï, aussi irréductible aux éléments qui le composent qu'à leur synthèse dialectique ; en d'autres termes, c'est toute orthodoxie, toute attitude dogmatique, qu'elle se réclame du matérialisme ou de la théologie, qu'il faudrait soumettre à la critique. En somme, dans la partie d'échecs en cours contre les fascismes, le problème ne serait pas seulement de l'emporter en mobilisant les ressources conjuguées du matérialisme et du messianisme, mais, plus radicalement, d'inventer de nouvelles règles du jeu où les pièces changeraient de valeur en cours de partie, comme Brecht l'avait suggéré[1].

Il est difficile de mesurer toute la portée de cette perturbation critique à l'ouverture des *Thèses* : si le premier paragraphe surdétermine à ce point le rapport entre matérialisme et messianisme, n'est-ce pas tout le reste du texte qui menace de rester suspendu à ce jeu de renvois allégoriques où il n'est plus possible d'assigner ce qui revient en propre au messianisme ? Le paragraphe suivant semble pourtant écarter ce risque, en fixant explicitement la nature de l'articulation entre le messianisme et « l'historien matérialiste » ; la thèse II s'achève en effet sur la première occurrence de l'adjectif « messianique », immédiatement suivie d'un renvoi à « l'historien matérialiste » :

1. Dans son journal de l'été 1934, Benjamin note la suggestion, formulée par Brecht, de mettre au point « un jeu où les positions ne restent pas toujours semblables, où la fonction des pièces change quand elles ont séjourné un moment au même endroit : elles deviennent alors ou bien plus efficaces ou bien plus faibles » (*GS*, VI, 526 ; *Essais sur Bertolt Brecht*, trad. P. Laveau, Paris, Maspero, 1969, p. 133). Je remercie Claude Imbert de m'avoir rappelé ce texte.

> À nous, comme à chaque génération précédente, fut accordée une *faible* force messianique sur laquelle le passé fait valoir une prétention [*Anspruch*]. Cette prétention, il est juste de ne point la repousser. L'historien matérialiste en a conscience [*Der historische Materialist weiß darum*]. (thèse II)

Tout en confirmant l'étroitesse du lien entre matérialisme et messianisme que les *Thèses* tentent d'établir, ce passage semble atténuer (ou « affaiblir ») considérablement la portée de la dimension messianique. Reste donc à savoir en quoi consiste cette paradoxale « *faible* force messianique »[1] dont celui qui considère l'histoire en matérialiste, *der historische Materialist*, semble avoir la charge, certes au même titre que chacune des générations qui l'ont précédé, mais avec ce surcroît de lucidité et de vigilance critiques que lui confère la conscience « d'en savoir quelque chose ». Quelques lignes plus haut, Benjamin avait illustré d'une image ou d'une figure la teneur de ce savoir : « il existe un rendez-vous tacite entre les générations passées et la nôtre. Nous avons été attendus sur la terre » (thèse II). Ce que traduit ici le terme français de « rendez-vous », c'est le mot allemand *Verabredung*, qui renvoie à l'idée d'un engagement, d'une parole donnée, d'une promesse qui engage l'avenir. À quelle heure avons-nous donc rendez-vous avec l'histoire ? Où et quand ce rendez-vous a-t-il lieu ? Et qui, au juste, a rendez-vous avec qui ?

LE TEMPS DU RENDEZ-VOUS : DATES, HORLOGES ET CALENDRIERS

> « Quand on a dit que le temps passe,
> dit l'histoire, on a tout dit ».
> PÉGUY, *Clio*

En mettant cette invocation de la « *faible* force messianique » sous le signe de cette image du rendez-vous, Benjamin complique une opposition qui semble gouverner toute sa conception de la temporalité, telle que la fixe, dès 1916, l'essai consacré à la distinction entre *Trauerspiel* et

1. Dans le dernier chapitre de sa lecture de l'*Épître aux Romains*, G. Agamben propose de voir dans cette formule énigmatique une « citation cachée » de la *Deuxième Épître aux Corinthiens* (2 *Cor* 12, 9-10), ce qui ferait de Saint Paul le « théologien caché entre les lignes du texte » de Benjamin (*Le temps qui reste*, *op. cit.*, p. 215 et p. 218-219, où est reproduite la version de Luther).

tragédie. Bien que la question du temps ne soit abordée dans ce texte qu'à titre subordonné, comme pour préciser les termes d'un problème qui sera repris dans la première partie du livre sur le théâtre baroque, l'ébauche de 1916 (dont Benjamin lui-même reconnaîtra rétrospectivement la valeur fondatrice) n'en esquisse pas moins une distinction capitale entre le « temps de l'histoire » et le temps de la mécanique :

> Le temps de l'histoire est autre que celui de la mécanique. Le temps de l'histoire détermine beaucoup plus que la possibilité de transformations spatiales d'une grandeur déterminée et que la régularité – celle des horloges – qui accompagne des transformations spatiales simultanées de structure plus complexe [1].

Le temps historique doit donc être saisi comme en excès sur le temps homogène de la mécanique qui se borne au registre quantitatif de la mesure. Sans définir la nature de cet excès, Benjamin indique cependant qu'il reste irréductible à tout événement empirique et ne peut être pensé que comme une « idée », avant de préciser : « Cette idée du temps rempli s'appelle dans la Bible, dont c'est l'idée historique dominante : le temps messianique » (*ibid.*). Dès ce texte, le temps messianique est donc posé comme irréductible à toute conception mécanique de la temporalité, et cette opposition demeure cruciale jusque dans les fragments de 1940 *Sur le concept d'histoire*, où Benjamin précise que c'est elle qui fonde toute la critique des idéologies du progrès [2]. Sur la base de cette opposition acquise très tôt, l'apport des *Thèses* consiste plutôt à déplacer l'angle d'attaque, à poser autrement le problème du temps historique : avec l'idée de rendez-vous, ce qui vient au premier plan est l'interrogation sur l'inscription du temps messianique dans l'histoire elle-même ; dans les termes du texte de 1916, il s'agit donc de comprendre comment cette « idée » qu'est le temps messianique peut se déterminer, être « remplie » ou recevoir un contenu sans pour autant se confondre avec le temps mécanique. Comment ces deux temporalités que tout oppose peuvent-elles se rencontrer malgré leur hétérogénéité radicale ?

1. W. Benjamin, « *Trauerspiel* et tragédie », *GS*, II/1, 134 ; trad. Ph. Lacoue-Labarthe et J.-L. Nancy, reprise en appendice à l'édition française d'*Origine du drame baroque allemand*, trad. S. Muller, Paris, Flammarion, 1985, p. 256.

2. Voir en ce sens la fin de la thèse XIII, où Benjamin soumet au feu de la critique le concept de progrès qui commande la théorie social-démocrate, avant de conclure : « L'idée d'un progrès de l'espèce humaine à travers l'histoire est inséparable de celle d'un mouvement dans un temps homogène et vide. La critique de cette dernière idée [*die Kritik an der Vorstellung dieses Fortgangs*] doit servir de fondement à la critique de l'idée de progrès [*Fortschritts*] en général ».

Si le vocabulaire de « *Trauerspiel* et tragédie » est empreint de connotations kantiennes, de la conception du temps comme « forme en tant que telle non remplie » à la définition du temps messianique comme « idée » qu'aucun événement empirique ne peut présenter adéquatement, la reprise de cette problématique dans les *Thèses* ne l'est peut-être pas moins, malgré la distance qui sépare ces deux moments de la pensée de Benjamin. En effet, c'est en termes de *signes* que s'énonce le rapport entre le temps messianique et le temps mécanique : si la distinction entre ces deux temporalités doit rester aussi tranchée que possible, du moins est-il possible de repérer les signes de l'irruption du temps messianique dans le cours de l'histoire, les « éclats [*Splitter*] du temps messianique » (thèse A) qui viennent se ficher dans la chair du présent, qui l'ouvrent comme une plaie et mettent à nu sa teneur messianique. Curieusement, les deux exemples qui permettent de mieux comprendre la nature et le fonctionnement de ces signes semblent dépourvus de tout prestige ou de toute aura messianique ; il se pourrait bien cependant que les réflexions de Benjamin sur les deux problématiques conjointes de la datation et du temps calendaire correspondent à l'orientation résolument *critique* que prend son recours au messianisme dans ses derniers textes.

Bien qu'une théorie aboutie de la datation soit absente du texte inachevé des *Thèses*, d'autres passages de l'œuvre tardive témoignent de son importance pour Benjamin. Ainsi, parmi les matériaux rassemblés pour la rédaction des *Thèses*, une formule de Focillon semble avoir retenu l'attention de Benjamin : « "Faire date", ce n'est pas intervenir passivement dans la chronologie, c'est brusquer le moment »[1]. Les réflexions de l'auteur de la *Vie des formes* sur l'œuvre d'art comme « phénomène de rupture » ont pu apporter à Benjamin une confirmation du rôle décisif de la discontinuité pour penser le temps historique : ce qui fait histoire ne prend jamais place dans un continuum homogène, mais surgit toujours à contretemps, en déjouant l'horizon de ce qu'il était possible d'anticiper. Ce pouvoir de rupture fait donc de la date un schème privilégié pour penser le temps messianique : loin de respecter la continuité et l'homogénéité du temps physique et mécanique, une date permet au contraire d'inscrire une différence qualitative à même le cours du temps, de signaler un point

1. H. Focillon, *Vie des formes* (Paris, Librairie Ernest Leroux, 1934), p. 94, cité par Benjamin, *GS*, I/3, 1229-1230. D'autres citations du livre d'Henri Focillon, parfois accompagnées de réserves critiques, figurent dans les notes pour le *Passagen-Werk*, à la fin de la section consacrée à l'épistémologie de l'histoire et à la théorie du progrès (voir *GS*, V/1, Konvolut N, « Erkenntnistheoretisches, Theorie des Fortschritts », p. 610-611).

d'intensité qui se détache du continuum, un événement qui ne se déduit pas de ce qui le précède selon les lois de la causalité. À suivre un fragment du *Livre des passages*, l'attention aux dates devient même un impératif méthodologique majeur pour l'historien dont les *Thèses* entreprennent de dresser le portrait : « Écrire l'histoire, c'est donner leur physionomie aux dates »[1]. Définir ainsi la tâche de l'historien revient à exclure l'idée de récit qui avait pu devenir inséparable de l'opération historique et à mettre l'accent sur la part cruciale de *construction* qui est au centre de la démarche historique. Un autre fragment de la même section du *Passagen-Werk* exploite toute l'ambiguïté de ce mot de *Datum* :

> Les tentatives des autres comparées à des navigations au cours desquelles les navires sont déviés de leur route par le pôle Nord magnétique. Trouver *ce* pôle magnétique. Les phénomènes qui sont pour les autres des déviations constituent pour moi les données [les dates, *die Daten*] qui déterminent ma route. – Je base mes calculs sur les différentielles du temps qui, chez les autres, perturbent les « grandes lignes » de la recherche[2].

Il faut cet exercice de désorientation calculée, cette exposition au risque de l'erreur et de l'errance, pour être à même de déchiffrer les signes imperceptibles par où le temps s'écarte de lui-même, échappe à toute maîtrise par la mesure et ne se livre que sous forme de différences qualitatives. Une question ne peut pourtant manquer de se poser : à supposer que Benjamin se soit efforcé de penser le rapport entre le temps mécanique et le temps messianique, la date n'est-elle pas le renoncement même à toute perspective messianique, puisqu'elle semble réduire catastrophiquement l'avènement du règne messianique à ce qu'il y a de plus quotidien, de plus profane[3] ?

Le deuxième cas analysé par Benjamin permet de répondre à cette inquiétude et de préciser la nature et les enjeux de l'opération très singulière qu'il fait subir à l'idée messianique. La stratégie de Benjamin consiste en effet à introduire, entre le temps messianique et le temps mécanique, une troisième temporalité qui ne se réduit à aucune des deux autres, sans en être

1. *Geschichte schreiben heißt, Jahreszahlen ihre Physiognomie geben* (Fragment N11, 2 du *Passagen-Werk*, *GS*, V/1, 595).

2. Fragment N1, 2 (*GS*, V/1, 570).

3. Les spéculations sur la date de la venue du Messie ne manquent certes pas dans la tradition juive du messianisme ; cependant, à suivre Scholem, il y aurait là une tentative vaine, puisqu'il est « impossible de prévoir la date de la venue du Messie » (*Le messianisme juif. Essais sur la spiritualité du judaïsme*, préface, trad., notes et bibliographie par B. Dupuy, Paris, Calmann-Lévy, 1974, p. 36).

non plus la synthèse dialectique. Tel est en effet le temps du calendrier que Benjamin introduit dans les *Thèses* en le distinguant du temps des horloges avec lequel il est trop souvent confondu : « Les calendriers ne mesurent donc pas le temps comme le font les horloges » (thèse XV). L'opposition n'est donc plus exactement entre un temps mesurable, purement quantitatif, et un temps qualitatif en excès sur toute mesure ou tout calcul possible, mais bien entre deux types de mesures, distinction qui permet précisément de comprendre comment le temps du calendrier peut *faire signe* vers le temps messianique. C'est que, pour Benjamin, les calendriers sont les signes ou « les monuments d'une conscience historique dont toute trace semble avoir disparu en Europe depuis cent ans », mais dont un épisode de la révolution de Juillet préserve la mémoire : « Au soir du premier jour de combat, on vit en plusieurs endroits de Paris, au même moment et sans concertation, des gens tirer sur les horloges » (*ibid.*). Cette anecdote devient pour Benjamin l'allégorie de l'antagonisme irréductible entre le temps des horloges et le temps messianique, en même temps que la trace d'une conception proprement révolutionnaire de la temporalité historique. Cette incompatibilité ne se manifeste cependant pas seulement dans des instants révolutionnaires exceptionnels ; tout l'intérêt du temps calendaire consiste en effet à inscrire ces instants de rupture révolutionnaire *à même* la succession régulière des jours, des semaines et des mois, et à ménager, au sein de leur écoulement, une place où peuvent s'introduire des « fragments hétérogènes », qui rappellent la mémoire de cette conscience du temps messianique.

> La mesure du temps suppose la division de la durée en parties homogènes ; elle ne peut renoncer cependant à y laisser subsister des fragments hétérogènes, de valeur supérieure [*ungleichartige, ausgezeichnete Fragmente*]. En attribuant en quelque sorte aux jours fériés un rôle commémoratif, le calendrier a su lier la reconnaissance d'une qualité à la mesure d'une quantité [1].

Une fois de plus, la suggestion de Benjamin prête volontiers à confusion : si le jour de fête peut valoir comme l'index d'une rupture messianique de la continuité, n'est-ce pas parce qu'il réintroduit dans la monotonie du quotidien l'éclat d'une solennité par essence religieuse ? Les notes préparatoires des *Thèses* apportent à cette interprétation théologique un démenti aussi flagrant qu'inattendu : la fête qu'évoque Benjamin (dont

1. *Charles Baudelaire. Un poète lyrique à l'apogée du capitalisme*, *GS*, I/2, 642-643 ; trad. J. Lacoste, Paris, Payot, 1979, p. 195.

le modèle serait plutôt celui de la fête révolutionnaire) est au contraire la plus *prosaïque* de toutes, comme si le messianisme des *Thèses*, sous l'attraction de la lecture de Baudelaire, devait finalement subir le même sort que le messianisme romantique qui voit « l'Idée de la poésie » sombrer dans la sobriété de la prose. Plusieurs fragments, peut-être destinés à une nouvelle rédaction des *Thèses*, soulignent ce prosaïsme propre à la « fête messianique » dépourvue de toute « festivité » solennelle et édifiante :

> Cette fête est purifiée de toute solennité [*Dieses Fest ist gereinigt von aller Feier*]. Aucune espèce de chant [*Festgesänge*] ne l'accompagne. Sa langue est la prose libérée, qui a fait sauter les chaînes de l'écriture [1].

Le rendez-vous avec l'histoire qui forme le cœur de l'expérience « messianique » de l'histoire commence ainsi à prendre une tournure plus précise : s'il n'est certes pas programmable sur la ligne continue d'un temps homogène et vide, sa date est peut-être néanmoins inscrite sur un calendrier en attente de déchiffrement. Reste à savoir s'il est possible de déterminer où il a lieu.

GESCHICHTE AUF DEM SCHAUPLATZ : L'HISTOIRE À LA RUE

> « L'histoire est une portière qui se croit grande dame ».
> HUGO, Reliquat de *L'homme qui rit*

À en croire le récit de Scholem, la philosophie de l'histoire aurait constitué le sujet de son premier entretien avec Benjamin le 21 juillet 1915 [2] ; c'est également sur une indication de Scholem que les éditeurs des *Gesammelte Schriften* ont daté de l'été 1916 un fragment qui énonce en termes programmatiques toute une pensée de l'histoire à venir et dont les *Thèses* présentent l'ultime version. À côté d'une remarque énigmatique sur

1. W. Benjamin, « Nouvelles thèses K », *GS*, I/3, 1235; trad. dans *Écrits français*, *op. cit.*, p. 350; voir aussi *GS*, I/3, 1238 et 1239. Sur la langue messianique, voir G. Agamben, « Langue et histoire. Catégories historiques et catégories linguistiques dans la pensée de Benjamin », dans Heinz Wismann (éd.), *Walter Benjamin et Paris*, Paris, Cerf, 1986, p. 793-807.

2. Scholem, *Walter Benjamin – die Geschichte einer Freundschaft*, Frankfurt/Main, Suhrkamp, 1975, p. 13 (*Walter Benjamin. Histoire d'une amitié*, trad. P. Kessler, Paris, Calmann-Lévy, 1981, rééd. « Agora », Paris, Presses-Pocket, p. 15-16).

les « nombres historiques » (où il n'est pas impossible de voir une anticipation de la problématique des dates qui resurgit dans les derniers textes), ce fragment affirme la nécessité d'une « corrélation » entre deux directions de recherche qui pourrait bien lever le « secret » ou le mystère de la *geheime Verabredung* dont il est question au début des *Thèses* : selon Benjamin, « il faut saisir le problème du temps historique en corrélation avec celui de l'espace historique » ; Benjamin ajoute, entre parenthèses et en soulignant le dernier mot, *Geschichte auf dem* Schauplatz[1]. Que veut dire, au juste, cette expression qui joue sur le topos baroque du « théâtre de l'histoire », tout en renversant le rapport des termes dans cette expression[2] ?

Selon un geste proprement critique, fidèle à la plus pure tradition kantienne[3], tout semble se passer comme s'il fallait arracher l'appréhension de l'histoire à l'hégémonie du sens interne (dont le temps est la forme), pour la projeter au dehors, dans l'espace, forme du sens externe, et l'exposer sur la scène où les événements parviennent à l'intelligibilité. Le geste vaut assurément critique des philosophies de l'histoire qui ont en quelque sorte toujours déjà résorbé ce mouvement d'extériorisation dans l'intériorité d'un sens de l'histoire préalablement défini et que les événements ne font au mieux qu'illustrer ou confirmer. Dans le contexte des *Thèses*, la polémique est également dirigée contre les tenants de l'historicisme, ces héritiers des métaphysiques de l'histoire dont le mot d'ordre méthodologique dit clairement l'orientation : comment ceux qui procèdent par *Ein-fühlung* pourraient-ils trouver le moindre accès à cet « espace de l'histoire » où chaque génération est appelée à rencontrer celles qui la précèdent ? Le problème de Benjamin n'est donc plus de pouvoir restituer fidèlement le passé tel qu'il a eu lieu, *wie es gewesen ist*, comme le voulait Ranke, mais bien plutôt de « faire une expérience avec l'histoire » où la catastrophe qu'est le cours ininterrompu des événements pourrait enfin prendre fin. Le contenu de cette critique est bien connu ; plus

1. *GS*, VI, 90 (fragment 62) ; cf. *Fragments*, *op. cit.*, p. 100. Voir aussi les précisions des éditeurs concernant la date et les circonstances de la rédaction de ce fragment (*GS*, VI, 682-683 ; trad. note 97, p. 281).

2. Sur le statut de l'histoire dans le livre sur le théâtre baroque, voir, dans ce volume, le texte de Francie Crebs, « Histoire mélancolique. La philologie messianique de Walter Benjamin ».

3. Il revient à Jocelyn Benoist d'avoir mis en évidence ce mouvement profond de spatialisation qui emporte la pensée critique (cf. *Kant et les limites de la synthèse. Le sujet sensible*, « Épiméthée », Paris, P.U.F., 1996), ainsi que la fécondité de ce geste pour un renouvellement de la pensée de l'histoire (voir notamment « Rompre avec l'idéalisme historique : re-spatialiser nos concepts », dans *Historicité et spatialité. Le problème de l'espace dans la pensée contemporaine*, J. Benoist, F. Merlini (éd.), Paris, Vrin, 2001, p. 97-113).

étonnants sont en revanche les termes dans lesquels elle se formule dans les *Thèses* :

> L'historicisme compose l'image « éternelle » du passé, le matérialisme historique dépeint l'expérience unique de la rencontre avec ce passé [*eine Erfahrung mit ihr, die einzig dasteht*]. Il laisse d'autres se dépenser dans le bordel de l'historicisme avec la putain « Il était une fois ». Il reste maître de ses forces : assez viril pour faire éclater le continuum de l'histoire. (thèse XVI)

Pourquoi Benjamin transpose-t-il une critique à la fois épistémologique et politique en de tels termes, ouvertement sexuels ? La métaphore est elle-même plus ambiguë qu'il n'y paraît : le souci de « maîtrise » que Benjamin recommande ici à celui qui veut triompher de l'historicisme grâce aux ressources du matérialisme historique, ne signifie peut-être pas un repli sur soi ou un éloge de la chasteté, qui pourrait bien être au contraire une vertu de l'historien positiviste dont tout le talent consiste à ne pas attenter à l'intégrité des faits, « à n'y point toucher, à observer ce que Fustel de Coulanges a si bien nommé "la chasteté de l'histoire" »[1]. S'il est certes préférable que l'adepte du matérialisme ne se livre pas à la débauche avec « la putain "Il était une fois" », n'est-ce pas parce que ces séjours répétés dans la maison close de l'historicisme le tiendraient à l'écart de cet espace de la *rue* que Benjamin n'hésite pas à qualifier, en reprenant une formule de Breton, de « seul champ d'expérience valable »[2] ? S'il s'agit bien de « faire une expérience avec l'histoire », ce programme ne consiste pas en une visite au bordel, mais en une simple rencontre dans la rue. L'espace de l'histoire, l'espace de l'expérience messianique dont Benjamin indiquait la nécessité à Scholem en 1916, ce ne serait donc finalement rien d'autre que la « rue

1. Cet extrait de l'ouvrage quasi contemporain de Louis Dimier, *L'évolution contre l'esprit* (Paris, 1939, p. 46-47) figure parmi les matériaux préparatoires pour la rédaction des *Thèses* (*GS*, I/3, 1230) et complique l'interprétation de la thèse XVI. Si la chasteté est plutôt le propre de l'historien conservateur, il paraît difficile d'en faire une des vertus de l'ange de l'histoire, comme semble le suggérer Gérard Raulet, pour qui « l'ange ne va pas au bordel. Aller au bordel, c'est le propre des caractères qui cherchent les fleurs du mal. Caractères certes dialectiques, mais qui s'épuisent en "correspondances" entre le spleen – la version moderne du regard baroque – et l'idéal, la survivance moderne du paradis » (*Le caractère destructeur*, Paris, Aubier, 1997, p. 223). Il n'est pas sûr qu'il suffise d'opposer aux débauches de l'historicisme la pureté ou la chasteté du matérialisme angélique de Benjamin.

2. Cette formule de Breton est mise en exergue du chapitre des « Paysages urbains » consacré à Marseille (*GS*, IV/1, 359; *Sens unique*, trad. J. Lacoste, Paris, Les Lettres Nouvelles-Maurice Nadeau, nouvelle éd. revue, 1988, p. 291). Voir aussi, dans les notes pour *Le livre des passages*, le chapitre consacré aux rues de Paris (*GS*, V/1, Konvolut P, 643-654).

assourdissante » où Benjamin ne pouvait manquer de croiser la passante de Baudelaire :

> La rue assourdissante autour de moi hurlait.
> Longue, mince, en grand deuil, douleur majestueuse,
> Une femme passa, d'une main fastueuse
> Soulevant, balançant le feston et l'ourlet;
> Agile et noble, avec sa jambe de statue. [...]
> Un éclair... puis la nuit ! – Fugitive beauté
> Dont le regard m'a fait soudainement renaître,
> Ne te verrai-je plus que dans l'éternité ? [...] [1].

« Un éclair... puis la nuit ! » : on dira qu'une telle rencontre, un événement aussi banal, aussi profane, est bien peu de chose pour faire une philosophie messianique de l'histoire. Dans sa banalité toute profane, si peu « messianique », cette simple rencontre de passage, en passant, donne peut-être pourtant le secret du rendez-vous de l'histoire. Ce qui arrive, ce n'est en effet rien de moins qu'une interruption aussi brutale que « fugitive » du temps physique, et l'ouverture d'une autre perspective, l'interruption furtive et le suspens de la catastrophe. La fragilité d'une telle expérience, son essentielle précarité l'opposent précisément à l'assurance dogmatique des philosophies de l'histoire. Mais réussir à faire passer un peu de temps messianique dans le temps profane, ne pas manquer cette rencontre et être à l'heure à ce rendez-vous, c'est peut-être tout ce qu'une pensée messianique de l'histoire peut enseigner. Le paradoxe ultime du messianisme de Benjamin, sa pointe critique la plus décisive serait donc finalement que l'interruption messianique de l'histoire ne peut avoir lieu que dans la banalité la plus profane, ce que dirait au fond l'expression *Geschichte auf dem* Schauplatz, dont une traduction délibérément décalée pourrait être « l'histoire *à la rue* ». Cette expérience pourrait bien avoir été la leçon du premier séjour de Benjamin à Paris, du moins d'après le récit qu'en donne une lettre de juin 1913 adressée à une amie. Comme on pouvait s'y attendre, le voyage dans l'espace est aussi un voyage dans le temps de la mémoire, la ville se transforme en décor de rêve, propice aux rencontres de toute sorte, la rue se métamorphose en scène de théâtre,

1. Ce poème fait partie des « Tableaux parisiens » traduits par Benjamin dès les années 1920. Voir le texte original et la traduction de Benjamin, *GS*, IV/1, 40-41. Stéphane Mosès est un des rares lecteurs de Benjamin à avoir pointé l'importance de ce sonnet de Baudelaire pour comprendre le sens du messianisme des *Thèses* (cf. *L'ange de l'histoire*, Paris, Seuil, 1992, p. 169-170).

Geschichte auf dem Schauplatz, et il y a toujours une passante pour vous entraîner dans les coulisses de l'espace de l'histoire :

> Oui, à la Pentecôte, je suis allé pour 15 jours à Paris. Il me reste de cette ville peu de souvenirs particuliers dont je pourrais parler, mais la conscience seulement d'avoir vécu 15 jours avec cette intensité qu'on ne connaît que dans l'enfance. Je déambulais toute la journée, ne me couchais jamais ou presque avant 2 heures. [...] Le soir avec des amis ou à tel ou tel théâtre ; mais surtout chaque soir sur le Grand Boulevard, qu'on pourrait un peu comparer à *unter den Linden*, s'il n'était moins large (plus intime !) et si ces rues ne se prolongeaient à travers la ville entière où les maisons ne semblent pas là pour qu'on les habite, mais comme des coulisses de pierre entre lesquelles on passe [1].

Jacques-Olivier BÉGOT
École Normale Supérieure

1. Lettre à Carla Seligson du 5 juin 1913, *Gesammelte Briefe*, I (1910-1918), *op. cit.*, 105 ; *Corr.*, t. I (1910-1928), *op. cit.*, p. 52.

HISTOIRE MÉLANCOLIQUE
LA PHILOLOGIE MESSIANIQUE DE BENJAMIN

« Thou art a Scholler ; speake to it Horatio »
HAMLET, *acte I, scène 1.*

« Le temps est hors de ses gonds ». On pourrait dire de cette phrase, prononcée par Hamlet dans la traduction d'Yves Bonnefoy, qu'elle exprime l'idée de fond sur laquelle s'accordent toutes les pensées du messianisme depuis les thèses *Sur le concept d'histoire*. Le véritable historien « fonde ainsi un concept du présent (*Gegenwart*) comme « à-présent » (›*Jetztzeit*‹), dans lequel se sont fichés (*eingesprengt*) des éclats (*Splitter*) du temps messianique », écrit Benjamin[1]. Le messianique, donc, interrompt le temps, y introduit une écharde qui, en y pénétrant, le fait exploser (*eingesprengt*). C'est aussi en ce sens, en tout cas, que Jacques Derrida et Gérard Bensussan, pour ne rappeler que deux élaborations récentes, s'accordent à comprendre le messianisme. En effet, c'est une analyse du temps hors de ses gonds de *Hamlet* qui appelle le mot « messianisme » pour la première fois sous la plume de Derrida dans *Spectres de Marx*[2] ; et Bensussan identifie le messianisme à « une

1. W. Benjamin, « Sur le concept d'histoire », trad. M. de Gandillac revue par P. Rusch, dans *Œuvres III*, Paris, Gallimard, 2000, p. 443 ; « Über den Begriff der Geschichte », dans *Gesammelte Schriften, Erster Band, Zweiter Teil*, R. Tiedemann et H. Schweppenhäuser (éd.), Frankfurt a. M., Suhrkamp, 1974, p. 704.

2. « La disjointure nécessaire, la condition dé-totalisante de la justice, c'est bien ici celle du présent – et du coup la condition même du présent et de la présence du présent. Ici s'annoncerait toujours la déconstruction comme pensée du don et de l'indéconstructible justice, la condition indéconstructible de toute déconstruction, certes, mais une condition qui

expérience du temps qui supporte ici et maintenant son interruption »[1]. Nous ne remettrons pas de telles lectures en question ici : le messianisme échappe à la métaphysique de la présence et du temps, invalidant toute téléologie, et même toute continuité historique qui en dépendrait; il introduit une sorte de pli ou de nœud inextricable dans la ligne temporelle passé-présent-futur. Ouverture radicale, sans aucun horizon d'attente, à un futur inimaginable, le messianisme est *en même temps* une sorte de présent hyperbolique, tellement *maintenant* qu'il échappe à la maintenance du temps, dans la mesure où il touche également un passé immémorial.

Nous sommes donc tous d'accord, le messianisme, correctement compris, est « l'autre instantané du temps »[2] et doit effectuer une sortie hors de la métaphysique. Mais comment y parvenir? Comment faire pour qu'une telle sortie ne demeure pas quelque chose qui *doit* arriver, mais devienne *effective*? Et une fois que cette sortie messianique aura eu lieu, qu'en sera-t-il de la philosophie? La philosophie annonce certes depuis longtemps la fin de la métaphysique et de l'histoire, mais en ce qui concerne la fin particulière que met en acte le messianisme, Derrida et Bensussan suggèrent deux versions différentes de sa relation à la philosophie. Ce messianisme qui « reste une marque *ineffaçable* – qu'on ne peut ni ne doit effacer – de l'héritage de Marx »[3] est mis en péril, selon Derrida, quand on lit Marx « comme un grand philosophe »[4]. Pour Bensussan, au contraire, il est présupposé que la philosophie peut autoriser « l'énonciation rigoureuse »[5] du messianisme. Ce point de désaccord dans les marges d'une idée sur laquelle nous nous entendons tous par ailleurs

est elle-même *en déconstruction* et reste, et doit rester, c'est l'injonction, dans la disjointure de l'*Un-Fug*. Faute de quoi elle se repose dans la bonne conscience du devoir accompli, elle perd la chance de l'avenir, de la promesse ou de l'appel, du désir aussi (c'est-à-dire sa « propre » possibilité), de ce messianisme désertique (sans contenu et sans messie identifiables), de ce désert abyssal aussi, « désert dans le désert » dont nous parlerons plus bas » (J. Derrida, *Spectres de Marx*, Paris, Galilée, 1993, p. 56). *Un-Fug* est un rappel de la traduction allemande que Derrida proposait plus haut pour l'idiome anglais *out of joint*, à savoir *aus den Fugen* (*ibid*, p. 50). Indiquons, en passant, que c'est effectivement ainsi que le rend August Wilhelm Schlegel dans sa traduction *Hamlet, Prinz von Dänemark*, dans *Shakespeare's dramatische Werke, Sechster Band*, H. Ulrici (éd.), Berlin, Georg Reimer, 1877, acte I, scène 5, p. 49.

1. G. Bensussan, *Le temps messianique. Temps historique et temps vécu*, Paris, Vrin, 2001, p. 8.

2. *Ibid.*, p. 11.

3. *Spectres de Marx*, p. 56.

4. *Ibid.*, p. 62.

5. *Le temps messianique*, p. 11.

nous amène donc à soulever une question : même si elle peut en énoncer la théorie, la philosophie peut-elle rendre compte de *l'événement* messianique ? Le messianique peut-il *avoir lieu* à l'intérieur d'une pratique philosophique ?

Bien que tous les philosophes qui s'intéressent au messianisme se tournent forcément vers Benjamin, celui-ci avait quant à lui un rapport très problématique à la philosophie, qui l'a rejeté dès le début de sa carrière. L'échec universitaire, qui le détourne de la philosophie vers le pis-aller de devenir « le premier critique de la littérature allemande »[1], comme il l'écrit lui-même dans une lettre à Scholem, tourne autour de l'ouvrage qui aurait été sa thèse, *Origine du drame baroque allemand*[2]. Le malaise qu'éprouvait alors la philosophie vis-à-vis du *Trauerspielbuch* ne semble d'ailleurs pas s'être tout à fait dissipé, si l'on doit en croire le silence sous lequel les philosophes font généralement passer ce livre, en particulier lorsqu'il s'agit de comprendre le messianisme. D'un côté, la raison en semble évidente : mis à part sa préface, le *Trauerspielbuch* n'est clairement pas un texte philosophique, mais plutôt de la critique littéraire, dans la mesure où il se préoccupe non pas de concepts philosophiques, mais des textes littéraires que sont les drames baroques allemands ; et en ce sens, la faculté de philosophie fut tout à fait justifiée dans son rejet de 1925.

Mais la philosophie est-elle toujours aussi justifiée de rejeter le *Trauerspielbuch* quand elle veut aujourd'hui poser des questions sur le messianisme à l'œuvre chez Benjamin ? Certes, c'est de la critique, mais comme nous le rappelle Françoise Proust, Benjamin a une idée tout à fait particulière de ce que doit accomplir la critique, puisque « toute critique est messianique »[3]. Par ailleurs, le messianisme a évidemment à voir avec l'histoire. Or, existe-t-il un ouvrage plus conséquent de Benjamin sur l'histoire ? Pourquoi s'acharner à essayer de comprendre sa pensée de l'histoire à partir des seules 12 pages, si énigmatiques, des *Thèses* alors que le *Trauerspielbuch* nous en offre des centaines sur le même sujet ?

1. Lettre 671 (Paris, 20 janvier 1930), dans *Gesammelte Briefe, Band III*, Ch. Gödde et H. Lonitz (éd.), Frankfurt a. M., Suhrkamp, 1997. Cette lettre fut directement rédigée en français par Benjamin.

2. W. Benjamin, *Origine du drame baroque allemand*, trad. S. Muller, Paris, Flammarion, 1985 ; *Ursprung des deutschen Trauerspiels*, dans *Gesammelte Schriften, Erster Band, Erster Teil*, Frankfurt a. M., Suhrkamp, 1974. Dorénavant, nos références renverront à ces éditions et indiqueront la pagination de l'édition française, suivie de la pagination de l'édition allemande.

3. F. Proust, « La tâche du critique », dans *Walter Benjamin : Ästhetik und Geschichtsphilosophie*, G. Raulet, U. Steiner (éd.), Bern, Peter Lang, 1998, p. 40.

Une telle attitude s'explique sans doute en grande partie par le fait que l'œuvre de Benjamin doit sa réception à un philosophe, Theodor W. Adorno. En effet, malgré les nombreuses polémiques autour de l'interprétation de Benjamin qui est implicite dans les éditions dirigées par Adorno des *Schriften* et *Briefe* en 1955 et 1966[1], l'un des partis pris les plus discutables d'Adorno, à savoir l'incorporation de la pensée de Benjamin dans un contexte *philosophique*, demeure pour ainsi dire incontesté jusqu'à aujourd'hui. Dès 1932, dans une conférence intitulée « Die Idee der Naturgeschichte »[2], Adorno, dans le contexte d'une critique de la phénoménologie et en particulier de l'ontologie heideggérienne, soutenait que l'*Origine du drame baroque allemand* propose une alternative à la conception de l'histoire élaborée dans *Sein und Zeit*; Adorno inscrivait ainsi l'étude que fait Benjamin du drame baroque dans le contexte de la philosophie de l'histoire. Et nombreux sont les commentateurs qui l'ont suivi dans cette direction[3].

On ne peut certes pas dire qu'une telle piste soit complètement fausse. Benjamin a lui-même autorisé une telle lecture du *Trauerspielbuch*. En effet, dans la même lettre à Scholem que nous citions plus haut, il évoque sa conception de l'histoire dans le *Passagen-Werk* (qu'il voit comme le prolongement de sa thèse) en l'opposant à celle de Heidegger :

> Ce qui pour moi aujourd'hui semble une chose acquise, c'est que pour ce livre aussi bien que pour le « Trauerspiel » je ne pourrai pas me passer d'une introduction qui porte sur la théorie de la connaissance – et, cette fois, surtout sur la théorie de la connaissance de l'histoire. C'est là que je trouverai sur mon chemin Heidegger et j'attends quelque scintillement de l'entre-choc de nos deux manières, très différentes, d'envisager l'histoire[4].

Il serait par conséquent difficile de rejeter la thèse que l'*Origine du drame baroque allemand* nous propose une pensée de l'histoire autre que celle que nous offre la philosophie de l'histoire. Cependant, ce qui importe est de

1. L'article de D. Bathrick, « Reading Walter Benjamin from West to East », dans *Colloquia Germanica : Internationale Zeitschrift für germanische Sprach- und Literaturwissenschaft* 12/3 (1979), p. 246-55, résume les reproches faits à l'édition d'Adorno, qui selon certains donnait une image de Benjamin trop proche de l'école de Francfort et obscurcissait l'influence du marxisme. On y trouve également les références aux premières réactions publiées aux éditions d'Adorno.

2. T. W. Adorno, « Die Idee der Naturgeschichte », dans *Gesammelte Schriften I : Philosophische Frühschriften*, Frankfurt a. M., Suhrkamp, 1973, p. 345-365.

3. Voir *infra* p. 89, note 1.

4. Lettre 671 (Paris, 20 janvier 1930), citée *supra*.

savoir comment saisir le plus clairement possible cette autre histoire, et ce qu'elle pourrait nous dire sur le messianisme. Or, il se trouve que c'est justement la lecture philosophique du *Trauerspielbuch*, où la thèse de Benjamin est traitée comme si elle était engagée exactement dans le même débat que *Sein und Zeit*, qui a le moins de chances de révéler une telle alternative dans le texte de Benjamin. En d'autres termes, toute lecture qui prend l'*Origine du drame baroque allemand* pour l'expression d'un savoir théorique *au sujet de* l'histoire est précisément celle qui y efface toute possibilité d'une alternative messianique à la philosophie de l'histoire.

Assimiler trop vite le *Trauerspielbuch* à la philosophie ou à la théorie revient en effet à désarmer la résistance critique de ce texte si inhabituel, en passant sous silence les aspects les plus extraordinaires de ce livre, et d'abord le choix de le consacrer, non à une discussion des *philosophies* de l'histoire, mais aux *Trauerspiele* de la deuxième école Silésienne, textes qui demeurent, comme ils l'étaient lors de la rédaction du *Trauerspielbuch*, en marge, pour ne pas dire bannis, du canon littéraire. Ce choix de Benjamin, qui lui coûta sa carrière universitaire, fait de l'*Origine du drame baroque allemand* beaucoup plus qu'une réflexion *sur* les pensées *de* l'histoire, et l'engage dans un débat complètement différent de celui sur l'historicisme, mot qui n'apparaît qu'une seule fois dans toute la thèse (102/278). Il y a plus : ce texte *représente l'histoire* en écrivant l'histoire *du Trauerspiel*. Et les interlocuteurs de Benjamin ne sont pas, comme le suggère Adorno et ceux qui le suivent[1], des philosophes, tels Hegel,

1. C'est le cas, notamment, de B. Hanssen, dont l'interprétation s'appuie explicitement sur Adorno pour dégager « l'autre histoire » que le *Trauerspielbuch* mettrait en œuvre (*Walter Benjamin's Other History*, Berkeley, Los Angeles et Londres, University of California Press, 1998). De nombreux autres commentaires s'efforcent de situer la thèse de Benjamin dans le contexte des débats philosophiques sur l'historicisme : cf. entre autres R. Tiedemann, *Studien zur Philosophie Walter Benjamins* (Frankfurt a. M., Europäische Verlagsanstalt, 1965) ; J.-M. Gagnebin, *Zur Geschichtsphilosophie Walter Benjamins* (Erlangen, Palm und Enke, 1978) ; K. R. Greffrath, *Metaphorischer Materialismus : Untersuchungen zum Geschichtsbegriff Walter Benjamins* (München, Wilhelm Fink, 1981) ; R. Wolin, *Walter Benjamin : An Aesthetic of Redemption* (New York, Columbia UP, 1982) ; F. Proust, *L'histoire à contretemps. Le temps historique chez Walter Benjamin* (Paris, Cerf, 1994) ; *Walter Benjamin and the Demands of History*, M. P. Steinberg (éd.) (Ithaca, Cornell UP, 1996) ; T. S. Wentzer, *Bewahrung der Geschichte. Die hermeneutische Philosophie Walter Benjamins* (Bodenheim, Philo, 1998) ; *Walter Benjamin : Ästhetik und Geschichtsphilosophie*, *op. cit.* Pour une vue d'ensemble du problème de l'historicisme, voir Ch. R. Bambach, *Heidegger, Dilthey, and the Crisis of Historicism* (Ithaca and London, Cornell UP, 1995).

Dilthey ou Heidegger, qui pensent *l'*histoire, mais bien plutôt des historiens de la littérature et de l'art qui écrivent *des* histoires.

Si le *Trauerspielbuch* doit effectivement présenter une alternative à une métaphysique du temps et de l'histoire, ce sera donc non pas en tant que philosophie *de* l'histoire, mais bien plutôt en *étant* lui-même *une histoire*. La toute première page de la « Préface épistémo-critique » ne met-elle pas en garde contre les dangers de la « doctrine philosophique (*philosophische Lehre*) » (23/207), qui oublie de prendre en compte ce que Benjamin appelle le « problème de la présentation (*Darstellungsproblem*) » (24/207) ? Lire le *Trauerspielbuch* en premier lieu comme une théorie ou une philosophie de l'histoire revient à ne pas prendre en compte le fait que ce texte est lui-même la présentation d'un épisode particulier de l'histoire littéraire, en somme à faire l'économie du *Darstellungsproblem* que pose le texte de Benjamin comme tel, en tant qu'historiographie. Nous nous proposons ici de redresser le manque d'attention porté au γράφειν de l'historio*graph*ie, manque qui conduit inévitablement à lire le *Trauerspielbuch* comme une théorie *de* l'histoire. Nous essaierons de montrer que pour comprendre ce que le texte de Benjamin a à dire *au sujet de* l'histoire et du messianisme, il faut d'abord faire l'analyse de ce qui *arrive à* l'histoire dans l'histoire que ce texte *écrit*.

La troisième section de la première partie, consacrée à une analyse de la mélancolie à l'époque baroque (149-169/317-335), s'impose comme point de départ : fonctionnant comme l'achèvement de la distinction formelle entre *Trauerspiel* et tragédie, et comme transition vers la thématique « Allegorie und Trauerspiel », cette section se présente en effet comme le point culminant de l'*Origine du drame baroque allemand*. La *mélancolie*, quasi synonyme de *Trauer* dans le texte de Benjamin[1], ne promet-elle pas de nous introduire au cœur du *Trauer-spiel ?* Cet examen des manifestations de la mélancolie dans les textes baroques se trouve être également la partie la plus explicitement historiographique du livre, le lieu où s'atteste son contact le plus concret avec l'historiographie contemporaine. Cette partie du *Trauerspielbuch* fut publiée indépendamment dans la revue *Neue deutsche Beiträge* de Hugo von Hofmannsthal, et c'est cette publication qui devait devenir l'instrument d'un rapprochement, qui n'eut jamais lieu,

1. La distinction élaborée par Freud en 1917 entre *Trauer* et *Melancholie* ne semble pas être prise en compte dans le texte de Benjamin. T. Bahti (*Allegories of History. Literary Historiography after Hegel*, Baltimore and London, Johns Hopkins University Press, 1992) voudrait que l'on comprenne les deux termes comme équivalents à la mélancolie freudienne, mais ici nous nous intéresserons aux véritables sources de la notion chez Benjamin, à savoir les théories médiévales sur les humeurs et sur le déterminisme astrologique.

entre Benjamin et les historiens appartenant à l'entourage d'Aby Warburg [1], parmi lesquels Benjamin semble avoir brièvement espéré trouver place après son exclusion de l'université. En étendant à l'époque baroque l'examen de thématiques absolument centrales dans les études sur la Renaissance menées par Warburg et ses collègues, Benjamin entrait explicitement en dialogue avec les études sur la mélancolie publiées par Warburg lui-même [2], par Karl Giehlow [3] et avec le travail né de la collaboration entre Erwin Panofsky et Fritz Saxl [4] – enquêtes historiques consacrées aux traditions astrologiques et médicales qui sous-tendent la mise en image de la mélancolie par Dürer. L'étude de Giehlow était inachevée à sa mort, et ses exécuteurs ont par conséquent demandé à Warburg de la terminer; ce dernier n'étant pas en mesure de le faire, la tâche revint à Panofsky et Saxl [5]. Le travail de Benjamin renoue le fil de l'histoire de la mélancolie après Dürer, reprenant ainsi là où les historiens du cercle de Warburg s'étaient arrêtés.

Ainsi, en plus de sa place centrale dans le mouvement général du livre, la partie du *Trauerspielbuch* consacrée à la mélancolie se recommande par de nombreux aspects à une lecture qui cherche à comprendre ce qui *arrive à* l'histoire dans l'*Origine du drame baroque allemand*. Le dialogue avec les historiens proches de Warburg permet de mettre en lumière les différences

1. Voir J. Lupton, *Afterlives of the Saints. Hagiography, Typology and Renaissance Literature*, Stanford, Stanford UP, 1996, p. 24-5.

2. A. Warburg, « La divination païenne et antique dans les écrits et les images à l'époque de Luther », dans *Essais Florentins*, trad. S. Muller, Paris, Klincksieck, 1990, p. 245-299; « Heidnisch-Antike Weissagung in Wort und Bild zu Luthers Zeiten », dans *Gesammelte Schriften*, Leibzig et Berlin, Teubner, 1932, p. I.2/489-535. Dorénavant, nos références à ce texte seront désignées « La divination » et renverront à ces éditions en indiquant la pagination de l'édition française, suivie de la pagination de l'édition allemande.

3. Karl Giehlow, « Dürers Stich » Melencolia I « und der maximilianische Humanistenkreis », dans *Die Graphischen Künste Heft 1* (Wien, 1903) : *Mitteilungen der Gesellschaft für Vervielfältigende Kunst* (supplément) Nr. 2, p. 29-41 ; suite dans *ibid.* (Wien, 1904) : *ibid.* Nr. 1/2, p. 6-18 et Nr. 4, p. 57-78. Dorénavant, toute référence sera désignée « Dürers Stich » et la pagination sera indiquée dans le texte. Cf. également « Die Hieroglyphenkunde des Humanismus in der Allegorie der Renaissance, Besonders der Ehrenpforte Kaisers Maximilian I », dans *Jahrbuch der Kunsthistorischen Sammlungen des Allerhöchsten Kaiserhauses* 32/1 (1915), p. 1-232 (désormais noté « Hieroglyphenkunde », suivi du numéro de page).

4. E. Panofsky et F. Saxl, « Dürers "Melencolia I" », dans *Studien der Bibliothek Warburg II*, F. Saxl (éd.), Leipzig et Berlin, Teubner, 1923. Dorénavant, toute référence sera désignée « Melencolia I » et la pagination sera indiquée dans le texte.

5. Pour une explication détaillée des relations entre ces quatre études, voir Arpad Weixlgärtner, « Zum Geleite », dans « Melencolia I », p. IX-XV.

entre l'écriture historique de Benjamin et celle de ses contemporains, et d'isoler les aspects de l'histoire dans le *Trauerspielbuch* qui pourraient présenter une alternative à leur approche encore métaphysique de l'histoire. D'autre part, le traitement de la mélancolie dans les recherches historiques que considère Benjamin fait de cette maladie une sorte de figure de la progression historique elle-même. Dans l'analyse de Giehlow, la mélancolie est en effet le symptôme d'une sorte d'histoire du corps, la marque d'une historicité physiologique. Pour Warburg, la représentation de la mélancolie par Dürer est le signe d'une résurgence, pendant la Renaissance, d'une conception pré-chrétienne de l'histoire, de ce qu'il appelle « l'histoire déterminée par les puissances cosmiques, d'origine véritablement hellénistique » (« La divination », 261/505), où c'est le mouvement des astres qui détermine le cours de l'histoire. Le retour de cette conception de la causalité historique, son « irrig[ation] d'un sang nouveau (*Bluterneuerung*) » (*ibid.*, 251/492) au cours de la Renaissance, sont décrits en des termes qui semblent presque contaminés par l'interprétation physiologique de la mélancolie chez Giehlow, comme si la résurgence en question était une maladie attaquant le corps de l'histoire elle-même[1]. Panofsky et Saxl opèrent une synthèse de ces deux trajectoires historiographiques associées à la théorie de la mélancolie, celle de la physiologie et celle de la cosmographie, de telle sorte que la gravure de Dürer devient pour eux une illustration de trois conceptions différentes de la causalité historique, que résument les qualificatifs « humain », « naturel » et « céleste » repris de Marsile Ficin (cf. « Melencolia I », 50-2). Toutes ces études reposent donc sur une conception causale de la mélancolie : la comprendre revient à établir la chaîne des causes qui conduisent à l'état mélancolique.

Conçue ainsi, la mélancolie, dans toute la diversité de ses versions iconographiques, sert à figurer une seule et unique idée, ce que Paul Ricœur appelle « l'énigme » de l'histoire[2]. Il y a donc une sorte d'effet de *mise en abyme* dans les études historiographiques de la mélancolie : ce sont des histoires qui figurent l'énigme de la causalité historique, c'est-à-dire du concept qui structure leur propre écriture. Écrire une histoire de la mélancolie, c'est donc, pour ainsi dire, proposer une lecture allégorique de la structure narrative fondée sur la causalité. Nous le verrons, le texte de

1. Le corps de l'histoire, et peut-être même celui de l'historien, s'il faut en croire le récit de Gombrich qui tend à assimiler Warburg lui-même à l'ange mélancolique de Dürer. Cf. E.H. Gombrich, *Aby Warburg, an Intellectual Biography*, Oxford, Phaidon, 1986, en particulier la fin du chapitre sur « Heidnisch-Antike Weissagung » p. 215.

2. P. Ricœur, *Temps et récit 3. Le temps raconté,* Paris, Seuil, 1985, p. 115.

Benjamin témoigne d'une conscience aiguë de cet effet de *mise en abyme*, ainsi que de son potentiel profondément critique et messianique. Pour bien mettre en valeur ce qui deviendra *effectif* dans le travail de Benjamin, il faut d'abord comprendre un peu mieux ce qui arrive à l'histoire dans le travail historiographique du cercle Warburg. Pour ces historiens, la mélancolie, comme l'histoire pour Ricœur, a un côté énigmatique, avant tout parce que les matériaux appartenant à la tradition de la mélancolie n'entrent dans aucun cadre épistémologique ou disciplinaire pré-défini, puisqu'ils relèvent beaucoup plus de croyances populaires, de la propagande religieuse ou de pratiques magiques, que de l'histoire de l'art proprement dite[1].

Dans ces travaux historiographiques, la gravure de Dürer devient le cas paradigmatique de l'énigme soulevée par la mélancolie : « La gravure "Melencolia I" – si immédiatement intelligible au sentiment artistique – livre des *énigmes* (*Rätsel*) à l'étude historique » (« Melencolia I » 1, je souligne). Les savants du cercle de Warburg réagissent à ces énigmes en tentant de les résoudre, de les lever. Conformément à une telle attitude herméneutique, l'étude de Giehlow sur Dürer se veut une réponse à la question de l'interprétation des images de la gravure. Giehlow pensait que celle-ci devait être comprise comme « une présentation hiéroglyphique de la mélancolie » (« Dürers Stich » 74). L'étude tente de documenter toutes les influences qui auraient pu conduire Dürer à concevoir un tel projet. Il est en particulier beaucoup question, ici comme dans le plus exhaustif « Hieroglyphenkunde », des contacts de Dürer avec l'empereur Maximilien, que Giehlow considère comme un personnage central dans la transmission de l'intérêt pour les hiéroglyphes égyptiens pendant la Renaissance et pour les théories de la mélancolie. Panofsky et Saxl, quant à eux, s'intéressent plutôt à la constitution et à l'évolution de l'iconographie associée à la mélancolie : ils suivent à la trace les sources de la gravure de Dürer, tentant ainsi de déterminer comment certaines significations ont pu être associées à certaines images, le but ultime d'une telle histoire étant de montrer en quoi Dürer aurait innové par rapport à la tradition. Ainsi, l'ange de Dürer élève les images traditionnelles de la mélancolie « dans la sphère du symbolique » (« Melencolia I » 68), un avènement totalisant dans lequel des siècles d'histoire de la mélancolie sont réunis pour former une image « immédiatement intelligible au sentiment artistique » (*ibid.*, 1), qui dépasse l'énigme.

Warburg, enfin, a un intérêt beaucoup plus étendu pour l'énigme de la mélancolie. Son but n'est pas de mettre en place une herméneutique pour une

1. Cf. « Hierglyphenkunde » (1-3) et « La divination » (249 / 490).

seule œuvre d'art, comme chez Giehlow, Panofsky et Saxl, mais plutôt de comprendre un phénomène beaucoup plus large, la résurgence de croyances en la magie en Allemagne après la Réforme, et la *Melencolia* de Dürer fait partie du corpus de textes et d'images de l'époque que Warburg considère comme des expressions de cette tendance. Il tente en fin de compte de mettre en évidence l'existence d'une tension constante, au cœur de l'esprit humain, entre la magie, une pensée fondamentalement païenne qui peuple le monde de démons embusqués derrière tout phénomène de la nature, et la logique qui veut comprendre le monde selon des lois rationnelles :

> C'est justement l'espace séparant ces deux pôles opposés, qui semblent incompatibles au savant moderne, que mesure l'astronome du temps de la Réforme : l'abstraction mathématique d'une part, et une relation d'adoration cultuelle d'autre part, tels sont les points extrêmes d'une disposition de l'âme originelle, sans séparations ni limites. *La logique construit l'espace de la pensée* (*Denkraum*) – la distance entre le sujet et l'objet – au moyen de la conceptualisation *qui établit des distinctions* (*durch begrifflich sondernde Bezeichnung*) ; la *magie* vient précisément *détruire cet espace*, en *rapprochant* et *reliant* (*durch abergläubisch zusammenziehende Verknüpfung*) l'homme et l'objet, sur le plan des idées et sur le plan pratique ; dans la pensée divinatoire de l'astrologie, nous pouvons les voir en œuvre comme un instrument encore rudimentaire, global, avec lequel l'astrologue peut faire à la fois des calculs et de la magie. L'époque où, comme l'écrit Jean Paul, la logique et la magie « fleurissaient, greffées sur le même tronc », comme le trope et la métaphore, est en fait de tous les temps (*ist eigentlich zeitlos*) ; et en présentant cette polarité, l'étude scientifique des civilisations met à jour des connaissances jusqu'à présent négligées [...] d'une historiographie dont la théorie de l'évolution est déterminée par des concepts purement chronologiques (*rein zeitbegrifflich bedingt ist*). (« La divination » 250-1/491-2)

L'historiographie de Warburg est donc beaucoup plus spéculative que celle de ses collègues, mais le projet de base reste le même[1] : il s'agit de reconstruire la causalité historique (qu'elle se comprenne comme transmission chez Giehlow, comme évolution chez Panofsky et Saxl ou comme structure psychologique chez Warburg) qui produit, et expliquerait, l'énigmatique mélancolie de la Renaissance. Ainsi, les travaux auxquels Benjamin se confronte dans son travail sur la mélancolie ne semblent guère nous rapprocher d'une interruption messianique de

1. Georges Didi-Huberman lit Warburg d'une manière un peu différente (voir p. 98, note 2).

l'histoire. Au contraire, telle qu'elle apparaît dans les travaux du cercle de Warburg, l'historiographie met l'accent sur la causalité et la continuité entre passé et présent pour *expliquer* la mélancolie. Vouloir que les apparences de la mélancolie *s'expliquent* ne nous rapproche donc nullement de la sortie de la métaphysique du temps et de la présence que doit *effectuer* la rupture messianique de l'histoire.

Mais à partir de la matière que lui proposent les travaux historiographiques du cercle Warburg, Benjamin fera quelque chose de très différent, sans pour autant rejeter purement et simplement ces études : au contraire, dans leur *écriture*, les historio*graphies* de ces derniers présentent des traits qui résistent au cadre conceptuel de continuité historique qu'elles sont censées servir, et ce sont ces points de résistance qui retiennent l'attention de Benjamin. En ce qui concerne Giehlow, Benjamin s'intéresse particulièrement à son parti pris interprétatif, à savoir la conviction que la gravure de Dürer doit être *lue* comme une instance d'*écriture* hiéroglyphique. C'est cette conviction qui constitua l'obstacle ultime à l'achèvement du travail de Giehlow : il se refusait à publier les trois derniers chapitres de « Dürers Stich », dans lesquels il proposait une interprétation de la gravure, parce qu'il n'a jamais pu se persuader qu'il avait correctement déterminé le sens de ces images [1]. L'attitude de Panofsky et Saxl par rapport à l'hypothèse hiéroglyphique de Giehlow peut valoir comme signe avant-coureur de la menace que présente une telle lecture pour toute histoire continuiste. Bien qu'ils aient commencé à travailler sur Dürer précisément pour mener à terme l'entreprise de Giehlow, relation de filiation que leur propre introduction confirme, une note très polémique révèle le degré de leur hostilité à l'idée que les images de Dürer pourraient être des hiéroglyphes :

> Mais il faut encore répondre à la question de savoir ce que ces instruments d'écriture « signifient » dans le contexte d'ensemble. Il se trouve que [...] Giehlow a avancé l'opinion qu'il faudrait les considérer comme des hiéroglyphes, que Dürer aurait en fait empruntés à l'ouvrage d'Horapollon qu'il illustrait justement à ce moment-là, et qui signifieraient les « Écritures sacrées (ou les caractères?) des Égyptiens ». Plus encore, bien qu'il n'ait réussi à rapporter aux hiéroglyphes d'Horapollon que le chien, en plus des instruments d'écriture, Giehlow n'a pas hésité à déclarer que la gravure tout entière était un « document écrit en hiéroglyphes » que seul le cercle des humanistes autour de Maximilien pouvait comprendre. (« Melencolia I » 65)

1. Voir l'avant-propos de Arpad Weixlgärtner dans « Melencolia I ».

Panofsky et Saxl rejettent l'hypothèse hiéroglyphique sous prétexte que Giehlow n'a pas pu résoudre l'énigme qu'il mit en place en l'adoptant. Benjamin reprend la polémique initiée par Panofsky et Saxl, tout en soulignant qu'il considère que ces auteurs faisaient erreur : « On ne saurait donc purement et simplement balayer l'hypothèse de Giehlow, selon laquelle, dans la gravure de Dürer, la sphère serait un symbole (*Denksymbol*) du penseur abîmé dans ses pensées » (165/331). Les implications d'une telle lecture, désamorcées chez Giehlow par le cadre causaliste, prennent toute leur force dans le travail de Benjamin.

S'agissant de Warburg, la remise en question de l'histoire continuiste est encore plus apparente. En effet, l'idée d'une tension psychique entre magie et logique pose tout de suite problème : une telle théorie de « l'âme originelle » (« La divination » 250/491) est anhistorique, et Warburg semble tomber dans un piège évident, en interprétant l'histoire à partir d'une hypothèse intemporelle. Mais le texte de Warburg ne permet pas une telle affirmation. En y regardant de plus près, il s'avère que cette tension *a* une certaine histoire. Warburg écrit : « L'époque où, comme l'écrit Jean Paul, la logique et la magie « fleurissaient, greffées sur le même tronc », comme le trope et la métaphore, est en fait de tous les temps (*ist eigentlich zeitlos*) » (*ibid.*, 251/491-2). Bien que dépourvue de temporalité (*zeitlos*), cette tension a une époque. En poursuivant son analyse des sources, Warburg identifie la logique et le trope à la linéarité continue, ainsi que la magie et la métaphore à ce qu'il appelle « mythico-iconologique (*mythisch-bildhaften*) » (*ibid.* 262/506). Bien que ce néologisme ne soit pas d'une clarté absolue, le texte établit qu'il doit être compris en conjonction avec les images anthropomorphisantes de la pensée païenne, et ainsi en opposition radicale à la linéarité, au rationnel et au calculable. On pourrait penser qu'il ne serait donc pas possible de raconter l'histoire de cet aspect de l'esprit humain. Cependant, vers la fin de son texte, Warburg affirme : « Dans la perspective de l'évolution (*Wandel*) des images de ses divinités, d'abord transmises, puis oubliées et redécouvertes, l'histoire de l'Antiquité renferme des connaissances encore inexploitées pour une histoire de la pensée anthropomorphique (*anthropomorphistischen Denkweise*) et de sa signification » (*ibid.* 281/529). Bien qu'une telle entreprise semble relever de l'oxymore, il est possible d'écrire une histoire des opérations non linéaires et anthropomophisantes de la métaphore et de la magie, une histoire qui se situe dans une époque dépourvue de temps, et qui s'oppose au domaine du calculable rationnel et logique régi par le temps.

Une telle histoire de l'oxymore est rendue possible par l'imagerie du fantôme. Il n'est nullement surprenant que le chapitre d'Ernst Gombrich sur « Heidnisch-Antike Weissagung » porte le titre « The Haunted Reformation » ; le texte de Warburg est en effet infesté par l'image de la hantise. Faisant référence aux traditions astrologiques de la contre-réforme, qui donnaient une signification néfaste à certaines conjonctions planétaires, l'historien écrit : « Le spectre effrayant (*Schreckgespenst*) de la grande conjonction de Saturne et de Jupiter [...] faisait donc partie du fonds très ancien antérieur à la Réforme » (*ibid.* 270/514-5). L'iconographie devient hantise dans la littérature divinatoire de l'époque : « cette pratique divinatoire fondée sur des images, où l'on ne voit plus guère qu'une survivance (*Überlebsel*) intéressant tout au plus les sciences religieuses ou l'ethnologie, opérant avec des représentations (*mit Bildern hantiert*)[1], certes, mais sans aucun rapport avec l'art » (*ibid.* 276-7/523-4). La résurgence de réflexions sur les péchés du Moyen Age est également décrite avec des images de vie par delà la mort : « L'*acedia* sclérosée (*mumifizierte*) reprend vie (*wird wiederbelebt*) grâce à la connaissance renouvelée des auteurs antiques » (*ibid.* 281/529). L'omniprésence du motif du fantôme dans le texte de Warburg donne à son idée de *Nachleben der Antike*[2] une connotation décidément morbide. Et les citations que Benjamin reprend de Warburg ont toutes pour point commun de présenter l'antiquité comme un fantôme qui hante les époques postérieures[3].

Il n'est guère surprenant que Benjamin se saisisse de ce motif chez Warburg pour son analyse de la mélancolie baroque. Les exemples pillés dans les textes des historiographies contemporaines doivent illustrer la mélancolie ; or il se trouve que le fantôme est un de ses principaux éléments. Pour le comprendre pleinement, il faut savoir que les *Trauerspiele* grouillent littéralement de fantômes. Il n'y a pas un seul texte parmi ceux que Benjamine commente qui n'ait pas au moins un fantôme, et ces esprits des morts font beaucoup plus qu'une apparition passagère : inévitablement, ils font figure de charnière dans l'intrigue. La section consacrée à la mélancolie dans l'*Ursprung des deutschen Trauerspiels*, qui s'ouvre juste après la section intitulée « Die Geisterstunde und die Geisterwelt », est peuplée d'une véritable foule de fantômes, que Benjamin appelle « des

1. En allemand courant, le verbe *hantieren* veut dire « s'occuper de », mais le *Grimmwörterbuch* identifie le mot comme un emprunt du français *hanter*.

2. Voir *Aby Warburg, an Intellectual Biography*, p. 16, J. Lupton, *Afterlives of the Saints*, 21-3 et G. Didi-Huberman, *L'image survivante. Histoire de l'art et temps des fantômes selon Aby Warburg*, Paris, Minuit, 2002, p. 27-114.

3. Cf. *Origine du drame baroque allemand*, 162/328, 239/395, 243/399, 244/400.

manifestations issues du domaine de la tristesse (*Trauer*) » (209/370)[1]. Il fait référence à « “l’esprit de tristesse” (*Trauergeist*) » (155/322) chez Harsdörffer, ainsi qu’au texte de 1655, *Melancholey Redet selber* d’Andreas Tscherning, qui nous montre un mélancolique hanté par des visions d’un « “esprit des enfers” (*Höllengeist*) » (158/325). L’esprit de la mélancolie baroque n’est autre qu’un fantôme qui, comme nous le verrons, ne se laissera pas enfermer dans le cadre d’une causalité historique continue.

Benjamin a donc prélevé certains matériaux dans *l’écriture* de l’histoire de Giehlow et de Warburg[2] : d’un côté, dans l’interprétation de Dürer chez Giehlow, l’idée que les images que nous transmet le passé sont en fait une forme d’écriture, de l’autre, et presque plus à même les métaphores de son

1. La morbidité qui hante la mélancolie chez Benjamin a été relevé par quelques commentateurs (R. Nägele, *Theater, Theory, Speculation. Walter Benjamin and the Scenes of Modernity*, Baltimore-London, Johns Hopkins University Press, 1991, p. 10, 48-50, 81, 168 ; T. Bahti, *Allegories of History*, p. 274), mais le fait que le fantôme est aussi une figure de l’histoire n’a pas été pris en compte. Hanssen fait le lien entre la mélancolie et la contemplation de l’histoire (*Walter Benjamin’s Other History*, p. 162), mais l’interprétation de la mélancolie sur laquelle elle fonde ce rapprochement (cf. notamment *ibid.*, p. 5, 101 et 162) ne me semble pas assez proche du texte de Benjamin.

2. La lecture que donne Julia Lupton du rapport de Benjamin au travail de Warburg reconnaît également l’actualisation chez Benjamin d’une tendance qui reste latente dans l’œuvre de Warburg et qui consiste à faire la critique de ce qu’elle appelle « une historiographie organisée selon un modèle typologique » (*Afterlives of the Saints*, p. 25, je traduis), mais ne donne pas une analyse très précise ni de cette tendance, ni de son actualisation. Georges Didi-Huberman, qui prend en compte surtout le *Mnemosyne* de Warburg et le *Passagen-Werk* de Benjamin, semble considérer qu’une telle critique était aussi bien actualisée chez le premier que chez le second (*Devant le temps. Histoire de l’art et anachronisme des images*, Paris, Minuit, 2000, p. 90-99) ; il me semble cependant qu’il aplatit les différences entre les deux, en particulier en assimilant l’ensemble du travail de Benjamin au projet iconographique de Warburg. Il ne peut le faire qu’en effaçant l’intérêt pour *l’écrit* chez Benjamin : Didi-Huberman voit chez Benjamin « une référence constante aux arts visuels » (*ibid.* p. 126), mais ne relève aucunement les références à l’écrit dans les citations que lui-même mobilise pour justifier son interprétation, en particulier « *literarische Montage* » (cité *ibid.* p. 121) et « *Lesbarkeit* » (cité *ibid.* p. 122). Il faut sérieusement envisager la possibilité que, quand Benjamin parle d’images, il s’agit aussi bien d’images *rhétoriques* que d’images visuelles. Ne pas le faire affaiblit ce qu’il y a de plus radical dans l’historiographie de Benjamin. D’autres ont commenté les liens entre le travail de Warburg et celui de Benjamin de manière plus superficielle, cf. B. Hanssen, « Portrait of Melancholy (Benjamin, Warburg, Panofsky) », *MLN Comparative Litterature* 114/5 (décembre 1999), p. 991-1013 ; M. Pensky, *Melancholy Dialectics : Walter Benjamin and the Play of Mourning*, Amherst, The University of Massachusetts Press, 1993, p. 95-105 ; R. Kany, *Mnemosyne als Programm : Geschichte, Erinnerung und die Andacht zum Unbedeutenden im Werk von Usener, Warburg und Benjamin*, Tübingen, Niemeyer, 1987, p. 241-252.

écriture que dans sa conception du temps historique, l'idée que les traces du passé sont avant tout des fantômes qui nous hantent. La rencontre des deux est explosive. En effet, l'intérêt de Benjamin pour ces aspects des textes de Giehlow et de Warburg est loin d'être une reprise passive. L'usage qu'il en fait comporte un étrange déplacement. La première section de la deuxième partie, qui suit immédiatement la section sur la mélancolie, s'appuie massivement sur le « Hieroglyphenkunde » de Giehlow pour montrer que les emblèmes baroques sont une sorte d'écriture hiéroglyphique qui se libère de l'impératif de la lisibilité. La première citation importante du texte de Giehlow introduit les *Rätselschriften* de la Renaissance, qui imitent les hiéroglyphes égyptiens :

> À la suite de l'artiste-érudit Alberti, les humanistes se mirent à écrire au moyen de dessins représentant des choses [*Dingbildern*] (*rebus*), de sorte que les hiéroglyphes énigmatiques sont à l'origine du mot « rébus », et les médailles, les colonnes, les arcs de triomphe et toutes sortes d'objets d'art de la Renaissance se couvrirent d'inscriptions énigmatiques (*Rätselschriften*) de ce genre [1].

Pour Benjamin, cette opacité du rébus n'est pas le propre des seuls emblèmes; c'est le mélancolique lui-même qui vit dans un monde d'énigmes où toute subjectivité se perd : « En saisissant ce symptôme de dépersonnalisation comme un stade avancé de la tristesse, on a fait des rapprochements singulièrement fructueux avec le concept de cet état pathologique où les choses les plus insignifiantes, en l'absence de toute relation naturelle et créative avec elles, apparaissent comme le chiffre d'une sagesse mystérieuse (*rätselhaften*) » (152/319). Pour le mélancolique, tout et n'importe quoi est énigme : il perçoit le monde non comme un assemblage de phénomènes, mais comme une *Mannigfaltigkeit* allégorique [2]. Dans les histoires produites par le cercle Warburg, c'est l'historien qui voit des énigmes, et son travail est entièrement motivé par le présupposé que, à son époque d'origine, la mélancolie *n'était pas énigmatique*. L'historiographie de Benjamin a une motivation toute différente : l'énigmatique étant constitutif de l'état mélancolique, toute histoire qui voudrait se

1. « Hieroglyphenkunde » 34; cité dans *Origine du drame baroque allemand*, 182/345-346.

2. Le lien très étroit entre la mélancolie et l'allégorie est démontré dans l'article remarquable de S. Weber, « Genealogy of Modernity : History, Myth and Allegory in Benjamin's *Origin of the German Mourning Play* », *MLN German Issue* 106/3 (avril 1991) : « Allegory has the Midas touch : whatever comes into contact with its melancholy hand is "transformed into something significant" », p. 498.

débarrasser de ses énigmes opérerait par la même occasion son effacement. La seule histoire de la mélancolie qui peut donc être écrite est une histoire qui re-présente ses énigmes. De ce point de vue, le pluriel donné par Giehlow à *Rätselschriften* s'impose : le pluriel implique l'absence de tout code qui permettrait le déchiffrement. Ce qui résonne dans le baroque n'est pas une écriture chiffrée qui est devenue énigme parce que la capacité de la décoder s'est perdue, mais bien plutôt le statut d'énigme lui-même. Ainsi, le texte de Benjamin se montre tout à fait conscient de la *mise en abyme* de l'histoire dans la mélancolie : là où les historiens du cercle Warburg effaçaient cette doublure critique de l'histoire par la mélancolie, Benjamin l'exploite en présentant la mélancolie *comme* énigme. L'allégorie baroque a reçu en héritage non pas *une Rätselschrift*, mais *des inscriptions*-énigme. Les traces du passé que sont les hiéroglyphes égyptiens, avec leur proximité métonymique avec les morts – ils sont inscrits « à même les tombeaux » [1] – hantent le baroque sous la forme des énigmes insolubles de l'emblème allégorique.

Tandis que l'hypothèse hiéroglyphique de Giehlow hante le baroque dans le texte de Benjamin, il se produit un retour tardif au travail de Warburg, avec ses métaphores de fantômes omniprésentes, dans la dernière section de « Allegorie und Trauerspiel ». Ce retour est étrange étant donné que, à ce stade du texte, l'accent n'est plus sur la mélancolie mais plutôt sur l'écriture même des *Trauerspiele*, et le travail de Warburg ne semble donc plus d'une très grande pertinence. Cependant, la conception démoniaque de la Grèce ancienne et du Moyen Âge développée dans « Heidnisch-Antike Weissagung » est citée à trois reprises. Ce retour tardif à Warburg forme le deuxième stade du déplacement évident dans l'usage que fait Benjamin de Giehlow et de Warburg : les inscriptions hiéroglyphiques de Giehlow nous hantent, tandis que les fantômes de Warburg s'insèrent dans la discussion de *l'écriture* des pièces baroques. Le fantôme devient écriture et l'écriture est hantée. Arrivé à ses dernières pages, le *Trauerspielbuch* a opéré une synthèse de l'hypothèse hiéroglyphique de Giehlow et des métaphores fantomatiques de Warburg : inscription et hantise ne font plus qu'un.

Avant d'examiner les effets d'une telle synthèse, il importe de comprendre ce qui l'a rendue possible. En effet, ayant isolé ce que Benjamin retient dans l'historiographie de ses prédécesseurs, il faut maintenant préciser l'importance capitale de l'objet d'étude choisi pour le *Trauerspielbuch*. La mélancolie, en effet, n'est pas la seule *mise en abyme* de l'histoire dans le livre,

1. « Hieroglyphenkunde » 31, cité dans *Origine du drame baroque allemand*, 182 (trad. mod.) / 346.

puisque les *Trauerspiele* de la deuxième école Silésienne, contrairement à la tragédie grecque, ont pour particularité de prélever la matière de leur intrigue parmi les événements historiques plutôt que dans la mythologie : ils présentent toujours un épisode historique sous forme de drame, et étaient inévitablement publiés avec un appareil énorme de références aux études historiques contemporaines, à première vue pour authentifier les événements représentés. Benjamin décrit ces appareils en ces termes : « La manière dont se présentent les poésies de l'époque : dédicaces, préfaces et postfaces aux œuvres personnelles comme à celles des autres, commentaires, références aux maîtres sont de règle. Elles constituent le cadre surchargé qui entoure sans exception les éditions tant soit peu importantes ou les éditions d'œuvres complètes » (194/357)[1]. Dans les *Trauerspiele*, une immense quantité de matériel historiographique est transformée en spectacle, présentée sur scène sous forme de drame. Ce n'est sans doute pas un hasard que Benjamin ait choisi d'écrire l'histoire d'un genre aussi obsédé non seulement par les événements historiques mais aussi par leur analyse dans l'historiographie : réflexion sur réflexion sur-réfléchie de l'histoire – il était sans doute inévitable que cette dernière n'en sorte pas indemne.

Le fantôme qui hante le *Trauerspiel* baroque est loin d'être étranger à ce processus vertigineux de *mise en abyme*. Dans « Die Geisterstunde und die Geisterwelt », Benjamin remarque que le fantôme baroque joue souvent un rôle prophétique, annonçant l'impossibilité d'altérer le cours des événements :

> Gryphius, en particulier, a attaché une importance considérable à tout ce qui a trait aux esprits. [...] En général ils annoncent au tyran sa fin prochaine. La dramaturgie de l'époque croyait peut-être faire entrer ainsi les oracles grecs dans le théâtre allemand ; il importe de rappeler que ces rêves font partie du domaine naturel de la fatalité, c'est-à-dire qu'en cela ils ne sont sans doute apparentés qu'à certains des oracles grecs, surtout aux oracles telluriques. (143/313)

Qualifier la fonction d'oracle de « tellurique » établit un lien entre les fantômes et la mélancolie, celle-ci étant traditionnellement figurée comme écrasée par l'élément lourd qu'est la terre. Les fantômes-oracles du Baroque sont écrasés par le poids de leur savoir car, comme Cassandre, ils resteront

1. La si célèbre expression « Kritik als Mortifikation der Werke » est en fait une référence directe à cette surcharge documentaire des *Trauerspiele*. Jane Newman a étudié cette vocation pédagogique des drames baroques et de leur appareil critique sur le cas de Lohenstein : cf. *The Intervention of Philology: Gender, Learning, and Power in Lohenstein's Roman plays*, Chapel Hill, University of North Carolina Press, 2000.

sans effet. Parfois, ils ne se donnent même pas la peine de parler, se présentant simplement comme marqueurs visuels de la survivance contre-nature d'un passé qui annonce par là même le futur inévitable de tout ce qui vit, marqueurs que les vivants interrogent avec la même urgence que Hamlet : « Ich rede doch dich an; ich nenn' dich, Hamlet, Fürst, Vater, Dänenkönig : o gieb Antwort ! »[1].

Et quand ils tentent de parler, les fantômes baroques ne sont jamais entendus. Leurs prophéties ne s'intègrent jamais à l'économie de l'intrigue. Dans *Sophonisbe*[2], rien n'indique clairement que les personnages qui partagent la scène avec le fantôme de Didon ont la moindre conscience de sa présence, et encore moins de ce qu'elle prophétise dans un monologue de plus de cent lignes[3]. *Leo Armenius*[4] contient deux fantômes silencieux. Le fantôme de la mère de la reine Theodosia disparaît au réveil de sa fille, conduisant le personnage et le spectateur à se demander si la visite du fantôme doit être prise comme un rêve. La première scène hantée de *Leo Armenius* nous présente « l'esprit de Tarasius » et le silencieux « spectre de Michael » dans la chambre du souverain endormi. Bien que le roi Leo réagisse à la présence des fantômes et au contenu de la prophétie qu'ils transmettent, ses gardes ne perçoivent pas les esprits, une incongruité qui débouche sur un dialogue qui ébranle le sens de la réalité du fantôme :

… LEO. Gardes ! Au meurtre ! À l'aide, sus à l'ennemi !
Ô Ciel ! Qu'est-ce ? Ce rêve nous a frappé d'effroi !
Veillons à tirer cela au clair ! Ce spectre vient-il nous découvrir
Ce qui menace notre tête ? Qui avez-vous trouvé ?
GARDES. Personne, en vérité. LÉO. Personne ? Comment ? GARDES. Un sommeil [inespéré
tenait prisonnière votre Majesté. Nous nous sommes précipités à son cri
À l'affût dans sa chambre. Elle était assise en cet endroit
Et appelait à l'aide et aux armes. LÉO. N'avez-vous rien perçu d'autre ?

1. Je cite Shakespeare dans la traduction d'August Wilhelm von Schlegel utilisée par Benjamin, qui de toute évidence ne lisait pas l'anglais. *Hamlet, Prinz von Dänemark*, *op. cit.*, acte I, scène 4, page 40.

2. D. Casper von Lohenstein, *Sophonisbe*, dans *Afrikanische Trauerspiele*, K. Günter Just (éd.), Stuttgart, Anton Hiersemann, 1957, p. 243-411.

3. *Ibid.*, acte V, vers 77-188.

4. A. Gryphius, *Leo Armenius*, dans *Dramen*, vol. 3, E. Mannack (éd.), Frankfurt a. M., 1991, p. 11-116. Nos références préciseront désormais l'acte suivi immédiatement du numéro des vers.

GARDES. Rien du tout. LÉO. Et n'avez-vous pas vu une personne traverser
[murs et portes ?
GARDES. Pas une. (III 91-102)

Et si la réalité des fantômes n'est pas remise en question par le contexte dramatique dans lequel ils apparaissent, les personnages ne comprennent pas ce qu'ils disent. Les deux personnages qui sont témoins de la prophétie prononcée par l'« esprit infernal » (*Höllischer Geist*) de *Leo Armenius* ne parviennent pas à en saisir le sens; après une discussion du message transmis par le fantôme, l'un d'eux déclare : « Ce que le spectre nous déclare / Semble être à double sens » (IV 155-6).

Parfois, il arrive aussi que le fantôme d'un personnage qui vit encore apparaisse sur la scène (comme « l'âme de Sophonisbe » dans les *Reyen* de la pièce de Lohenstein[1] et le fantôme de Michael dans *Leo Armenius*), indiquant que le statut du fantôme baroque n'a même pas la stabilité douteuse d'un mort-vivant, mais peut également être autre chose – un vivant-vivant, ou un vivant-mort : une transgression hyperbolique des limites pourtant déjà brouillées par le « simple » fantôme. La lecture du fantôme de Hamlet dans *Spectres de Marx* résume bien l'ébranlement de toute certitude métaphysique que produit le fantôme baroque :

> L'esprit, le spectre...pour ce qu'ils ont en commun, on ne sait pas ce que c'*est*, ce que c'est présentement. *C'est* quelque chose qu'on ne sait pas, justement, et on ne sait pas si précisément cela *est*, si ça existe, si ça répond à un nom et correspond à une essence. On ne le *sait* pas : non par ignorance, mais parce que ce non-objet, ce présent non présent, cet être-là d'un absent ou d'un disparu ne relève plus du savoir. Du moins plus de ce qu'on croit savoir sous le nom de savoir. On ne sait pas si c'est vivant ou si c'est mort. Voici – ou voilà, là-bas, une chose innommable ou presque : quelque chose, entre quelque chose et quelqu'un, quiconque ou quelconque, quelque chose, cette chose-ci, « *this thing* », cette chose pourtant et non une autre, cette chose qui nous regarde vient à défier la sémantique autant que l'ontologie, la psychanalyse autant que la philosophie (« Marcellus : *What, ha's this thing appear'd againe tonight ?* Barnardo : *I haue seene nothing.* »)[2].

Le spectre baroque interrompt la sémantique et brouille les limites ontologiques, les distinctions entre sujet et objet (à la fois quelqu'*un* et quelque *chose*), entre nature et histoire (le fantôme fait à la fois partie du

1. *Sophonisbe*, acte I, vers 576-84.
2. *Spectres de Marx*, p. 25-6.

passé et échappe à toute contrainte temporelle), entre contingence et nécessité (il est simultanément *n'importe* qui, *n'importe* quoi et *cette chose-ci*).

Dans les dernières pages de la section sur la mélancolie, Benjamin lit *Hamlet* à son tour, pièce qui selon lui arrive à résoudre l'énigme mélancolique alors que ni le *Trauerspiel* allemand ni la gravure de Dürer n'y parviennent. Mais le vers de la scène finale de *Hamlet* que Benjamin cite dans la traduction de Schlegel, *Der Rest ist Schweigen* (répété mot pour mot, mais non marqué comme une citation dans *Origine du drame baroque allemand*, 169/335)[1], est une résolution plutôt insondable de l'énigme. Ce sont les dernières paroles que Hamlet prononce avant de quitter à jamais l'économie vivante de la signification. L'usage que fait Benjamin de ces *ultima verba* est d'autant plus frappant que l'allemand provoque un événement dans le texte de Shakespeare ; comme on le sait, l'Anglais dit : *The rest is silence*[2]. Or, le reste n'est pas *silence* dans la traduction de Schlegel, mais bien plutôt un *non-parler*. La transformation est de taille : *silence* est une absence de sons, alors que *Schweigen* est une absence de paroles, de sons articulés ou porteurs de signification. Cependant, Schlegel est loin d'être infidèle au texte de Shakespeare ; en effet, « silence » n'est pas tout à fait le fin mot du prince : l'anglais comporte une dernière ligne, « O, O, O, O ! »[3]. L'allemand ne conserve pas cette exclamation, mais le choix de traduire « silence » par *Schweigen* en constitue une lecture très forte, étant donné que le mot allemand laisse ouverte la possibilité de sons qui ne sont pas des paroles. Autrement dit, ce qui reste pour le Hamlet de Benjamin n'est pas l'absence de langage suggérée par « silence », mais la perte de *signification* suggérée par « O, O, O, O ! » et soulignée par la traduction de Schlegel. Sous l'égide de cette lecture, on dira que les fantômes du Baroque sont des restes, des marques illisibles, dans la mesure où ils ne signifient pas plus, mais pas non plus moins, que leur propre présence énigmatique, *this thing*. Leur énigme s'impose comme reste revenant non pas parce qu'ils signifient trop peu, mais bien plutôt parce qu'ils ont une signification excessive : à la fois passé et présent, vivant et mort, en somme non-sens en raison d'une surcharge de sens.

Grâce à la spécificité du fantôme baroque, les problématiques de la hantise, du sens et du langage se rejoignent. Après tout, que sont les

1. *Hamlet, Prinz von Dänemark*, acte V, scène 2, p. 163.

2. Je cite le texte d'Oxford, acte V, scène 2.

3. Sur le « O » dans le texte de Shakespeare, voir T. Cohen, *Anti-mimesis from Plato to Hitchcock*, Cambridge, Cambridge UP, 1994, p. 11-44.

spectres prophétisants qui habitent les *Trauerspiele*, sinon une sorte d'écriture allégorique du destin ? Ils servent de marque à un futur déjà écrit, ou pour un contrat auquel il faudra se plier. Dans *Leo Armenius*, les fantômes se présentent comme la marque indélébile des crimes commis par un souverain tyrannique, une sorte d'écriture de sang avec laquelle il signe son propre arrêt de mort. Et *Hamlet*, bien sûr, met en scène le type même du spectre marqueur de contrat. Le meurtre de Hamlet roi soumet Hamlet prince à un contrat, et l'intrigue se déploie au fil des tentatives de ce dernier de le *lire* : est-ce un contrat légitime, ou un faux par lequel le malin tente de le piéger ? Requiert-il simplement la mort de Claudius, n'importe quand, même pendant la prière, ou doit-il être tué dans un état disgracieux, comme le fut Hamlet père ? Ici encore, les significations possibles du fantôme sont trop nombreuses plutôt qu'insuffisantes. Comme le dira Benjamin : « Autant de sens, autant d'emprise de la mort » (179/343). En somme, c'est le spectre, tel qu'il apparaît dans les *Trauerspiele* dont Benjamin écrit l'histoire, qui lui aura appris à comprendre les inscriptions hiéroglyphiques de Giehlow *avec* les revenances de Warburg : « Si l'histoire fait son entrée sur le théâtre de l'action avec le *Trauerspiel*, c'est en tant qu'écriture » (190 /353). Quand l'histoire, sous les traits d'un spectre venu du passé, entre en scène, alors ce spectre est *écriture*, *Rätselschriften*.

Dans l'entrée en scène de cette écriture spectrale, quelque chose *arrive à* l'histoire. Le fantôme baroque produit une interruption du temps historique tel qu'il est dramatisé dans les *Trauerspiele*. Mais ce qui *arrive à* l'histoire sous son influence ne s'arrête pas là : *l'historiographie* du *Trauerspielbuch* en est elle aussi affectée. Comme on le sait bien, Benjamin consacre la première partie de l'*Origine du drame baroque allemand* à un examen des différences génériques entre tragédie et *Trauerspiel*. Ce dernier est, selon lui, beaucoup plus proche du mystère médiéval que de la tragédie de la Renaissance. C'est cette correspondance entre le *Trauerspiel* et l'époque médiévale qui motive l'incorporation d'une analyse de la mélancolie dans l'explication du genre : les historiographies de la mélancolie produites par Giehlow, Warburg, Panofsky et Saxl soutiennent que l'iconographie de la mélancolie est pour la majeure partie établie au Moyen Age, et Benjamin reprend ce jugement historique : « La codification de cet ensemble de symptômes remonte au haut Moyen Age, et la forme que l'école de médecine de Salerne, avec son chef de file Constantin l'Africain, a donnée, au XIIe siècle, à la théorie des tempéraments est restée en vigueur jusqu'à la Renaissance » (156/323). Étant donné que, pour Benjamin, le Baroque est en rupture radicale avec la Renaissance qui le précède, l'utilisation des études du cercle Warburg sur la mélancolie *à la Renaissance* pour expliquer la mélancolie baroque peut sembler contradictoire. Elle se justifie seulement parce que, selon ces mêmes études, ce qui reste de la mélancolie à la Renaissance est essentiellement médiéval, comme l'est le *Trauerspiel*. L'historiographie de Benjamin suggère donc une chronologie qui mettrait entre parenthèses la Renaissance pour établir une filiation directe entre le Moyen Age et le drame baroque.

Mais les choses ne sont pas si simples. La deuxième partie de *Ursprung des deutschen Trauerspiels*, intitulée « Allegorie und Trauerspiel », considère le *Trauerspiel* comme l'héritier d'un phénomène spécifique à la Renaissance : l'allégorisation hiéroglyphique de la mélancolie que le Baroque rendrait encore plus énigmatique. Ce déplacement suggère une deuxième chronologie où le Baroque apparaît comme un développement de la Renaissance. Ainsi, l'analyse de la mélancolie au centre du *Trauerspielbuch* implique *deux chronologies*, très différentes et entièrement incompatibles [1]. Une telle « contradiction », une philosophie métaphysique de l'histoire pourrait peut-être encore la récupérer. Si les chronologies se multiplient, dans chacune d'elles, le temps demeure linéaire, unidirectionnel et continu : il suffit d'interpréter le *Trauerspiel* comme réunissant deux phénomènes historiques différents, la mélancolie médiévale et l'intérêt pour les hiéroglyphes à la Renaissance.

Hamlet introduit une complication de plus dans l'historiographie de Benjamin. La pièce a une position ambiguë vis-à-vis de la double chronologie du *Trauerspielbuch* : l'histoire du prince du Danemark présente pour Benjamin le point culminant de la mélancolie ; la pièce de Shakespeare est donc une tragédie de la Renaissance qui, au XVIIe siècle, porte à son apogée un phénomène médiéval. Dans le traitement de *Hamlet*, les deux chronologies se rencontrent et l'on peut se demander si elles ne s'emmêlent pas. Or, loin d'essayer de démêler le nœud temporel que produit ce texte dans son historiographie, Benjamin l'accentue à travers une référence à un certain Rochus Freiherr von Liliencron. Ce dernier est à l'origine d'une réédition, au début du XXe siècle, d'un texte de 1617 sur la mélancolie qui constitue, avec Tscherning et Harsdörffer, la source principale de Benjamin sur la théorie de la mélancolie à l'époque baroque. Il s'agit du *Lucifers Königreich und Seelenjäidt : Oder Narrenhatz* d'Aegidius Albertinus.

1. Ce mépris à peu près total de la chronologie (et de la métaphysique qu'elle implique) est flagrant dans l'utilisation du travail de Giehlow. Benjamin empile les références à « Dürers Stich », citant les pages 32, 72, 14, 78 et 72 dans cet ordre, sans dire un mot du caractère progressif de l'étude de Giehlow, ni du désordre qu'il introduit dans la chronologie méticuleusement reconstruite par ce dernier.

Cependant, Benjamin ne cite pas les travaux de Liliencron sur la mélancolie baroque, mais plutôt une œuvre très différente inspirée à Liliencron par Albertinus, une nouvelle, *Die siebente Todsünde*, dans laquelle Hamlet, le personnage de Shakespeare, lit Albertinus pour apprendre à contrefaire la mélancolie. Liliencron était déjà assez fantaisiste en imaginant qu'un prince du Danemark (dont on prétend que l'histoire remonte au XIIe siècle) mis en scène par un dramaturge anglais de la fin du XVIe siècle ait l'occasion de consulter le livre d'un érudit allemand du XVIIe. Benjamin va encore plus loin en citant le texte de Liliencron sans mentionner qu'il s'agit d'une œuvre d'imagination, conférant ainsi à la temporalité impossible qu'elle implique une sorte de validité critique. Le texte d'Albertinus marque un point dans le temps qui, tel un fantôme baroque, peut hanter la postérité dans la nouvelle de Liliencron, mais aussi le passé qu'est la pièce de Shakespeare. Et le texte de *Hamlet* devait attendre sa traduction allemande au XIXe siècle pour marquer le fait qu'il constitue l'expression la plus fidèle de la mélancolie baroque. Comment une métaphysique de l'histoire pourrait-elle digérer un tel *tourbillonnement* du temps ?

Ce qui *arrive à* l'histoire dans l'historiographie de Benjamin pourrait bien être un exemple tout à fait concret de ce qu'il appelle *origine* : « L'origine est un tourbillon (*Strudel*) dans le fleuve du devenir, et elle entraîne dans son rythme la matière de ce qui est en train d'apparaître. L'origine ne se donne jamais à connaître dans l'existence nue, évidente, du factuel, et sa rythmique ne peut être perçue que dans une double optique (*Doppeleinsicht*). » (43-44 /226). En effet, ce qui nous a donné à connaître le *Strudel* qui tournoie autour de *Hamlet* n'est autre que la *Doppeleinsicht* du *Doppelgänger* qu'est le fantôme baroque. En somme, le savant du futur qui ose parler aux fantômes n'est autre que Walter Benjamin.

Dans le γράφειν de l'historio*graph*ie qu'écrit l'*Origine du drame baroque allemand*, « le temps est hors de ses gonds ». Et « l'autre instantané du temps » qui le dégonde, c'est *le texte*, en l'occurrence le *Hamlet* de Shakespeare. La pratique qui a donné à connaître cette rupture messianique du temps n'est cependant pas la philosophie, mais le travail *philologique* que Benjamin a fait autour des *Trauerspiele*, une philologie qui n'a rien à voir avec la « philosophico-philologie »[1] qui, pour Derrida, menace d'effacer le messianisme de l'héritage de Marx. Une telle philologie

1. *Spectres de Marx*, p. 62. Cela n'implique pas qu'une autre approche du messianisme très particulier de Benjamin ne soit envisageable ; voir en ce sens le texte de Jacques-Olivier Bégot, « Au rendez-vous de l'histoire. Sur le messianisme *critique* de Benjamin », dans ce volume.

privilégie les concepts et les arguments, les théories et les pensées, le « message » du texte. En lisant le texte non comme porteur d'un message, mais en y faisant vraiment face, avec le regard du mélancolique qui s'abîme dans sa contemplation et le voit comme *Mannigfaltigkeit* d'inscriptions, la philologie de Benjamin libère le potentiel messianique des textes qu'elle travaille[1]. Dans une telle philologie, l'autre du temps qui amène la rupture messianique n'est autre que l'écriture elle-même, l'inscription. On ne saurait dire, en effet, si les textes que nous lisons, dans la présence à la fois hyperbolique et spectrale de leur inscription, nous viennent du passé ou du futur – passé en tant qu'archive, mais futur aussi, dans la mesure où il est impossible de savoir ce qu'un lecteur à venir y trouvera. Qui saura jamais dire s'il lit l'archive du passé ou l'événement à venir ?

Francie CREBS
Université Paris X, Nanterre

1. « *Mere reading, it turns out, prior to any theory, is able to transform critical discourse...* », Paul de Man, « The Return to Philology », dans *The Resistance to Theory*, Minneapolis, University of Minnesota Press, 1986, p. 24.

DEUXIÈME PARTIE

RÉVOLUTION

ARISTOTE
ET LES PHÉNOMÈNES RÉVOLUTIONNAIRES

UNE PROPÉDEUTIQUE À LA LECTURE DU LIVRE V DES *POLITIQUES*

Approcher le nom de “révolution” à partir d’Aristote est un objectif qui ressemble à un voyage étrange dont on ne connaît pas la destination ni la carte pour s’y rendre. En effet, le concept politique de révolution est un concept issu de notre modernité. Dans son traité politique, Aristote utilise les termes de *stasis* et de *metabolê politeiôn*. Comment les traduire ? Pour mesurer l’ampleur du problème, il faut tenir ensemble deux points. Premièrement, on ne peut séparer une pensée de son écriture, en l’occurrence ce qu’Aristote fait avec ces termes de la langue grecque dans son traité. C’est la question de l’usage philosophique aristotélicien de la langue naturelle grecque. Deuxièmement, la traduction des auteurs grecs est à la fois à l’origine et au centre de la querelle des Anciens et des Modernes, querelle qui est avant tout un conflit sur la question de l’anthropologie politique[1]. C’est à partir de ces deux difficultés qu’il faut approcher les réflexions aristotéliciennes sur les phénomènes révolutionnaires que l’on trouve principalement dans le cinquième livre des *Politiques*[2]. Mais cette gêne peut se transformer en avantage. Essayer de voir ce qu’Aristote voit peut, telle sera mon hypothèse, contribuer à transformer le regard que nous portons

1. Sur ces deux points, cf. Henri Meschonnic, *Poétique du traduire*, Lagrasse, Verdier, 1999, p. 44 et p. 350.

2. Pour être complet, il faut mentionner les deux *loci* suivants : *Éthique à Nicomaque*, VII, 1160 b1 *sq.*; *Politiques*, III, 1286 b8ss., noté *Pol.* par la suite. J’utilise la lecture de W. D. Ross, *Aristotelis Politica*, Oxford, Oxford UP, 1992 [12] (1957). Sauf mention contraire, je traduis.

sur la révolution. En ce sens, l'étude ici proposée n'est pas une analyse du livre V des *Politiques*, mais plutôt une propédeutique à sa lecture.

Nous sommes aujourd'hui dans un nouveau XVIIe siècle[1]. Le sol des catégories social-historiques sur lequel nous nous sommes construits se dérobe. La famille des signifiants du domaine politique s'est progressivement mise en vacance depuis le dernier tiers du XXe siècle. Les difficultés qui entourent l'idée de révolution est un témoin sûr de ce désarroi. C'est à partir de la vacance, de la nudité de cette situation qu'il est nécessaire de procéder d'une part à un inventaire des concepts qui nous permettent de penser le domaine humain et d'autre part de créer de nouveaux concepts. La relecture des grands textes et la nouvelle lecture de notre présent sont deux gestes qui doivent s'épauler. Si le concept de révolution est un concept politique fondamental de notre modernité,[2] le premier traitement systématique des phénomènes révolutionnaires se trouve chez Aristote. Comment approcher librement ce texte en oubliant ce que nous ne pouvons pas oublier, à savoir que nous sommes sous la contrainte de notre tradition révolutionnaire ? La fin d'une certaine idée de révolution est peut-être une condition suffisante pour relire Aristote avec un regard plus frais. Car on ne peut pas supprimer la tradition. Cela reviendrait à endosser la geste révolutionnaire par excellence de la rupture qui construit elle-même une tradition, notre mythe moderne de la rupture. C'est de cet imbroglio qu'il faut partir pour chercher un autre rapport à cette même tradition.

L'argument d'autorité n'étant plus de rigueur, je ne peux simplement avancer que la réflexion d'Aristote portant sur la révolution est suffisamment *index sui* de sorte qu'elle peut se passer de toute justification. J'aimerais donc avancer l'argument selon lequel une des manières d'aborder le sujet est de s'interroger sur le cadre conceptuel que la Modernité a mis en place pour penser l'organisation politique, et ceci en passant par quelques stations de l'histoire de la réception des *Politiques*. En matière de philosophie politique, nous vivons encore aujourd'hui dans l'orbe de la querelle des Anciens et des Modernes. En l'espèce, on sait que le terme de 'révolution' telle qu'il est utilisé aujourd'hui dans la *doxa*

1. Cf. P. Virno, *Grammatica della moltitudine. Per una analisi delle forme di vita contemporanee*, Roma, DeriveApprodi, 2001, trad. fr. Véronique Dassas, Nîmes-Québec, L'éclat-Conjonctures, p. 11.

2. On trouvera un premier repérage dans R. Koselleck, Ch. Meier, J. Fisch, N. Bulst, « Revolution, Rebellion, Aufruhr, Bürgerkrieg », dans Otto Brunner, Werner Conze, Reinhart Koselleck (Hrsg.), *Geschichtliche Grundbegriffe. Historisches Lexikon zur politisch-sozialen Sprache Deutschlands*, Bd. 5, Stuttgart, Klett-Cotta, 1984, p. 653-788.

intellectuelle est chargé de la sémantisation conceptuelle issue de la Révolution française, la majuscule faisant office d'indice d'une philosophie de l'histoire. Ce concept moderne de la révolution a entraîné toute une architecture conceptuelle de notre propre perception de la modernité. Elle a trouvé sa thématisation philosophique dans la philosophie allemande du XIXe siècle qui a pour une très large part créé l'atmosphère idéelle que nous respirons encore[1]. Mais la querelle des Anciens et des Modernes est une querelle des Modernes *entre eux,* chaque fois recommencée. Il ne faut pas s'appuyer sur les produits de cette querelle, qui sont à la fois nombreux et contradictoires, mais reprendre à nouveaux frais le geste comparatiste à partir de notre situation. Dans l'histoire de la réception des *Politiques*, le schème polaire de la *via antiqua* et de la *via moderna* est venu informer la perception que l'on a pu avoir de la réflexion politique du Stagirite. Mais choisir une des voies revient à choisir un choix préalable, alors qu'il s'agit bien plutôt d'opérer un décalage réflexif et critique afin d'approcher un texte et l'ensemble de ses lectures. Ce qui est en jeu est le frayage d'un nouvel accès aux *Politiques* et spécifiquement au livre V qui n'a pas fait l'objet d'investigations philosophiques, contrairement aux autres livres des *Politiques*[2].

Si l'on veut étudier la pensée de la révolution chez Aristote, il faut ainsi commencer par soumettre à un inventaire critique le schème polaire *moderne* versus *ancien* avec tous les couples qui lui sont associés : artificiel/organique, individu/État, société civile/État, société/ communauté, privé/public, peuple/multitude, ordre/désordre. Impossible ensuite de prendre la mesure de la réflexion aristotélicienne sur les phénomènes révolutionnaires sans entrer dans ce qui constitue les éléments de base de sa philosophie politique. J'essaierai de mettre en évidence le geste théorique d'Aristote tout en montrant en quoi le fait de se confronter au texte des *Politiques* pourrait apporter à la réflexion contemporaine sur l'idée et le phénomène révolutionnaires une distance critique profitable. Somme toute, il s'agira d'opérer une exotisation nécessaire du regard que l'on porte

1. Cf. B. Yack, *The Longing for Total Revolution. Philosophic Sources of Social Discontent from Rousseau to Marx and Nietzsche*, Princeton, New Jersey, Princeton UP, 1986.

2. Dans la somme des commentaires historico-philosophiques du traité, je retiens surtout les remarques de Michael Davis sur le livre V, cf. M. Davis, *Politics of Philosophy. A Commentary on Aristotle's Politics*, Boston Way, Rowman & Littlefield, 1996.

sur Aristote afin de construire des comparables pertinents et spécifiques, dans un voyage de nous à Aristote et d'Aristote à nous [1].

Aristote est le premier penseur dans notre tradition à penser l'unité de cette partie du réel politique qu'est la *polis*. Il le dit explicitement dans l'ouverture du livre III des *Politiques* : « Pour celui qui mène une investigation sur les constitutions, c'est-à-dire sur chacune d'elles et sur ses propriétés, l'investigation pour ainsi dire première c'est de considérer la cité : qu'est-ce enfin que la cité (*ti pote esti hê polis*) ? Car en fait il y a une controverse sur ce point » [2]. D'autre part, conformément à son principe épistémologique d'une isomorphie entre une science et son objet, il est le fondateur de la philosophie politique. Ces deux thèses ne sont pas en soi très neuves, mais force est de constater que l'on s'est souvent contenté de les poser comme des thèses sans vraiment les analyser. Il n'est en effet pas rare de trouver des commentaires des *Politiques* en lesquels on exalte la nouveauté du texte en disant que c'est un véritable chef d'œuvre de philosophie politique pour ensuite se contenter d'en analyser le contenu comme une suite de recettes mi-platoniciennes, mi-empiriques. De ce point de vue, la question de l'architecture conceptuelle de la théorie politique d'Aristote est encore à démontrer. Ce qui en revanche n'est plus à démontrer, mais plutôt à mettre en évidence, c'est l'effet de ce traité : les *Politiques* ont été une extraordinaire machine à penser les choses politiques, pour s'en inspirer ou pour les réfuter.

Essayons donc d'abord de nous faire une première idée de la manière dont Aristote essaie d'isoler dans le devenir humain les éléments de base de la philosophie politique. La lecture des trois premiers chapitres du livre I des *Politiques* nous permet de dégager un premier modèle d'anthropologie politique statique à trois strates. La première strate est la strate biologique. C'est en effet par la maîtrise intellectuelle de l'ordre du vivant qu'Aristote construit sa philosophie. Ses éléments sont le mâle et la femelle [3]. C'est le domaine de la reproduction de l'espèce humaine. L'homme est vu comme

1. Du côté des historiens, un exemple de travail de construction des comparables a été accompli de manière remarquable par M. H. Hansen, *Polis et Cité-État. Un concept antique et son équivalent moderne*, Paris, Les Belles Lettres, 2001, trad. fr. Alexandre Hasnaoui. J'entends par "construction de comparables pertinents et spécifiques" une pratique du comparatisme qui sorte de la confrontation de totalités qui s'opposent sous le mode des grands genres du Même, de l'Autre et de l'Analogue.

2. Cf. Aristote, *Pol.*, III, 1274 b32-34. Il faut marquer fortement l'adverbe indéfini *pote*. Il annonce une attente et une exigence d'élucidation face à la masse des choses qui se disent (*legomena*) au sujet de la *polis*.

3. Cf. *Pol.*, I, 1252 a26-27.

un vivant (*zôon*). L'unité de base est la relation entre le mâle et la femelle, ils ne peuvent être l'un sans l'autre. L'homme et la femme sont ici pris dans l'orbe du genre biologique humain. À ce niveau, il n'y a pas de choix délibéré : seul le genre humain agit pour sa propre survie. Cette première strate isole ainsi la borne biologique. La thèse sous-jacente est élémentaire mais fondamentale : une société humaine qui ne se reproduit pas est condamnée à disparaître. L'étayage fonctionnel de la société sur la nature est un donné naturel (*phusikon*) qu'il ne faut pas démontrer mais qu'il faut prendre en compte[1].

La deuxième strate qu'Aristote isole est la strate « oïconomique »[2]. Ses éléments sont composés de trois relations unissant à chaque fois deux termes. Le maître et l'esclave (*despotês/doulos*) le mari et la femme (*posis/alochos*), le père et l'enfant. (*patêr/pais*). Nous sommes toujours dans l'orbe du nécessaire et du vivre (*anankaion/zên*). La maisonnée est le lieu de la routine, de l'agencement quotidien des besoins biologiques de l'homme saisi comme vivant « oïconomique »[3].

La troisième strate est la strate politique. Son unité est la relation entre des citoyens (*politai*). Les citoyens égaux et libres s'inégalisent tour à tour dans le cadre d'une division du travail politique, dans un rythme qui articule les valeurs active, médio-passive et passive du verbe *archein*, à savoir : gouverner, se gouverner, être gouverné. Ce qui se tisse dans ce dispositif est une ingénieuse solution du problème de l'articulation de l'un et du multiple. Les valeurs active et passive permettent de trouver une solution en s'appuyant sur la temporalité. On gouverne l'un *après* l'autre. La valeur moyenne[4] renvoie à la psychologie politique. Se gouverner c'est à la fois gouverner et être gouverné, l'un *dans* l'autre. La vie politique est le lieu d'actualisation d'un comparatif du vivre sous la guise du bien vivre (*eu zên*), du bonheur (*eudaimonia*) et de l'indépendance (*autarkeia*). C'est ici que l'on trouve le double théorème de l'anthropologie politique

1. Cf. *Pol.*, I, 1252 a29.

2. Je choisis à dessein ce semi-néologisme afin d'éviter toute contamination notionnelle avec la notion d'économie.

3. Cf. *Pol.*, I, 1252 b13 et *Éthique à Eudème*, VII, 1242 a23 pour l'expression *zôon oikonomikon*.

4. Le système verbal de la grammaire grecque isole trois voix : l'actif, le passif et le moyen. Les grammairiens ont identifié quatre types de moyen (direct, indirect, dynamique et causal). Retenons ici simplement que le moyen indique que le sujet fait l'action pour lui-même, ou qu'il fait faire l'action pour lui ou en son nom. Cf. M. Bizos, *Syntaxe grecque*, Paris, Vuibert 1981, p. 126-128. On devine l'usage philosophique que l'on peut faire des caractéristiques grammaticales du moyen.

aristotélicienne : l'homme est un vivant politique et l'homme est un vivant qui possède le langage[1]. Cette gradation entre le vivant, le vivant oïconomique et le vivant politique-langagier s'établit dans un continu ontologique où chaque lieu de la *praxis* au sein des différentes formes de relation est distingué mais aussi articulé à l'ensemble. Toute la difficulté tient dans la nécessaire identification des différents régimes de la *praxis* qui ne s'opposent pas à la manière d'unités discrètes, ne serait-ce déjà que par le fait qu'il y a une transitivité partielle entre le mâle, le maître, le mari, le père et le citoyen. Sur le plan de l'analyse sociologique, nous avons affaire à une logique des relations beaucoup plus riche, complexe et fluide que la logique des positions de la sociologie moderne. Corrélativement, le discours d'Aristote se calque sur cette flexibilité. Cette souplesse du discours aristotélicien est aussi la raison majeure de son extraordinaire générosité. On croit souvent que le traité aristotélicien fait taire la polyphonie du dialogue platonicien, mais il n'en est rien. Le traité est la poursuite du dialogue platonicien avec d'autres moyens. En ce sens, il autorise un grand nombre de cristallisations conceptuelles en fonction de l'attente du lecteur.

Depuis ma situation de lecture, deux difficultés se présentent au sujet de la lecture du traité politique d'Aristote, d'autant plus délicates à identifier que le discours aristotélicien autorise *prima facie* de telles opérations. La première revient à accentuer l'aspect discrétionnaire, en mettant en relief l'agir politique contre d'autres structures de la *praxis* opérantes dans la strate oïconomique. C'est le cas de Hannah Arendt[2]. Ou encore en opposant axiologiquement le vivre nécessaire du vivant (*zên*) et la forme de vie délibérément choisie du vivant politique (*bios*). C'est le cas de Giorgio Agamben[3]. L'autre difficulté vient de loin. Il s'agit de l'assomption de l'aspect continuiste sous la guise du schème téléologique qui magnétise et oriente l'ensemble des strates vers le Bien suprême, préparant le terrain pour une greffe théologico-politique. Mais il n'y a pas de Souverain Bien chez Aristote, ni avec, ni sans majuscules. Il y a

1. Pour une lecture non substantialiste de ce double théorème, cf. Rüdiger Bubner, « Das sprachliche Medium der Politik », (1989), dans *Antike Themen und ihre moderne Verwandlung*, Frankfurt a. Main, Suhrkamp, 1992, p. 188-202.

2. Cf. H. Arendt, *Condition de l'homme moderne*, trad. fr. Georges Fradier, Paris, Calman-Lévy, 1961 (éd. originale 1958).

3. Cf. G. Agamben, *Homo Sacer. Il potere sovrano e la nuda vita* I, Torino, Einaudi, 1995, p. 3-5, trad. fr. Marilène Raiola, Paris, Payot & Rivages, 1997.

uniquement le syntagme gradatif *tagathon kai to ariston*,[1] qu'il faut traduire simplement : le bien et le meilleur[2].

Ce premier modèle appelle plusieurs remarques. L'unité de base qui est en quelque sorte l'unité de mesure de l'ordre social n'est pas l'individu, qui n'apparaît que plus tard dans le livre I et comme incidemment,[3] mais la *koinônia*. Ce point est tout à fait remarquable : en effet, la sociologie et la science politique modernes n'ont pas pour concept premier analysant un seul concept mais une dichotomie conceptuelle. Et le problème surgit immédiatement lorsque l'on s'avise de traduire le grec *koinônia*. On tombe immédiatement dans le champ de gravitation conceptuel de la théorie politique moderne, car la traduction par "communauté" renvoie à la dichotomie de Ferdinand Tönnies (*Gemeinschaft/Gesellschaft*) qui s'inscrit dans la sociologie allemande du XXe siècle et fonctionne comme un performatif bloquant de l'analyse[4].

La plupart des grands théoriciens du social au XXe siècle vont rester dans un schème dichotomique opposant par exemple l'organique au mécanique (Durkheim). Et l'on mesure l'embarras dans lequel se trouve l'interprète qui cherche à traduire Aristote. Le mode de sociation que théorise Aristote renvoie pour une part à la communauté organique mais tout autant pour une autre part à l'association volontaire. Les exemples sont nombreux, aussi bien dans les *Politiques* que dans l'*Éthique à Nicomaque*. Voici un exemple, tiré du livre VIII de *l'Éthique à Nicomaque* : « Mais toutes les koinôniai semblent correspondre à des parties de la koinônia politique. On se réuni en effet en vue d'un certain avantage, et pour se procurer des choses utiles pour la vie *(eis ton bion)* »[5].

Il semble donc bien qu'il faille se débarrasser de ces dichotomies de base de la pensée sociale moderne si l'on veut avec quelque profit s'approcher de la théorie d'Aristote. Il faut reconnaître d'une part que le concept de *koinônia* est en amont de ce type de dichotomies et prendre d'autre part en considération cette nouvelle conceptualisation pour essayer de comprendre comment Aristote analyse le phénomène révolutionnaire.

1. Cf. *Éthique à Nicomaque*, I, 1094 a22.

2. J'adopte ici la proposition de Henri Meschonnic, *Politique du rythme, politique du sujet*, Lagrasse, Verdier, 1995, p. 26.

3. Cf. *Pol.*, I, 1253 a19. Le point est bien marqué par Pierre Rodrigo, *Aristote et les choses humaines*, Bruxelles, Ousia, 1998, p. 38, note 26 et p. 54.

4. Cf. B. Wirkus, « Die Ältere Deutsche Soziologie », dans Harald Kerber, Arnold Schmieder (Hg.), *Soziologie. Arbeitsfelder, Theorien, Ausbildung*, Reinbek bei Hamburg, Rowohlt, p. 597-623.

5. Cf. *Éthique à Nicomaque*, VIII, 1160 a11 ; *Éthique à Eudème*, VII, 1242 a3-11.

Dans ce chassé-croisé, essayons d'abord de considérer comment les Modernes considèrent les formes pré-modernes de l'ordre social. Force est de constater que nous sommes encore aujourd'hui largement héritiers des conflits polémiques qui ont surgi après la Révolution française, si bien que la société antique et notamment la Grèce ancienne apparaît (avec Rome) comme un pôle comparatif que les Modernes se font de leur société, de ses réussites, de ses échecs et de ses projets. Dans le camp des contre-révolutionnaires, il faut mentionner le livre paru en 1864 de Fustel de Coulanges, *La cité antique*. Son dernier éditeur, François Hartog, souligne que le livre mériterait largement comme sous-titre : « Pour en finir avec l'imitation des Anciens »[1]. Mais les exemples sont nombreux et il semble qu'une approche critique de la façon dont l'Occident a pensé le social-historique depuis le XIVe siècle doive passer par une histoire qui est encore à faire de la réception d'Athènes et de Spartes, de Marsile de Padoue à Cornelius Castoriadis[2]. Mentionnons ici les travaux de Pierre Vidal-Naquet sur l'influence de l'imaginaire grec chez les révolutionnaires français et l'ouvrage de Giuseppe Cambiano sur la réception de l'idée de *polis* dans l'Europe moderne[3]. En d'autres termes, il faut faire une critique de la critique des Anciens, espérant un double bénéfice : une meilleure compréhension des Anciens d'une part et de nous-mêmes d'autre part. Il s'agit donc de montrer que l'application du modèle d'analyse moderne sur le cas de la vision aristotélicienne de la *polis* entraîne forcément des malentendus opératoires[4] sur notre manière d'interpréter la théorie politique d'Aristote.

Il n'est pas rare encore aujourd'hui de trouver la thèse d'une compréhension de la cité antique comme organisation indifférenciée, une société de face-à-face dont le ciment social est constitué par le consensus moral. Du point de vue historique il faut distinguer entre les nombreuses petites

1. Cf. F. Hartog, *Préface* à Fustel de Coulanges, *La Cité antique*, Paris, Flammarion, 1984, p. XIV. Fustel de Coulanges défend une thèse clairement anti-aristotélicienne en isolant comme unité du social-historique la religion dans le cadre de la structure familiale. Cette thèse aura un grand avenir dans la sociologie par l'entremise de Durkheim. Les critiques des sociologies de la modernité ont commencé à déconstruire cette architecture conceptuelle. Cf. Danilo Martuccelli, *Grammaires de l'individu*, Paris, Gallimard, 2002.

2. Sur Castoriadis je me permets de renvoyer à mon article : Francesco Gregorio, « Cornelius Castoriadis und der griechisch-politische Keim », *Internationale Zeitschrift für Philosophie*, 2 (2002), p. 329-344.

3. Cf. P. Vidal-Naquet, *La démocratie grecque vue d'ailleurs*, Paris, Flammarion, 1990 et Giuseppe Cambiano, *Polis. Un modello per la cultura europea*, Roma-Bari, Laterza, 2000.

4. J'entends par malentendu opératoire une opération courante dans l'histoire des idées où la déformation d'un système idéel vient féconder d'autres approches idéelles. Cf. J.-F. Bayard, *L'illusion identitaire*, Paris, Fayard, 1996, p. 55.

poleis où cette thèse est au mieux vraisemblable et le cas d'Athènes qui était pour les Grecs une grande *polis*. Du point de vue sociologique, on voit sans peine l'application du modèle durkheimien de solidarité mécanique ou encore la *Gemeinschaft* de Tönnies[1]. La conséquence la plus importante de cette approche est une disqualification de l'applicabilité du modèle aristotélicien et de son caractère opératoire sur nos sociétés modernes. Le thème est classique et toujours répété : la catégorisation du politique selon les Grecs, et notamment d'Aristote, est caduque dans la mesure où les différences de taille et de structure politique entre les cités et les communautés politiques modernes nous obligent à faire le deuil de tout l'appareil théorique développé par Aristote pour penser la société, et donc aussi la révolution. S.T. Holmes résume bien cette thèse : « Les principes fondamentaux de la pensée politique grecque classique sont devenus anachroniques à cause des transformations massives de la structure sous-jacente de la société européenne »[2]. En outre, si cette thèse était vraie, on aurait peine à comprendre la fécondité extraordinaire des *Politiques* dans l'histoire de la réflexion politique occidentale.

La critique la plus fréquente, hormis celle portant sur le système esclavagiste qui est elle aussi un produit de l'historiographie dix-neuvièmiste, porte sur la question de la taille de la polis[3]. Cette critique sur laquelle s'appuient les efforts de disqualification de la pensée politique d'Aristote mérite qu'on s'y arrête un instant. On sait en effet qu'Aristote, dans sa discussion du meilleur régime, insiste sur le fait que la communauté politique parfaite ne doit pas avoir plus de citoyens que le nombre capable de se réunir en un seul endroit – la place de l'agora – pour délibérer. Il lie ainsi la qualité de la *polis* à un facteur quantitatif : « Mais, par ailleurs, il est manifeste d'après les faits qu'il est difficile et peut-être impossible *(hoti chalepon, isôs d'adunaton)* que soit régie par de bonnes lois la cité trop peuplée »[4].

On aura noté l'incise. Toute la question est de savoir si le facteur de la taille de la *polis* est une condition nécessaire de la bonne organisation de la

1. Pour une critique de cette thèse, cf. Sally C. Humphreys, *Anthropology and the Greeks*, London, Routledge and Kegan Paul, 1978, p. 250.

2. S.T. Holmes, « Aristippus in and out Athens », *American Political Science Review*, 73 no. 1 (1979), p. 113-128.

3. L'opposition *moderne* entre la grande taille des États et la petite taille des cités grecques est un thème constant de la réflexion politique moderne. Cf. Giuseppe Cambiano, « L'Europa moderna e la "polis". Virtù e vizi del piccolo stato », *Filosofia politica*, XV, 3, (2001), p. 359-376.

4. Cf. *Pol.*, VII, 1326 a25-b6.

communauté politique. Il est clair que si nous adoptons la vision de la *polis* devenue classique depuis Benjamin Constant, il semble bien que la taille soit une condition nécessaire. Néanmoins, cette position pose un problème. D'une part, la taille idéale visée par Aristote n'est réalisée nulle part. Ce qui pourtant n'entraîne pas Aristote à déclarer que les cités existantes ne sont en fait pas des cités, ou qu'elles le seraient seulement par antiphrase, à la manière de l'Athénien de Platon dans les *Lois* pour qui une *polis* avec des mauvais tribunaux serait une *polis apolis* [1]. Ainsi, le nombre est un facteur important, mais seulement dans la mesure où il vient rendre encore plus difficile la tâche toujours difficile d'instituer une forme de constitution [2]. Ce qui n'est par ailleurs qu'une généralisation évidente de l'état de fait de la situation sociopolitique qu'Aristote connaissait. Les grandes nations autour de la Grèce connaissaient en effet toutes une organisation despotique c'est-à-dire *presque* non politique. De même, pour les questions des sphères privée et publique, [3] de la liberté de l'intellectuel ou du rôle de l'économie, il semble bien que les catégories d'analyse modernes déforment systématiquement leur objet, dans la mesure où elles suivent les rails d'une logique dichotomique là où Aristote travaille au moyen d'une logique gradative-comparative qui tente à la fois d'isoler les phénomènes du domaine humain tout en accueillant le maximum de diversité phénoménologique. Il faut donc renoncer aux catégories dichotomiques qui sont les outils de base de l'analyse politique moderne pour nous tourner vers le concept qu'Aristote élabore à la base de sa théorie politique : la *koinônia*.

Tout comme en effet il faut écarter les théories qui condamnent l'efficacité opératoire des concepts élaborés par Aristote au nom de catégories qui n'ont pas grand chose à voir avec la *polis* mais tout à voir avec la conception de la raison moderne et avec les débats politiques chaque fois spécifiques et situés, de même il faut écarter le symétrique positif, à savoir l'interprétation communautarienne qui se fonde sur Aristote pour élaborer une critique des démocraties libérales modernes. Le représentant de ce néo-aristotélisme est Alasdair MacIntyre, pour qui il s'agit de promouvoir Aristote comme un anti-Hobbes [4]. L'approche communautarienne essaye d'élaborer des moyens de réaliser l'harmonie et l'intégration

1. Cf. *Lois*, VI, 766 d3.
2. Cf. *Pol.*, VII, 1326 b5 : *ou gar radion politeian huparchein.*
3. Cf. Judith A. Swanson, *The Public and the Private in Aristotle's Political Philosophy*, Ithaca and London, Cornell UP., 1992.
4. Cf. A. MacIntyre, *After Virtue*, Notre Dame, Notre Dame Press, 1981, trad. fr. L. Bury, Paris, P.U.F., 1997.

sociale pensées en tant que réponses à la désintégration due à la privatisation de l'individu[1]. Somme toute, l'arrière-plan conceptuel reste dichotomique. Il s'agit d'opposer le règne de la communauté au règne de l'individu en dénonçant l'inanité du discours moral rationaliste. Plus généralement nous restons dans la grande geste de la philosophie allemande du XIXe siècle, dont l'idée-mère est de trouver une sortie à l'aliénation de l'homme pris dans la cage de fer de la société moderne. De Schiller à Nietzsche, la constante est celle de voir dans les Grecs un comparatif anthropologique pour répondre à l'échec de la Révolution française. C'est ce même geste théorique qui motive les philosophies politiques de Hannah Arendt, Leo Strauss et Eric Voegelin. Ils partent d'un constat d'échec, établissent un diagnostic de la modernité et cherchent un *pharmakon* chez les Grecs[2].

Ce qu'il faut bien voir, c'est que pour Aristote, la *koinônia* politique n'est pas une solution au conflit politique mais elle en est la source, tout comme elle est la source de la *polis* comme ordre politique[3]. La *koinônia* n'est donc pas une solution mais une donnée du problème. Il apparaît donc que si l'on veut gagner en intelligibilité dans la théorie politique d'Aristote, il ne faut pas commencer, comme on a souvent tendance à le faire par le terme de *polis* mais bien par celui de *koinônia*. Il suffit en effet de lire la première phrase des *Politiques* d'Aristote pour voir que la *polis* n'est qu'une forme de *koinônia* : « Puisque toute polis, nous le voyons en effet, est une certaine koinônia *(koinônian tina)*; et que (nous voyons que) toute koinônia est instituée en vue d'un certain bien (car dans toutes leurs actions, tous les hommes agissent en vue de ce qui leur semble être bien), il est d'une part évident que toutes les koinôniai ont en vue un certain bien, et que, d'autre part et avant tout, c'est, de tous les biens, le bien le plus normal *(kuriotatou)* que vise la koinônia la plus normale *(kuriotatê)* et qui enveloppe toutes les autres. Cette koinônia est celle que l'on appelle polis, c'est-à-dire une koinônia politique »[4].

1. Cf. W. Reese-Schäfer, *Kommunitarismus*, Frankfurt a. M., Campus, 2001[3].

2. Cf. T. Gutschker, *Aristoteles in der politischen Philosophie des 20. Jahrhunderts*, Stuttgart, Metzler, 2002, p. 53-188. Il est caractéristique que ces trois auteurs traitent souvent dans leurs analyses de manière indifférenciée des Grecs en général comme comparatif axiologique dans le cadre d'une critique de la Modernité.

3. J'adopte ici la thèse de Bernard Yack, *The Problems of a Political Animal. Community, Justice and Conflict in Aristotelian Political Thought*, Berkeley-Los Angeles-London, University of California Press, 1993, p. 2.

4. Cf. *Pol.*, I, 1252 a1-7. On s'étonnera peut-être que je traduise les superlatifs *kuriotatou* et *kuriotatê* par "le plus normal". La traduction traditionnelle donne « suprême »,

Si la polis est une *koinônia tis,* soit un certain type de *koinônia*, il faut chercher ce que dit Aristote de ce concept. Or, même une fois que l'on a laissé de côté le problème de sa traduction par communauté/société, le problème demeure et il est en un sens encore plus grave : le traité des *Politiques* ne contient pas de passage métatextuel sur ce concept. Pourtant je tiens que la grande découverte d'Aristote est de poser le concept de *koinônia* comme concept-mère de la sociation humaine. Le fait est remarquable mais il est pratiquement passé inaperçu, tant nous sommes conduits par l'opposition *polis/individu*, politique/éthique. Mais ces dichotomies sont des dix-neuvièmismes, elles sont issues des débats autour du libéralisme. Entrer dans leur jeu pose plus de problèmes qu'il n'en résout. Car il s'agit alors de voir comment concilier ou réconcilier les deux pôles. Question qu'Aristote ne se pose jamais en ces termes, même lorsqu'il réfléchit sur la question du primat entre le bon citoyen et l'homme bon[1]. Reste que l'on peut se demander à bon droit pourquoi Aristote n'a pas plus formalisé sa découverte. Dans d'autres lieux du *corpus*, il n'a pas hésité à le faire, en créant des néologismes[2]. Mais il faut d'abord souligner que ces néologismes sont rarissimes. Beaucoup plus fréquents sont les cas de réagencements au sein de la sémantique de la langue grecque[3]. Aristote travaille avec la langue ordinaire grecque, avec la langue *naturelle* et la question du travail qu'il fait sur celle-ci est fondamentale en ce qu'elle pose la question du "langage Aristote". Élucider les modalités du faire aristotélicien sur la langue grecque est une tâche qui attend la recherche aristotélicienne. En effet, en arguant de l'impression de neutralité de la forme-traité, on refuse de se poser la question du langage à l'œuvre, du travail de neutralisation au cœur de l'*operari* aristotélicien.

« le plus éminent » ou encore, en écho à la théorie politique moderne, « souverain ». Nous sommes ici devant un cas exemplaire de malentendu opératoire. Par *kurion*, Aristote entend la force normative et « autoritative » de l'ordinaire. Ainsi par exemple de la norme du langage ordinaire, cf. *Poétique*, 1457 b3-4. C'est au sein de la constellation entre le normal, le naturel et le normatif qu'il faut replacer la réflexion aristotélicienne. Cf. Mario Vegetti, « Normal, naturel, normatif dans l'éthique aristotélicienne », dans G. RomeyerDherbey (dir.), Gwenaëlle Aubry (éd.), *L'excellence de la vie. Sur « L'Éthique à Nicomaque » et « L'Éthique à Eudème » d'Aristote*, Paris, Vrin, 2002, p. 63-74.

1. Pour un cas exemplaire des difficultés que l'on rencontre dans cette situation conceptuelle, cf. Paul Ricœur, « Éthique et politique », dans *Du texte à l'action. Essais d'herméneutique II*, Paris, Seuil, 1986, p. 393-406.

2. On pense aux concepts suivants : *entelecheia, energeia, katholou.*

3. L'étude fondamentale reste celle de Kurt von Fritz, *Philosophie und Sprachlicher Ausdruck bei Demokrit, Plato und Aristoteles*, Darmstadt : Wissenschaftliche Buchgesellschaft, 1963, p. 64-92.

Je me contenterai ici d'une remarque profonde de Kurt von Fritz, pour qui ce travail d'Aristote sur la langue a l'étrange aspect du trivial, du banal *et* de l'artificiel [1]. Le cas de la *koinônia* illustre bien cet aspect étrange, car il s'agit à la fois d'un mot ordinaire de la langue grecque [2], mais Aristote est le seul à faire entrer la *polis* dans le registre sémantique de la *koinônia* [3].

En contrepoint de ce que j'ai souligné au sujet des dichotomies des théories sociales et politiques de la modernité, il apparaît clairement que la grande différence avec Aristote est que ce dernier traite la *koinônia* comme une catégorie générique englobante et non pas comme une des modalités possibles de sociation. Ainsi, Aristote utilise le concept de *koinônia* pour déterminer toute forme de relation entre êtres humains, depuis la reproduction humaine jusqu'à l'activité politique [4]. On identifie maintenant le piège dans lequel on peut assez facilement tomber si l'on replie la nature « koinôniologique » de l'être humain sur sa nature politique. La *koinônia* n'est pas la *koinônia politikê* et il faut garder la distinction entre les deux si l'on veut comprendre aussi bien la théorie sociale que la théorie politique d'Aristote et ainsi éviter d'identifier la nature sociale de l'humain avec sa nature proprement politique. Regardons d'abord en quoi l'homme est selon Aristote un vivant « koinôniologique ».

Une *koinônia* émerge d'une quelconque interaction sociale, qui peut être très variable aussi bien dans sa nature que dans sa durée. Quelle que soit la chose en commun, une maison, une famille, un contrat, une langue, une idée ou une constitution, les hommes entrent dans une *koinônia* sous le mode de la mise en commun ou de l'être-commun. Essayons de dégager les quatre traits principaux de la *koinônia* [5]. Elle est composée d'individus qui sont entre eux différents [6]. Ces individus partagent entre eux quelque

1. *Ibid.*, p. 90.

2. A. Bailly donne : 1. action d'avoir en commun, de partager, de participer, communauté ; 2. action d'être commun, d'avoir un rapport, une affinité ; 3. échange de relations, commerce, relations, société ; 4. sympathie, compassion (…), dans *Dictionnaire grec-français*, Paris, Hachette, 1950, *sub koinônia.* On voit bien comment les deux sèmes de la mise en commun et de l'être-commun sont ici réunis. Aristote ne fera que déployer rigoureusement les potentialités de ce réseau sémantique.

3. Le seul à ma connaissance à bien marquer le point est M. H. Hansen, *op. cit.*, p. 133.

4. Cf. par exemple *Éthique à Nicomaque*, V, 1132 b32, VIII, 1159 b28.

5. J'adopte la typologie proposée par Bernard Yack, *The Problems of a Political Animal*, *op. cit.*, p. 29.

6. Cf. *Pol.* II, 1261 a 15 *sq.* : « Mais il est manifeste que si elle s'avance trop sur la voie de l'unité, une cité n'en sera plus une, car la cité a dans sa nature d'être une certaine sorte de multiplicité, et si elle devient trop une, de cité elle retourne à l'état de famille, et de famille à

chose : un bien, une activité, une part de leur identité, des idées [1]. Ces individus entrent ou sont en relation en fonction de ce qu'ils partagent, ou de ce à quoi ils participent. Par ces activités, ces individus se trouvent liés entre eux par un certain lien d'amitié et de justice [2].

Le premier de ces points, celui qui insiste sur la diversité des membres de la *koinônia* est pour Aristote central. Il s'agit en effet pour lui de la critique essentielle qu'il adresse à Platon, qui pensait la *polis* comme une identité collective. Mais penser de cette manière revient à penser la cité sous la forme d'un individu, ce qui est contraire à la réalité. La *koinônia* est un groupe d'individus entre eux différents, inégaux sous au moins un rapport et qui partagent quelque chose. Ce qui est pour Aristote fondamental, c'est donc l'hétérogénéité, la diversité comme un élément essentiel de la *koinônia*. En d'autres termes, la diversité n'est pas un obstacle à la constitution de la *koinônia* mais au contraire en est une condition nécessaire. Éliminer la différence pour réduire les conflits revient à détruire la *koinônia*. Mais en même temps il est évident qu'une trop grande hétérogénéité entraîne un conflit ouvert et un processus révolutionnaire qui débouchent sur un changement de constitution. S'il faut ainsi éviter l'erreur intellectualiste de penser l'organisation politique comme une unité homogène, il faut aussi maîtriser pratiquement la tendance constante à la désunion. Cette amphibologie ne peut être tranchée que par la *praxis*. Sur le plan théorique, le discours aristotélicien résout le problème en modalisant le lexique de l'ensemblisation social-historique au moyen d'une grammaire de l'indéfini *ti* qui permet une identification suffisante d'un objet partiellement déterminé. Ainsi, par exemple, la *polis* n'est pas une unité, mais *une certaine* unité qui s'articule dans le cadre d'un comparatif de l'être-un. Corrélativement, elle n'est pas une multiplicité mais une certaine multiplicité (*plêthos ti*) [3].

De même qu'Aristote est le premier à penser l'unité de son objet, à savoir la *polis* et de la discipline y afférente qu'est la philosophie des choses humaines, de même il est le premier à élaborer une théorie des révolutions en opérant un *décalage réflexif* par rapport aux analyses platoniciennes. En effet, enserré dans son ontologie, Platon en est arrivé à ne plus pouvoir penser le monde social-historique en son mode d'être

celui d'individu. On peut dire en effet que la famille est plus une que la cité, et l'individu plus un que la famille ».

1. Cf. *Pol.*, I, 1252 a1, 1253 a18 ; *Éthique à Nicomaque*, VIII, 1156 a-1157 b.

2. Cf. *Éthique à Nicomaque*, VIII, 1159 b27.

3. Cf. *Pol.*, II, 1261 a18.

propre. C'est là tout le sens de la critique qu'Aristote adresse à son vieux maître dans le livre II des *Politiques*. Les analyses platoniciennes de la *polis*, de la constitution de citoyenneté (*politeia*) et du changement de constitution (*metabolê politeiôn*) ratent leur objet en supprimant l'historicité. Avec son concept de *koinônia*, Aristote pense avoir trouvé le moyen de penser cette strate du devenir politique de l'homme. Tout comme nous avons vu que le versant « homogénéisant » de la *koinônia* prenait à contre-pied les dichotomies issues de la réflexion politique moderne, de même, l'aspect « hétérogénéisant » de la *koinônia* nous obligera à revoir notre idée de révolution.

Pour les Modernes, l'idée de révolution prend la signification d'un événement historique singulier et extraordinaire, si bien que chaque révolution est chaque fois *la* révolution. Cette valence singulière venant renforcer cette conception hégélienne de l'universel concret. Aristote en revanche ne parle jamais de *la* révolution. L'idée qu'un événement politique puisse donner à un événement historique un sens particulier irréversible lui est étrangère. Bien que les phénomènes révolutionnaires soient très fréquents en Grèce ancienne,[1] on ne peut en tirer selon Aristote aucune loi, contrairement à la théorie des cycles de révolutions que l'on trouve chez Platon dans la *République*.

Mais avant de présenter à grands traits l'analyse aristotélicienne du phénomène révolutionnaire, reprenons notre fil critique qui passe par les lectures de notre texte. Commençons par la terminologie, puisqu'il n'est pas un domaine plus sensible aux termes que le domaine de l'analyse politique. Le grec utilise le terme général de *stasis*, qualifié par Moses I. Finley d'« admirable fourre-tout »[2]. Utilisé dans son contexte socio-politique, le terme de *stasis* regroupe tout un spectre de significations qui va du groupement politique, de l'association factieuse jusqu'à la guerre civile déclarée. En d'autres termes, le terme de *stasis* regroupe tous les niveaux d'intensité pensables dans le cadre de la mise en question, sous une forme ou sous une autre de l'institution de la société. Dans son livre *L'invention de la politique*, Finley remarque combien le sens de *stasis* admis aussi bien par les moralistes et théoriciens anciens que par les lexicographes contemporains privilégie uniquement la valence violente et brutale du terme. On trouve en effet à l'article *stasis* du dictionnaire Liddel and Scott

1. Cf. H.-J. Gehrke, *Stasis. Untersuchungen zu den inneren Kriegen in den griechischen Staaten des 5. und 4. Jahrhunderts*, München, Vestigia, 1985.

2. Cf. Moses I. Finley, *L'invention de la politique*, trad. fr. Jeannie Carlier, Paris, Flammarion, 1985, p. 156.

la définition « parti formé dans un but séditieux »[1]. Réduire le spectre sémantique du terme à cette unique connotation est une erreur, car si la connotation séditieuse est possible dans certain cas, il ne s'ensuit pas que c'est la règle. Finley souligne correctement : « C'est tout simplement faux : la connotation séditieuse est possible dans certain cas spécifiques, elle n'est pas nécessairement présente. Assurément, le but de toute stasis était de promouvoir un changement quelconque dans la loi ou l'organisation sociopolitique, et tout changement signifiait une perte de droits, de privilèges ou de richesses pour un groupe, une faction ou une classe, pour qui la stasis apparaissait donc comme séditieuse. Mais de ce point de vue la politique toute entière est séditieuse dans toute société qui comporte un élément de participation populaire, de liberté de manœuvre dans la direction des affaires »[2]. La remarque de Finley pointe vers une paradoxologie du terme : si toute vie politique est *stasis* alors il n'y a plus de critère de distinction. Comment alors identifier les phénomènes révolutionnaires ?

Pour qui veut aller lire les analyses d'Aristote sur les phénomènes révolutionnaires, la *sedes materiae* est constituée avant tout par le livre V des *Politiques*. Au cours de notre survol des éléments de la philosophie politique d'Aristote nous avons pu rencontrer les catégories d'analyse politique qui sont fréquemment projetées sur le texte des *Politiques*. Manquait à l'appel une dernière famille d'idées, le marxisme, qui elle aussi a acquis ses lettres de noblesse dans le domaine de l'histoire et du projet révolutionnaire[3]. C'est là aussi l'histoire d'un malentendu qu'il faut rapidement esquisser. On sait qu'Aristote tient que la division entre les riches et les pauvres constitue la principale source de conflit à l'intérieur de la communauté politique. Pour autant, là encore on ne trouve pas de tentative d'interpréter une théorie aristotélicienne du conflit de classe mais bien au contraire une tentative, celle de Ste Croix de montrer comment les catégories marxistes de lutte des classes s'adapte *aussi* à Aristote[4]. Il n'a certes pas manqué d'interprètes pour notifier l'échec d'une telle tentative et d'affirmer qu'il n'y a pas de théorie de lutte des classes chez

1. Cf. Henry G. Liddel and Robert Scott, *A Greek-English Lexicon*, Oxford, Clarendon Press, 1953[9] *sub stasis*.

2. Cf. Moses I. Finley, *op. cit.*, p. 156.

3. Cf. F. Furet, *Marx et la Révolution française*, Paris, Flammarion, 1986.

4. Cf. G. E. M. de Ste Croix, *The Class Struggle in the Ancient Greek World*, Ithaca, Cornell University Press, 1981, p. 69-80.

Aristote[1]. Pour Marx, ce sont avant tout les conflits à racine économique qui comptent. En d'autres termes, si l'on se base sur notre schéma à strates, le conflit émerge entre la strate oïconomique et la strate politique *stricto sensu*. Or, pour Aristote, ce n'est pas du tout le cas. Nulle part il ne parle d'une révolte d'esclaves. Il y a bien une lutte des classes chez Aristote, celle entre les riches et les pauvres mais elle se situe entre les membres de la communauté politique. Les révolutions sont pour Aristote des phénomènes exclusivement politiques[2].

Venons en donc au livre V[3]. L'objet du livre porte sur les questions des changements et du maintien des constitutions. Nous avons vu combien la notion de *stasis* regroupait un vaste champ de phénomènes possibles de l'expérience politique. Néanmoins, Aristote tente dans ce livre V d'en élaborer une typologie, d'autant plus importante que la stabilité précaire des organisations politiques grecques est le problème politique majeur. Les phénomènes historiques sont aussi fréquents et complexes que le spectre sémantique du mot *stasis* le laisse deviner. De l'avis de tous, Aristote fournit en ces analyses du livre V le premier traitement systématique de la question[4]. Le livre V est structuré de la manière suivante[5].

1) Introduction
2) Causes générales des factions et des changements constitutionnels
3) Causes spécifiques des factions et des changements constitutionnels
3.1) Démocratie
3.2) Oligarchie
3.3) Aristocratie et *Politeia* (gouvernement constitutionnel)[6]
4) Les moyens pour conserver les constitutions
5) Les monarchies

1. Cf. M. Wheeler, « Aristotle's Analysis of the Nature of Political Struggle »,dans Jonathan Barnes, Malcolm Schofield, Richard Sorabji (éd.), *Articles on Aristotle*, vol. 2, *Ethics and Politics*, London, Duckworth, 1977, p. 159-69.

2. Sur la division première inéliminable entre les riches et les pauvres, cf. *Pol.*, IV, 1290a1-30; 1291 b5; 1296 a20.

3. Pour une présentation du livre V, cf. Hans-Joachim Gehrke, « Verfassungswandel (V 1-12) », dans Otfried Höffe (Hrsg.), *Aristoteles : Politik*, Berlin, Akademie Verlag, 2001.

4. L'analyse d'Aristote obtient encore aujourd'hui les éloges des sociologues. Cf. Jean Baechler, *Les phénomènes révolutionnaires*, Paris, P.U.F., 1970, p. 9.

5. Il s'agit du plan que donne David Keyt, cf. *Aristotle Politics. Books V and VI*, translated with a commentary by David Keyt, Oxford, Clarendon Press, 1999, p. 56.

6. Autre cas remarquable de l'usage aristotélicien de la langue grecque : *politeia* signifie tour à tour « constitution » en général, mais aussi une constitution précise, le « gouvernement constitutionnel » qui est un assemblage d'éléments institutionnels oligarchiques et démocratiques et enfin la "vie en cité".

5.1) Les causes de leur destruction
5.2) Les moyens grâce auxquels elles sont préservées
5.3) Les vies brèves des tyrannies
6) Critique de la théorie platonicienne du changement constitutionnel

L'ouverture du livre consiste en une grande période dans la manière aristotélicienne : « Mais d'où vient que les constitutions changent, de combien de manières et comment, quelles sont les voies de la ruine pour chaque constitution et de quelles formes vers quelles formes les transformations s'opèrent-elles surtout, de plus quelles sont les manières de sauvegarder les constitutions, en général et chacune en particulier, et aussi par quels moyens chacune assurerait le mieux sa sauvegarde »[1]. La manière dont le questionnement essaie de couvrir la multiplicité du phénomène historique montre bien comment, avec Aristote, la *metabolê politeiôn*, le changement constitutionnel devient *objet de l'analyse* et non plus catégorie d'analyse. Cette objectivation est menée très consciemment par Aristote, donnant ainsi la première contribution à ce que l'on pourrait appeler une sociologie des révolutions. Le modèle qu'Aristote développe est déjà très raffiné. Aristote part du postulat de base que les révolutions ont pour racine anthropologique la recherche de l'égalité. Pour Aristote, la strate politique essaie, par la pratique et suffisamment quant au besoin, de trancher le nœud entre l'égalisation d'individus inégaux[2] et l'inégalisation des égaux politiques. Cette procédure d'égalisation-inégalisation est le noyau de la vie politique. Mais elle est *aussi* le noyau des phénomènes révolutionnaires : c'est en cherchant à réaliser un égal non qualifié que les hommes veulent une révolution de la vie politique instituée[3]. La perception, le sentiment de justice et/ou d'injustice est donc le lieu de l'amphibologie politique. Elle motive le bien vivre ensemble et les phénomènes révolutionnaires.

Aristote identifie trois domaines d'enquête pour isoler les causes des changements constitutionnels. D'abord les états d'esprit des révolutionnaires concernés, à savoir cette recherche de l'égal que l'on vient de mentionner. Ensuite, les buts des révolutionnaires, à savoir l'acquisition ou la sauvegarde des biens matériels et symboliques (*kerdos, timê*). Enfin les cause*s* des changements. Aristote isole douze facteurs : L'appât du gain matériel et le goût des honneurs qui motivent la jalousie (*phthonos*). La démesure (*hubris*). La crainte (*phobos*). L'excès (*huperochê*). Le mépris

1. Cf. *Pol.*, V, 1301 a20-23.
2. Cf. *Éthique à Nicomaque*, V, 1133 a18.
3. Cf. *Pol.*, V, 1301 b28-29 : *holôs gar to ison zêtountes stasiazousin.*

(*kataphronesis*). L'accroissement de pouvoir hors de proportion (*auxêsis*). La brigue de magistrature, l'intrigue (*eritheia*). La négligence (*oligôria*). La médiocrité de condition (*mikrotês*). Le manque d'homogénéité (*anomoiotês*).

Aristote applique son modèle sur un matériau très riche, résultat de son enquête documentaire menée sur un corpus de 158 constitutions, dont seule la *Constitution des Athéniens* nous est parvenue[1]. Le livre V fournit une grande quantité d'exemples historiques qui a souvent découragé les chasseurs de concepts. Dans l'histoire de la réception des *Politiques*, le livre V fait figure de parent pauvre, face à l'extraordinaire effet de pensée de l'anthropologie politique des livres I-III et des recherches sur la meilleure cité des livres VII et VIII. Au XXe siècle ce sont surtout les historiens, les sociologues et les politologues qui s'y sont intéressés[2]. Pourquoi les philosophes ont-ils délaissé ce livre? Et ont-ils eu raison? Ce tri dans le traité d'Aristote crée plus de problèmes qu'il n'en résout, dans la mesure où on se voit forcé de travailler avec des catégories extérieures à l'ontologie aristotélicienne. On oppose ainsi encore couramment un Aristote théoricien et un Aristote empiriste[3], ou pire encore on relègue les analyses du livre V au rang des effets secondaires de la pulsion encyclopédiste d'Aristote. Bref : des exemples pour le plaisir[4]. Pourtant l'étude de la réalité effective doit s'inscrire dans la recherche d'intelligibilité. C'est bien là tout le sens de l'opposition d'Aristote au platonisme. En d'autres termes, l'ordinaire de la vie politique ne peut en aucune manière être minoré ou même évacué. Contre Platon, Aristote tient que les phénomènes de remise en question de l'institué ne relèvent pas d'une pathologie[5] mais ils sont les témoins de l'irréductible historicité des sociétés, de leur auto-

1. Cf. P. J. Rhodes, *A Commentary on the Aristotelian* Athenaion Politeia, Oxford, Oxford UP, 1993.

2. Cf. par exemple Dolf Sternberger, *Drei Wurzeln der Politik*, dans *Schriften*, Bd. II/1 et II/2, Frankfurt a. M., Insel, 1978. Sur Sternberger, cf. Thomas Gutschker, *op. cit.*, p. 293-340.

3. D'une manière comparable, Heidegger opposera un Aristote *Phänomenologe* dont l'œil phénoménologique est à suivre, à un Aristote *Theoretiker*, celui de la tradition philosophique, qui est à rejeter. Cf. Thomas Gutschker, *op. cit.*, p. 30.

4. Ce type de lecture peut aller jusqu'à l'omission de certains passages dans les traductions. Cf. E. Barker, *The Politics of Aristotle*, New York, Oxford University Press, 1962, p. 242. Cette vision d'un Aristote empiriste est par ailleurs un héritage de l'historiographie philosophique dix-neuvièmiste.

5. Cf. G. Cambiano, « Pathologie et analogie politique », dans F. Lasserre, Ph. Mudry, *Formes de pensée dans la Collection hippocratique*, Genève, Droz, 1983, p. 441-458.

altération naturelle. Il n'y a donc pas lieu de séparer la saisie du multiple de la recherche d'intelligibilité.

Pour reprendre une distinction de Marcel Mauss, on peut dire que le modèle à trois strates présente des structures de la *praxis* synchroniques. Elles sont de l'ordre du « cadavérique » et ne sont que des grossières approximations de la société « vivante »[1]. Plus proches de la société vivante, de la vie politique en action, les analyses du livre V permettent à Aristote d'ajuster son niveau d'analyse au caractère fluent de son objet d'analyse. Plus proche en somme du devenir, cet objet que la conscience historienne à la fois se donne et fuit. Avec le livre V, Aristote tente ainsi de trancher dans la contradiction entre la réalité historique dynamique et la conceptualisation historienne statique, afin de mettre à jour non pas les lois d'un prétendu cycle des révolutions, mais bien plutôt les *rythmes* sociaux où se rencontrent les phénomènes biologiques, psychologiques, langagiers et socio-politiques. Jamais il ne tombe dans une vision réductionniste.

En quoi l'interprétation des *Politiques* d'Aristote peut-elle être utile pour qui veut penser l'idée de révolution aujourd'hui ? Il me semble que l'on peut isoler les éléments de réponse suivants. Pour notre tradition politique, les grandes révolutions anglaise et américaine marquent le début de la modernité politique. Force est de constater que rien de pareil ne s'est passé dans la tradition démocratique de la Grèce ancienne. La révolution de Clisthène (508-507) n'a pas la place idéologique de la Révolution française dans la réflexion politique grecque. Car malgré cette révolution, la démocratie ancienne touchera le moins possible aux structures sociales et économique données. Et chez Aristote de même on ne trouve pas de concept de révolution politique au sens d'une révolution du non politique au politique, mais le concept de changement constitutionnel (*metabolê*), soit de changement dans le politique.

Néanmoins, se confronter au texte d'Aristote nous permet de tirer un double bénéfice, en l'espèce une leçon de méthode et une critique de nos concepts d'analyse politique. Depuis Rousseau, notre tradition d'analyse politique semble obsédée par l'individualisme et par la question de la nature de son rapport à la communauté. Pourtant, le terme même est une invention du dix-neuvième siècle[2]. La litanie de la privatisation de

1. Cf. M. Mauss, « Fragment d'un plan de sociologie générale descriptive », dans *Œuvres* III, Paris, Minuit, 1950, p. 324, cité par P. Michon, *Éléments d'une histoire du sujet*, Paris, Kimé, 1999, p. 111.

2. Cf. S. Lukes, *Individualism*, Oxford, Blackwell, 1985.

l'individu a entraîné une chasse à l'anomie sociale comme conséquence de l'individualisme.

C'est ici que les analyses d'Aristote peuvent avoir une fonction « sédative » des conceptions de l'individu et de la modernité. Voir la *koinônia* comme un organe-obstacle, [1]qui porte à la fois les promesses de la vie politique et de sa désintégration, nous force à imaginer une posologie analytique des phénomènes révolutionnaires qui soit beaucoup plus fine en ce qu'elle s'articule dans une conscience de l'inévitable auto-altération de toute société. La conception aristotélicienne de la *koinônia* comme liant et solvant premier de la sociation permet d'échapper à la dichotomie par trop simplificatrice entre une société atomistique et une communauté cohésive. Ce mouvement d'auto-altération est en partie intelligible, mais il est en grande partie soumis à l'accidentalité du domaine humain. Le livre V ne compte pas moins de vingt-huit occurrences dérivées du verbe sumbaivnw et du participe parfait *sumbebêkos*, que l'on traduit traditionnellement par "accident", mais que je rends par "comitant"[2]. Si bien que la vie bonne ne peut se construire que sur des bases très fragiles. Mais l'urgence de la question reste : comment identifier la vie politique normale et les phénomènes révolutionnaires ? Car ce qui compte en dernière analyse ce n'est pas le savoir mais l'agir. Car la vie relève de l'agir et non du produire[3]. Aristote est conscient de la difficulté et va même jusqu'à pointer une difficulté supplémentaire. Non seulement il est difficile d'identifier les phénomènes révolutionnaires *in statu nascendi,* mais souvent on ne peut pas les voir, tant le changement est indiscernable de la trame du cours ordinaire des choses : « En outre les constitutions changent à cause de petites différences *(to para mikron).* Par une petite différence je veux dire que souvent un changement à grande échelle du système législatif a lieu sans que l'on s'en aperçoive quand les citoyens négligent les petites choses *(parorôsin to mikron)* »[4]. Aristote utilise le verbe *parorân*, qui signifie regarder à côté, regarder de côté, voir mal, ne pas voir et par extension : négliger, dédaigner les lois ou la vérité. De même, Aristote ajoute que les hommes ne se révoltent pas au nom de peccadilles, mais au nom de grands principes à

1. J'emprunte ce concept à Vladimir Jankélévitch, *Le paradoxe de la morale*, Paris, Seuil, 1981, p. 109-113.

2. Le décompte est fait par Michael Davis, *op. cit.*, p. 145, note 78. J'adopte ici la traduction proposée par Cornelius Castoriadis, « L'histoire et les schèmes de la succession », dans *L'institution imaginaire de la société*, Paris, Seuil, 1975[5], p. 255.

3. Cf. *Pol.*, I, 1254 a7 : *ho de bios praxis, ou poiêsis estin.*

4. Cf. *Pol.*, V, 1303 a20-23,

partir d'une peccadille[1]. Le déploiement de cette topique du grand et du petit, de l'ordinaire et des grands principes de justice et de morale pointent vers une difficulté à cerner à la fois la bonne vie politique et les phénomènes révolutionnaires. En tant qu'organe-obstacle, la *koinônia* est source d'une amphibologie politique. Elle unit et désunit. Pourtant, nous devons nous efforcer de ne pas voir à côté, de ne pas mal voir. Mais comment voir, *a fortiori* bien voir, si le devenir ne possède pas de message transhistorique à dévoiler ? Soumis à une incessante variabilité, il possède néanmoins des régularités, une constance qui ne s'achève jamais dans une constante formelle. L'enquête documentaire, la mise en série est un procédé qui permet à Aristote d'échapper aux pièges théoriques du particulier et du général. Cette approche aristotélicienne indique une voie possible aujourd'hui pour traiter du phénomène révolutionnaire, libérée de l'hypothèque des conceptions modernes du sujet, de la forme-État et du capitalo-parlementarisme comme unités de mesure de l'analyse politique.

J'étais parti de la question de la traduction des termes au centre de l'analyse aristotélicienne des phénomènes révolutionnaires, *stasis* et *metabolê politeiôn*. J'espère avoir démontré que cette difficulté ne relève en rien d'un problème lexicologique. La difficulté à traduire répond de manière substantielle à la difficulté de voir et de penser les phénomènes révolutionnaires. De même, nous savons aujourd'hui que faire la révolution est difficile. La révolution totale fut un grand projet du XIXe siècle qui a avorté. Rares sont ceux aujourd'hui qui ont pour projet une révolution non pas totale mais radicale[2]. La topique du difficile qui s'exprime tout au long des *Politiques* (*ou râdion, chalepon*) montre que la tâche est rien moins que simple. Aristote nous aura avertis. C'est ce que l'on peut appeler sa terrible simplicité. La leçon est mince mais forte. Car c'est à la fois peu et beaucoup.

Francesco GREGORIO
Université de Lausanne

1. Cf. *Pol.*, V, 1303 b 17-19.

2. Cf. C. Castoriadis, « Héritage et révolution », dans *Figures du pensable. Les carrefours du labyrinthe VI*, Paris, Seuil, 1999, p. 129-144.

FIN DE LA RÉVOLUTION ?

Dans la bataille présente pour la croissance et l'emploi, la perspective du Grand Soir ne tient plus grande place. Peut-être même serait-il plus exact de dire qu'elle a purement et simplement disparu de l'horizon, théorique bien sûr, mais plus encore pratique de ce début de XXIe siècle – au point d'ailleurs que, sous peu, on en sera peut-être réduit à expliquer dans une note infrapaginale le sens de l'expression. Spectre qui a hanté la politique européenne des XIXe et XXe siècles, le spectre du communisme s'est-il retiré, effacé ?

Sur la scène médiatique de nos démocraties capitalo-parlementaires pullulent les savants experts intervenant avec tout le poids d'autorité que leur confère leur expertise sur les questions les plus sérieuses du jour (allant, pêle-mêle, de l'armement de l'Irak à la canicule et ses conséquences sur les ventes de glace en passant par les caisses vides des clubs de football, la crise des finances publiques, les problèmes d'acné, la fâcherie Chirac-Bush, l'entrée en force des hommes sur le marché de la chirurgie esthétique, les mensonges de Blair et Bush, le voile et la laïcité, la déprime qui frappe les marchés boursiers, l'accroissement phénoménal des budgets de la sécurité pour faire face à la menace terroriste, les secrets pour une vie de couple épanouie, la dépigmentation de Michael Jackson, etc.) sans que jamais, fût-ce aux heures nocturnes, à l'insu du grand nombre, on entende murmurer sur nos ondes le mot révolution – autrement que pour désigner le parcours des astres et des satellites au-dessus de nos têtes ou les révolutions techniques internes au capital.

Désormais, la Révolution n'est ni une question, ni un espoir ni une inquiétude : employé ou chômeur, mon premier souci c'est « avoir un job » vecteur de la rémunération qui m'assurera l'accès à la marchandise, forme quasi monopolistique de tout bien ou service ; capitaliste – et désormais par le biais des fonds de pension qui n'est pas capitaliste ? –, je peux dormir tranquille : demain, après-demain, etc., *ils* viendront travailler ; sinon eux, alors d'autres et aux conditions qu'on leur fera ; il faut bien qu'ils gagnent leur vie, non ? Et avec tous les chômeurs qui se pressent au portillon, pas de souci à se faire !

Non, décidément, la question de la Révolution n'est pas à l'ordre du jour. Alors que pendant près d'un siècle et demi, elle a occupé et préoccupé des millions d'hommes, elle est aujourd'hui un peu comme ces chantiers soudainement désaffectés, abandonnés de tous ceux qui y avaient investi leurs espoirs de lendemains meilleurs. Il n'y a plus de lendemains qui chantent. Il n'y a plus que des lendemains pareils à aujourd'hui hantés par le souci du lendemain et par l'attente, inespérée et imprévisible, d'un événement qui illuminera fugitivement l'instant ou colorera le temps d'une autre lumière.

Non pas, bien sûr qu'il n'y ait plus de ferments de révolte[1]. Face à la contre-révolution-conservatrice-néo-libérale en cours, les opinions publiques se soulèvent pour dire leur attachement à toutes les fonctions de service public assumées par les États ; chaque sommet appelle, comme son double, un contre-sommet où altermondialistes, manifestants et « Black Blocs » rivalisent pour se faire voir et entendre. De ces mouvements alternatifs n'émerge aucune perspective d'un renversement de l'ordre libéralo-capitaliste, aucune perspective ni plausibilité d'une Révolution ; juste des appels pour corriger les excès destructeurs du néolibéralisme, mais dans le cadre de l'ordre capitaliste existant. Il ne s'agit plus tant de viser une autre société, un autre monde que de lutter pour humaniser tant que faire se peut une logique foncièrement inhumaine. Pour un « capitalisme à visage humain » en somme. Le plus souvent, ces appels, constamment recyclés par les politiciens, restent pratiquement lettre morte, soulignant du même coup le fossé abyssal qui, de plus en plus, sépare les équipes gouvernementales des populations. Face à la surdité arrogante des équipes au pouvoir – certes démocratiquement (ré)élues mais avec quel volume de ressources et provenant de quels « généreux » donateurs ! –, la tentation grandit de recourir à la violence, à la casse systématique des emblèmes du capitalisme, le plus souvent quelques vitrines débiles.

1. Sur les maux qui rongent la démocratie contemporaine et qui, à eux seuls, justifieraient que l'on cherche une autre solution collective que la poursuite de l'impasse oligarchico-libérale dont l'Italie berlusconienne nous donne la plus saisissante – mais pas la seule ! – illustration en termes de corruption et de déchéance morale des élites gouvernantes, cf. C. Castoriadis, « Quelle démocratie ? », dans *Figures du pensable*, Paris, Seuil, 1999, p. 145-180.

Dans cette contribution, mon propos se concentre sur cet événement en creux : la disparition, l'effacement, l'évidement – comment le nommer ? – des traces de la visée révolutionnaire. De l'effondrement des Partis communistes européens – forts de près d'un quart des suffrages exprimés dans plusieurs pays européens au lendemain de la seconde guerre mondiale – à la disparition des groupes révolutionnaires en passant par la stérilité des intellectuels révolutionnaires [1] – je veux dire, leur impuissance, en dépit de leur fécondité intellectuelle, à transmettre le témoin de l'espérance révolutionnaire –, les indices de la désaffection de la Cause abondent. Cependant, il ne s'agit pas tant ici d'en faire l'inventaire [2] que de tenter d'en donner une intelligibilité. Comment rendre compte de cet événement massif et, à l'échelle de l'histoire, extrêmement rapide : le passage, en à peine plus d'une génération, d'une floraison de groupements révolutionnaires à l'encéphalogramme plat d'une espérance pour une alternative au libéralo-capitalisme ? ainsi que celui de la figure de l'intellectuel révolutionnaire à celle de l'intellectuel « démocratique » [3] ? Car pour l'essentiel, tout se passe comme si, pour l'immense majorité d'entre nous, le diagnostic de Fukuyama était correct : avec l'État libéralo-démocratique nous aurions atteint la fin de l'Histoire en ce sens qu'avec lui se serait réalisé et accompli l'État universel et homogène, État totalement satisfaisant pour l'homme en

1. Un cas qui illustre particulièrement bien ce propos est celui de Cornelius Castoriadis, mort en 1997 à l'âge de 75 ans, sans doute l'un des théoriciens révolutionnaires les plus brillants et les plus féconds de sa génération. Il laisse derrière lui une œuvre abondante témoignant tout au long d'une exigence de comprendre et de se confronter à tous les savoirs de son temps – très significativement, Edgar Morin intitule sa contribution à un volume en hommage à Castoriadis « Un Aristote en chaleur » (*Revue européenne des sciences sociales*, 27 : 86, 1989) – qui ne se sépare à aucun moment de celle de porter, dans l'intelligence, la visée révolutionnaire. Si la postérité intellectuelle de Castoriadis n'est guère douteuse (ses séminaires à l'EHESS, sont en cours de publication), on ne voit guère ses « héritiers » porter haut le flambeau révolutionnaire.

2. L'inventaire dont il s'agit ici renvoie à ce qui a été et qui n'est plus, à savoir l'efflorescence d'activités et de groupes révolutionnaires en butte aux Partis communistes officiels, mandataires du Parti-Père, et en proie à leurs luttes d'influence, externes et internes. Pour une coupe de cette époque et une entrée dans la littérature y relative, on consultera Philippe Gottraux, *Socialisme ou Barbarie. Un engagement politique et intellectuel dans la France de l'après-guerre*, Lausanne, Payot, 1997. Par ailleurs, la consultation des *Temps Modernes* et d'*Esprit* entre 1945 et 1990 environ offre un bon reflet de l'air du temps, en particulier de l'évolution de la place qu'occupe la question révolutionnaire dans le débat politico-intellectuel.

3. Sur cette figure montante de l'« intellectuel démocratique », voir la postface de O. Mongin à son *Face au scepticisme. Les mutations du paysage intellectuel*, « Pluriel », Paris, Hachette, 1998, p. 381-394.

ce qu'il remplirait la double exigence de satisfaction des besoins et de reconnaissance universelle[1]. Quelle que soit la distance que les intellectuels se soucient de prendre d'avec le détail du discours du penseur américain, le constat est que rarissimes sont ceux qui, dans leur réflexion politique, n'endossent pas, sinon théoriquement du moins pratiquement, l'idée d'une destinalité de l'État libéral et, en conséquence, ne bornent pas leurs investigations dans l'horizon délimité par l'État de droit[2]. Par quoi ils témoignent, en acte, de ce que pour eux la Révolution est désormais un horizon privé de sens ; voire, que le pur et simple fait d'y vouer son énergie et sa force de pensée relève, au mieux d'un utopisme sympathique mais ayant perdu tout contact sérieux avec le réel, au pire d'une démence obsessionnelle grosse de menaces stalino-polpotistes et, partant, passible d'un traitement psychiatrique.

Mais précisons notre question. Mon propos s'essaiera à l'intelligibilité de cette transformation historique dont tout laisse penser, aujourd'hui, qu'elle sera durable. En effet, nous sommes passés dune époque marquée par la question de la révolution et de la mobilisation de ceux censés en être les auteurs et les acteurs – le prolétariat, le peuple –, à un aujourd'hui dominé par la question du droit. Plus précisément, par les discussions sur les droits en tant que protection d'intérêts « légitimes ». Simultanément, nous assistons à l'effacement de la visée révolutionnaire et de tous les thèmes qui lui étaient associés : la gestion collective de la société par ses membres, la gestion de la production par les collectifs de travailleurs, l'advenue de la liberté et de l'égalité de tous, la prise en charge de toutes les questions publiques par le collectif des citoyens, etc.

Dans la recherche de pistes capables de rendre compte de cette mutation, je commence par examiner les hypothèses rattachant l'implosion des forces révolutionnaires aux difficultés intrinsèques de la doctrine marxiste de la révolution et à l'échec de l'expérience soviétique. Pour importantes qu'elles soient, je montrerai néanmoins que ces hypothèses ne sont pas à même de rendre compte du moment et de la rapidité de ce processus d'effacement. C'est ce qui m'amènera à réinterroger, à la lumière du champ de recherches de Marcel Gauchet, la question de l'histoire du lien entre religion et politique en l'Occident. Paradoxalement, ce détour apparaîtra

1. F. Fukuyama, *La Fin de l'histoire et le dernier homme*, Paris, Champs-Flammarion, 1999 [1992[1]], chap. 19.

2. Sur cet alignement des « philosophies politiques » à l'État capitalo-parlementariste, cf. A. Badiou, *Abrégé de métapolitique*, Paris, Seuil, 1998, chap. 1 et 5.

offrir une perspective explicative beaucoup plus puissante que l'approche plus classiquement « politique ».

DIFFICULTÉS DE L'AUTONOMIE DANS LA PERSPECTIVE MARXISTE

Au cœur de l'idée révolutionnaire dans la tradition marxiste, on trouve l'exigence d'autonomie effective du peuple et des citoyens, exigence que l'on peut traduire, avec Castoriadis, comme celle d'auto-institution explicite, en clair d'« activité collective réfléchie et lucide visant l'institution globale de la société comme telle »[1]. Sa possibilité repose sur l'absence d'un État en tant qu'institution se posant à part de la société et monopolisant le pouvoir de contrainte sur la société et ses membres. La société ne peut être véritablement autonome qu'à la condition de ne pas se heurter à cet appareil de domination, extérieur à elle et qui, du fait du pouvoir social de contrainte qu'il concentre, empêche le mouvement d'auto-institution de se déployer. Cette formulation n'est pas sans rappeler le thème du dépérissement de l'État développé par Engels dans l'*Anti-Dühring*. Autonomie politique de la société et autogestion de l'appareil de production par le collectif des travailleurs associés se présupposent l'une l'autre. De sorte que, si tout mouvement révolutionnaire commence dans l'entreprise comme revendication du pouvoir du collectif des salariés sur le procès de production, il ne trouve son accomplissement que lorsque le pouvoir de l'État comme appareil de domination séparé est renversé et supplanté par « l'Assemblée centrale des délégués des Conseils »[2].

Retenons-en ceci. Dans la perspective de ces réflexions théoriques sur la Révolution, l'exigence de départ est de surmonter l'aliénation subie par le travailleur dans le cadre de son activité productive. Ramené à un quantum de travail social, le salarié est désapproprié de sa force de travail – qu'il doit aliéner à un tiers contre les moyens de sa survie – ainsi que du processus et du produit de son activité : il ne décide ni du contenu ni du comment de son travail dans l'entreprise et il n'est pas le propriétaire de ce qui en est issu. En tant que l'homme est défini en son genre comme l'être qui s'autoproduit par le truchement de l'activité vitale productive, l'exigence

1. C. Castoriadis, « Pouvoir, politique, autonomie », dans *Le Monde morcelé*, Paris, Seuil, 1990, p. 135.

2. C. Castoriadis, *Le Contenu du socialisme*, Paris, Bourgois, 1979, p. 181. Sur le conseillisme, cf. également Adriano Sofri, « Sur les conseils de délégués », *Les Temps Modernes*, juin 1974.

communiste est définie comme la réappropriation par l'homme, en tant qu'être du genre, de son activité d'autoproduction, à savoir essentiellement le travail dit productif.

Or, il se trouve que l'État démocratique-bourgeois constitue un obstacle à cette réappropriation, de sorte que réaliser celle-ci requiert le renversement de celui-là. Le sens de cette opération est de réinscrire la détermination du contenu de la production – et subsidairement du « comment » – sous l'autorité de la société et de la compréhension qu'elle a de ses besoins et ainsi de la soustraire aux mécanismes aveugles du marché et surtout de l'accroissement du capital. Dans le vocabulaire de Polanyi [1], on pourrait dire qu'il s'agit ainsi de « réencastrer » l'économie dans la société en tant que système de relations sociales et que pour cela, il suffit aux travailleurs rassemblés par leur condition de prolétaires de renverser le pouvoir d'État établi par et pour la bourgeoisie.

Ce projet se heurte à une double difficulté : l'unité du prolétariat et la complexité croissante du système socio-technique contemporain qui rend de plus en plus problématique l'idée d'un contrôle ouvrier de la production industrielle.

HÉTÉRONOMIE DU PROLÉTARIAT

La première difficulté est bien connue. Elle trouve un de ses lieux classiques dans le propos de Lénine selon lequel la classe ouvrière, par elle-même, ne peut aller au-delà de la conscience syndicale et que le savoir d'elle-même comme classe révolutionnaire doit lui être apporté du dehors, plus précisément d'un parti de révolutionnaires professionnels qui, de fait, se présente comme possédant la vérité du prolétariat, de sa destination et de sa mission. Le fait que, bien avant Lénine, Marx lui-même constitue le prolétariat indépendamment de ce qu'en jugent les prolétaires singuliers [2], suggère cette proposition paradoxale que, loin de partir d'une découverte

1. K. Polanyi, *La Grande Transformation. Aux origines politiques et économiques de notre temps*, Paris, Gallimard, 1983 [1944].

2. « Peu importe, écrit Marx, ce que tel ou tel prolétaire, ou même le prolétariat tout entier *imagine* momentanément comme but. Seul importe ce qu'il *est* et ce qu'il sera historiquement contraint de faire en conformité de cet *être*. Son but et son action historique lui sont tracés visiblement et irrévocablement, tout autant dans la situation même de sa vie que dans toute l'organisation de la société bourgeoise de ce temps. », Karl Marx, *La Sainte Famille*, chap. IV (iv), dans *Œuvres*, « Bibliothèque de la Pléiade », Paris, Gallimard, 1982, p. 460.

empirique, Marx invente spéculativement le prolétariat ; ou en tout cas, que ce n'est qu'en vertu de la théorie, i.e. du point de vue du théoricien en tant qu'il lui est extérieur, que le prolétariat est institué à la fois comme classe *et* comme révolutionnaire.

Que s'ensuit-il ? Ceci de décisif que, ainsi que l'écrit Gorz, « l'être du prolétariat est transcendant aux prolétaires »[1]. Ce geste théorique a pour envers pratique l'appropriation et la gestion de l'être de la classe par des organisations rassemblant des intellectuels petits-bourgeois[2] (les partis, syndicats et innombrables groupuscules d'avant-garde qui se sont donné la tâche de diriger, soutenir, préparer, suppléer, orienter la classe ouvrière dans sa lutte contre le capital et dans son combat révolutionnaire). Ainsi, dans la perspective ouverte par ces réflexions, ce que certains ont désigné sous le terme de « dégénérescence bureaucratique »[3] de la lutte ouvrière n'est nullement contingent. Il procède de manière nécessaire du fait que le prolétariat ne reçoit son être de classe et sa destination historique qu'à partir d'un lieu qui lui est extérieur. Du coup, également, la révolution ne peut pas être le fait de la classe ouvrière mais uniquement de l'agent – le Parti – qui agit au nom du savoir de la mission historique du prolétariat[4].

En clair, il y a d'emblée *contradiction structurelle* entre le principe et l'exigence d'autonomie – d'auto-institution du prolétariat – et l'hétéronomie de son existence comme classe.

1. A. Gorz, *Adieux au prolétariat. Au-delà du socialisme*, Paris, Seuil, 1981 [1980], p. 31.

2. Cl. Lefort était tout à fait conscient du caractère implacable de cette logique : « Si le parti détient la vérité, il est logique qu'il tende à l'imposer ; s'il fonctionne comme direction du prolétariat avant la révolution, il est logique qu'il continue à se comporter comme tel ensuite. Il est enfin logique que la classe s'incline devant le parti… » Claude Lefort, *Éléments pour une critique de la bureaucratie*, Paris, Gallimard, 1979 [1971], p. 65. C'est la compréhension de cette « logique » qui motivait son hostilité à l'idée de la création d'un nouveau parti révolutionnaire et son insistance sur le fait que c'était au prolétariat lui-même de s'unifier et que les intellectuels révolutionnaires devaient se borner à accompagner et soutenir l'auto-constitution de la classe et renoncer, à l'encontre de ce qu'avançait Castoriadis, à se poser en direction révolutionnaire. Le point sur lequel je me sépare de Lefort est sur l'idée de la constitution autonome du prolétariat comme classe.

3. C. Castoriadis, *Le Contenu du socialisme*, *op. cit.*, p. 286 *sq.*

4. Ici, on m'objectera : et la Révolution hongroise de 1956 ? À quoi je répondrai 1) qu'à proprement parler on ne peut parler de « révolution » puisque le pouvoir n'a pas été renversé et remplacé par de nouvelles institutions ; 2) que la condition de possibilité de ce mouvement de masse est l'instauration du prolétariat comme classe par le parti-État : son unification était politiquement instituée. Ce jugement ne met nullement en cause la grandeur et l'importance de la lutte de la société hongroise d'alors contre l'oppression totalitaire dont elle était victime.

Il y a là, vraisemblablement une source de la résistance des ouvriers à entrer dans le Parti de la classe (ou à en créer un autre[1]). Quoi qu'il en soit de la justesse de ces propos, c'est un fait que, *historiquement*, les bureaucraties partisanes et syndicales se sont approprié la charge de la lutte des classes, et que, *de facto*, la classe ouvrière s'est trouvée reléguée au rang d'exécuteur des décisions prises par les organisations ouvrières et d'adhérent pourvoyeur des ressources nécessaires à leur fonctionnement bureaucratique. Bref, à l'encontre de l'exigence d'autonomie inscrite dans la visée révolutionnaire, les organisations ouvrières répétaient en leur sein la division dirigeants/exécutants qu'elles critiquaient par ailleurs à l'échelle de la société et de l'entreprise.

On peut concevoir que, dans ce contexte, beaucoup aient douté qu'un coup de force révolutionnaire eût débouché sur autre chose que le simple remplacement de l'équipe au pouvoir. Sans doute est-ce là l'empreinte décisive laissée par l'épisode soviétique sur les populations : la crainte que, le capitalisme renversé, tout le pouvoir social ne soit concentré dans les mains d'un unique organe et que, du coup, ce dernier ne dispose d'un pouvoir de mainmise sur la vie sociale infiniment plus étendu que ce n'est le cas dans un régime libéralo-capitaliste. Et le risque, majeur, d'un tel scénario est que la classe ouvrière de chair et de sang ne soit livrée à une pure et simple instrumentalisation au nom des fins dernières du prolétariat comme classe universelle. Risque dont l'expérience soviétique a montré qu'il n'est pas un simple délire paranoïaque.

L'IMPOSSIBLE GESTION OUVRIÈRE

La seconde difficulté met en cause, au travers d'une réflexion sur la complexité du système socio-technique contemporain, le sens et la possibilité d'une autogestion ouvrière des unités de production. Sans doute est-ce André Gorz qui a le mieux analysé et mis en lumière les caractères du travail contemporain qui rendent impraticable la vieille revendication autogestionnaire. « Que reste-t-il en effet à autogérer dans la grande usine chimique, demande Gorz, quand votre "travail" consiste

1. Dans sa contribution de 1952 au débat au sein de "Socialime ou Barbarie" sur la question de la direction du prolétariat, Lefort relève l'évidence de « l'antipathie des ouvriers les plus conscients à l'égard d'un nouveau parti », Claude Lefort, *Éléments pour une critique de la bureaucratie*, *op. cit.*, p. 59. On peut soupçonner que cette hostilité n'est pas étrangère à ces considérations.

"à rester seul, la nuit, derrière la vitre en verre fumé de la cabine, et n'avoir rien d'autre à faire qu'à surveiller" ? [...] Que signife l'autogestion d'une fabrique de verre ou de plastique où "le travail d'exécution se réduit à vérifier que tout fonctionne normalement" et où, "au sentiment d'impuissance devant l'outil de travail, viennent s'ajouter l'isolement et la solitude" ? Peut-on autogérer une entreprise qui n'est qu'"un carrefour d'activités sous-traitées" [...] » ?[1]. Égrénant encore quelques situations extraites du rapport de la C.F.D.T., Gorz, laconique et brutal, conclut : « Aujourd'hui, l'ouvrier est dépossédé de tout : du savoir en même temps que du pouvoir sur la production »[2]. Sans pouvoir entrer ici dans le détail de l'analyse de Gorz, je voudrais en souligner les conclusions essentielles qui rendent anachronique l'idée de la gestion de l'entreprise par les conseils ouvriers. Le fait décisif est que, grâce à l'automation et à l'informatisation, le capital est parvenu, par un double processus de déqualification massive des tâches et d'éclatement spatial de la division du travail, à « réduire [au-delà de tout ce qu'on pouvait prévoir] le pouvoir ouvrier sur la production »[3]. Le travail réalisé en un lieu est désormais inscrit dans une chaîne d'ordres et de commandes qui proviennent de multiples unités de production le plus souvent dispersées dans plusieurs pays et dont aucune n'assure la réalisation complète d'un produit destiné à la consommation « finale ». De sorte que, quant à son contenu et à ses modalités essentielles, le travail à effectuer est entièrement déterminé par la demande : hétéronome pour l'usine, il l'est *a fortiori* pour l'ouvrier ou le groupe d'ouvriers commis pour le réaliser. L'idée d'un échange réciproque de services et de compétences entre producteurs associés pour la réalisation d'une utilité commune n'a, dans le système économique contemporain, plus aucun sens. « Aucune unité de production [...] ne produit ni n'est capable de produire selon les besoins ou les désirs de la ville où elle est implantée »[4]. La parcellisation du travail à l'échelle internationale est encore démultipliée à celle des individus, de sorte que le travail du prolétaire est à la fois radicalement hétéronome et parcellisé, à tel point que la compétence qu'il met en œuvre dans son travail n'est « productive » que combinée avec celles des multiples autres individus qui interviennent dans la réalisation du bien ou du service demandé de sorte qu'il ne peut la mettre à profit pour

1. A. Gorz, « Les "dégâts du progrès" », *Adieux au prolétariat*, *op. cit.*, p. 190. Les extraits cités par Gorz sont tirés de *Les dégâts du progrès*, Paris, Seuil, 1977, ouvrage publié par la C.F.D.T.

2. *Ibid.*, p. 191.

3. *Ibid.*, p. 47.

4. *Ibid.*, p. 63.

des fins personnelles ou domestiques. Du point de vue qui nous occupe, le résultat essentiel de ce processus est que la maîtrise du procès du travail tombe radicalement *en dehors* du travailleur. « L'ouvrier, conclut Gorz, assiste et se prête au travail qui *se fait* : il ne *le* fait plus »[1]. La portée de cette analyse doit être généralisée. Certes, l'ingénieur qualifié est moins démuni que l'ouvrier spécialisé déqualifié par des années de travail consacrées à faire de la « surveillance » sur une ligne de production, mais lui aussi s' inscrit dans une chaîne d'ordres et de commandes qui déterminent largement le contenu de son travail.

À relier le résultat de ses analyses avec la question de l'effacement de la visée révolutionnaire, la conclusion est immédiate : la conception marxiste classique de la révolution comme appropriation des moyens de production afin d'instaurer le contrôle ouvrier sur la production n'a rigoureusement aucun sens dans le contexte du système économique contemporain. Ou disons plutôt que, du fait, d'une part, de la déqualification massive des ouvriers et des employés individuels, d'autre part, de l'éclatement géographique inouï des compétences et des savoir-faire, la volonté de réaliser l'autogestion ouvrière ici et maintenant entraînerait selon toute vraisemblance une baisse drastique de la qualité et de la quantité des biens et services délivrés par le collectif des producteurs associés. Devenus consommateurs forcés de tout ce dont nous avons besoin puisque, travailleurs parcellisés, nous ne sommes pas en mesure de produire nous-même la moindre des choses de notre usage quotidien, il est douteux que nous voulions une telle régression technique. De sorte que, à supposer qu'il reste une révolution possible, ce ne sera pas celle qui, naguère encore, s'annonçait sous la bannière des collectifs de travailleurs autogérés.

Une explication suffisante ?

Les deux groupes de difficultés développées justifient, d'un point de vue théorique que l'on mette de côté l'espérance révolutionnaire – du moins sous la forme classique qui lui a été donnée dans le marxisme. En ce sens, elles sont fortes et convaincantes. Savoir si une *autre* révolution est souhaitable et possible qui renoncerait à l'idée de l'appropriation collective des forces productives par le prolétariat, est une question qui reste ouverte. Savoir s'il est une démocratie à venir qui nous restituera un certain pouvoir d'orientation dans notre prise sur le présent et dans l'orientation collective

1. *Ibid.*, p. 59.

que nous souhaitons prendre pour l'avenir est, sans aucun doute, un enjeu capital pour l'avenir de l'humanité. Mais il est certain qu'une telle révolution, qu'une telle démocratie, pour être crédible et praticable, devra repenser complètement la prise de l'humanité sur elle-même à partir du possible et du souhaitable qui se dessine aujourd'hui. Nous ne semblons pas encore en être là.

La question qui demeure, dans le cadre du présent essai, est de savoir si ces deux séries de difficultés permettent de rendre compte de l'effacement de la visée révolutionnaire au cours des deux à trois dernières décennies. Plus précisément : sont-elles suffisantes pour rendre compte de cet *événement* : la disparition soudaine de l'investissement de l'idée même de révolution ? Il ne semble pas et cela, principalement pour la raison suivante : ces difficultés, pour peu qu'on eût voulu y être attentifs, étaient accessibles dès avant la Révolution russe, et à plus forte raison encore, sitôt connus et analysés le monopole bolchevique sur la société soviétique et la terreur qui s'ensuivit immédiatement[1]. Une réflexion critique et lucide à partir des informations et des analyses disponibles en tout cas à partir du début des années trente aurait débouché sur des conclusions proches de celles auxquelles nous parvenons aujourd'hui. Il est à prendre en considération est que les acteurs impliqués de l'époque n'ont majoritairement pas voulu – ou pas pu ? mais quelle est au juste la différence ? – accueillir ces informations et ces analyses. Disons, sans aller plus loin, qu'un obstacle extrêmement puissant empêchait qu'ils *envisagent* d'en *prendre connaissance*[2]. Cependant, quelque chose de la portée et du sens de cette non-prise en compte se dégage quand l'opinion publique, plusieurs décennies plus tard, est saisie par l'événement *Archipel du Goulag* lorsque paraît, en 1974, le premier volume de l'immense investigation littéraire publiée par Alexandre Soljénitsyne[3]. Avec cet ouvrage, le système concentrationnaire soviétique entre définitivement dans la conscience européenne

1. Les premiers témoignages sur la terreur communiste accessibles au lecteur francophone datent du début des années vingt. Je me borne ici à signaler le premier livre dont j'ai pu trouver la mention : Boris Kritchevski, *Vers la catastrophe russe*, Paris, Alcan, 1919. Par ailleurs, dès le début des années trente, des études lucides et fouillées commencent à paraître, de Boris Souvarine (*L'URSS en 1930*, Paris, Rieder, 1930 ; *Staline. Aperçu historique du bolchévisme*, Paris, Plon, 1935) et de Victor Serge (*Destin d'une Révolution*, Paris, Rieder, 1937).

2. Dont je donne une idée dans mon « Critiques du totalitarisme » dans *Le XXe siècle en France. Art, politique, philosophie*, Paris, Berger-Levrault, 2000, p. 39-49.

3. A. Soljénitsyne, *L'Archipel du Goulag*, t. 1, Paris, Seuil, 1974.

et les partis communistes voient corrélativement s'accélérer leur perte d'influence.

Si tels sont bien, de manière très brute, les « faits », comment expliquer la différence d'impact des témoignages publiés dans l'entre-deux guerres et de la monumentale étude de Soljénitsyne. Sans doute, la qualité et la sûreté d'information entre les unes et la seconde est significative. Reste que pour en juger, il fallait commencer par accepter de *lire*. Ce à quoi, précisément, s'était refusée la génération des années trente.

Pour rendre compte de cette différence, il faut donc faire l'hypothèse d'une différence de disposition dans l'« opinion publique » des années trente et des années soixante-dix – en ayant bien conscience que le terme de « disposition » est nécessairement vague, parce ce que nous cherchons ne tombe pas sous les sens. Cette « disposition » renvoie à l'attitude vis-à-vis de l'idée de révolution, avec toutes les investissements – dans tous les sens possibles du terme – qu'elle charrie. Ces clarifications faites, l'hypothèse peut être avancée : si, en 1974, la pénétration de l'effet Archipel du Goulag dans l'opinion publique est si rapide et si décisive, cela provient de ce que le désinvestissement de l'idée de révolution est déjà largement installé dans la société française et européenne et que la démonstration de Soljénitsyne se borne à fournir du savoir au pressentiment. À la limite, on savait déjà et il n'est pas même nécessaire de le lire. *A contrario*, cela signifie que l'irrecevabilité d'analyses apportant des informations et des explications comparables dans les années trente tenait à ce que l'investissement dans l'idée de révolution et dans l'événement historique qui en attestait la possibilité était trop absolu, trop impérieux. Sans doute, les circonstances historiques diffèrent significativement : les années trente sont exposées aux menaces nazie et fasciste cependant que les années soixante-dix sont marquées par un certain apaisement de la guerre froide. Dans le premier cas, de part et d'autre, les engagements sont marqués par le sentiment de l'imminence d'événements qui vont engager le sort de l'humanité vers son salut ou sa perte. Du côté des fascistes, on invoque la défense de la civilisation européenne contre la menace « rouge », prête à tout emporter sur son passage. Du côté des défenseurs du « camp de la paix », on brandit la folie brune et ses bruits de botte comme une menace d'oppression sans retour sur l'Europe. La mêlée est si puissante, si omniprésente qu'il est difficile, voire impossible de se situer dans une position tierce. Dans les années soixante-dix, en revanche, la perspective révolutionnaire a déjà reculé cependant que la menace soviétique, dont les experts en soviétologie tiennent un compte rigoureux, recule dans la conscience publique. L'idée d'une attaque soviétique sur l'Europe est une abstraction qui déclenche l'hilarité d'une fraction grandissante de l'opinion publique, incrédule à l'idée qu'une nation débilitée comme l'est l'URSS [1] pourrait sérieusement envisager d'envahir l'Europe de l'Ouest. Et s'ils le faisaient, que feraient-ils donc *après ?* Ces années voient s'affirmer les mouvements de contestation de l'obligation militaire dans tous les pays ouest-européens – hormis l'Espagne et le Portugal encore sous les dictatures franquiste et salazariste.

Les quelques éléments ci-dessus suffisent pour dire que la différence de réception des témoignages et analyses sur l'URSS entre les années trente et soixante-dix tient moins à l'information disponible qu'à la constellation historico-politique de ces deux périodes.

Cependant, ce point établi, rien n'est encore expliqué. Dans les remarques ci-avant, j'ai bien relevé quelques différences significatives présentant un lien avec la différence de réception du savoir sur l'URSS, mais en revanche nous ne comprenons encore absolument pas la raison de ces différences.

L'*intelligendum*, c'est donc la différence de la force d'investissement des populations dans des « solutions » politiques. Cet écart se marque notamment dans les vocabulaires politiques des deux époques, la première recourant facilement à un registre d'inspiration religieuse (Sauvez la patrie ! Repoussez les puissances diaboliques !, etc.), la seconde privilégiant celui de l'« intérêt éclairé ». Alors que l'une souligne des différences de qualité absolue, la seconde se meut dans le relatif, le plus ou le moins. Cet indice suggère de reprendre la problématique à partir de la question du rapport de la religion et de la politique. Pour ce nouveau pas réflexif, je m'inspire principalement de Marcel Gauchet.

MODERNITÉ, POLITIQUE, RELIGION

Dès ses premières recherches – dont le premier point d'aboutissement est la parution en 1985 de *Le Désenchantement du monde* [2] –, Gauchet s'attache à éclairer la modernité au travers d'une démarche comparative visant à mettre au jour son caractère distinctif par rapport à l'ensemble des

1. Et ce, alors même que, comme le montre Cornelius Castoriadis en 1981 dans *Devant la guerre* (Paris, Fayard), le secteur militaire est, en URSS, le seul secteur dans lequel le principe de l'efficacité technique-productive prévaut sur les considérations idéologiques, ce qui le conduit à conclure que, désormais, l'URSS est une *statocratie*.

2. M. Gauchet, *Le Désenchantement du monde. Une histoire politique de la religion*, Paris, Gallimard, 1985.

sociétés prémodernes. Très vite, il lui paraît que la distinction essentielle réside dans la place que l'une et les autres confèrent à la religion : alors que les secondes accordent à celle-ci une place qu'il faut bien reconnaître centrale, la première, certes n'annule pas les pratiques et les croyances religieuses, mais les relègue dans la sphère privée, leur attribuant, *de facto*, le statut de quelque chose de facultatif, à quoi chacun est libre de s'adonner on non. Toute la question, suggère Gauchet, est de bien mesurer la portée de cette différence, dont l'énoncé, sous la forme ci-dessus, sonne comme un lieu commun.

À cette fin, il s'agit de commencer par élucider la signification de cette centralité de la religion dans les sociétés prémodernes. Pour cela, il convient d'abord d'écouter ce que leurs membres nous disent, sous de multiples formes et indéfiniment : qu'ils ne sont pas les auteurs de l'ordre social et de ses lois ; que ces derniers, loin d'être l'œuvre d'hommes, sont le fait d'êtres supérieurs : ancêtres, héros, dieux ou encore Dieu. Le contenu essentiel du religieux – en tant qu'il compose un principe central dans les sociétés prémodernes – est ainsi d'affirmer l'antécédence sur les vivants de l'ordre régissant les rapports humains ; et, du même coup, de nier aux hommes toute prise légitime sur cet ordre. Le religieux originaire, soutient ainsi Gauchet, est synonyme de la position d'un principe de dépossession radicale des hommes sur les règles fondamentales régissant leur rapport à la nature, à leur humanité et à la forme de leur être-ensemble. Et le geste qui signe cette dépossession est le report de l'origine du monde et de l'ordre humain sur un ailleurs hors-temps, posé comme étant par principe soustrait à la prise des vivants : « qui dit religion dit en dernier ressort un type bien déterminé de société, à base d'antériorité et de supériorité du principe d'ordre collectif sur la volonté des individus qu'il réunit »[1]. En d'autres termes, on pourrait dire que Gauchet nous invite à prendre à la lettre l'idée de la centralité du religieux dans les sociétés prémodernes. Dire que la religion y est centrale doit être compris comme énonçant que la société est mise en forme, structurée dans son ordre et ses principes les plus fondamentaux à partir de et conformément à ce que l'origine fondatrice du monde et de l'ordre humain énonce qu'ils sont et qu'ils doivent être. Ce qui signifie notamment que les vivants sont posés comme n'ayant pas compétence pour intervenir sur cet ordre en vue de lui apporter ici ou là des « améliorations » ; plus même, qu'ils ne peuvent pas même imaginer qu'il puisse en être autrement. Un autre corollaire de la centralité du religieux est que la société a nécessairement un caractère holiste puisqu'il informe,

1. *Ibid.*, p. 18.

sous-tend et donne sens à toutes les relations qui s'y déroulent : par principe, rien ne peut se placer en dehors de l'orbite totalisatrice du religieux sous son visage originaire.

En regard, on comprend mieux en quel sens le religieux n'est plus central dans la société moderne : celle-ci ne se pose plus dans un rapport de dépossession vis-à-vis de la source et des principes la régissant, mais au contraire comme pouvant revenir sur eux pour les mettre en débat et, finalement, les réviser[1]. Désormais, les hommes se pensent comme les auteurs de l'ordre régissant la coexistence. Certes, en vertu de la succession des générations, nous sommes d'abord héritiers de l'ordre dans lequel nous évoluons. Mais en tant qu'il est l'œuvre d'hommes comme nous, il nous est loisible de le reprendre pour le réexaminer et au besoin le réviser. Le renversement de la centralité du religieux s'indique très précisément en ceci que celui-ci n'est plus posé comme coextensif à l'ordre du monde. Du coup, au rebours de ce qui avait lieu dans les sociétés prémodernes, il perd son rôle de force structurante de l'ordre social : il n'est plus source de la mise en forme de la coexistence humaine.

Deux précisions sont ici bienvenues. D'abord, la perte de centralité de la religion ne signifie pas la disparition pure et simple du religieux : croyances et pratiques religieuses subsistent. Seulement, le religieux n'est plus l'instance de mise en forme globale des rapports de la société à elle-même et à l'être mais s'inscrit désormais à l'intérieur d'une forme collective qu'il ne régit plus. En second lieu, il convient de souligner que ce processus de secondarisation du religieux dans la modernité procède de la transformation-recomposition de la matrice religieuse et que, en tant qu'il en est issu, elle ne disparaît pas purement et simplement. En d'autres termes, il n'y a pas pure et simple disparition de ce qui, dans les sociétés prémodernes se donnait sous forme religieuse, mais, bien plutôt, sa « métabolisation et transformation au sein même du lien social et de

1. Je laisse ici de côté la question du processus par lequel l'humanité accomplit cette sortie hors de la religion et qui est l'objet même de l'ouvrage de Marcel Gauchet. Rappelons juste, que pour l'auteur, le fait que cette sortie se produise dans l'espace culturel façonné par le christianisme n'est nullement un hasard ; que cela, au contraire, est rendu possible par la matrice religieuse propre au christianisme. En d'autres termes, selon Gauchet, l'autonomisation des règnes (temporel/spirituel ; politique/ecclésial ; etc.) se prépare dans la religion chrétienne, de sorte que les Lumières et l'affirmation du principe de la dignité propre du règne temporel et de tous ses domaines (scientifique, juridique, politique, économique, artistique, technique) procèdent de la matrice chrétienne.

l'organisation politique »[1]. S'il est exact, donc, que la société moderne est par excellence « la société sujette d'elle-même en tant que société structurée hors religion »[2]; qu'en tant que telle, elle ne se comprend pas comme dépendante d'un fondement et d'un ordre qui lui viendraient du dehors d'elle-même, il ne s'ensuit cependant pas que s'est effacée toute dimension d'altérité de la société à elle-même ni, non plus, toute dimension d'investissement sacral de l'ordre humain. Le moment de la Révolution française est à cet égard particulièrement significatif : avec le renversement de l'ordre monarchique et l'exécution du roi, la société nie activement la représentation d'elle-même comme procédant d'un ordre hétéronome que symbolisait la figure du roi et, du même coup, se réapproprie la prise sur elle-même. Simultanément, cependant, il faut bien voir que, même de « droit divin », le monarque absolu est déjà inscrit dans la scission du temporel et du spirituel marquée par la dualité des figures du prince et du prêtre[3] et fonctionne, de fait, comme le représentant du corps politique grâce auquel celui-ci accède à la subjectivité – comprise de manière fonctionnelle comme pouvoir d'agir, d'ordonner, d'intervenir sur, de reconstruire les formes du rapport de la communauté humaine à elle-même et à la nature[4]. De sorte que, s'il y a bien rupture révolutionnaire, il y a en même temps passage, voire préparation du renversement démocratique au sein même de l'État absolutiste. Le corollaire en est que la force d'investissement sacral, qui jusqu'ici se jouait dans le « double corps du roi », va, non pas disparaître, mais se reporter sur ce qu'on pourrait appeler, analogiquement, le « double corps de la Nation » – en l'occurrence de la République –, laquelle à la fois s'identifie aux vivants-mortels qui la composent et s'en distingue parce qu'elle se représente comme immortelle.

Cet investissement « sacral » dont le pouvoir républicain est l'objet ne s'explique pas par ce seul transfert, mais également par le fait que le renversement du pouvoir fondé sur la reconnaissance d'une dette religieuse restera vivement et durablement controversé. En effet, cette contestation contre le principe même d'un ordre politique strictement « laïque » demeurera très vive au moins jusque dans le premier tiers du XXe siècle (en France, l'Action française de Maurras). De fait, il conviendrait vraisemblablement de mettre le facteur explicatif principal de la « sacralisation » de

1. M. Gauchet, *La Religion dans la démocratie. Parcours de la laïcité*, Paris, Gallimard, 1998.

2. M. Gauchet, *Le Désenchantement du monde*, *op. cit.*, p. 248.

3. Cf. *ibid.*, p. 195-198.

4. Cf. *ibid.*, p. 249 *sq.*

l'Idée Républicaine tout au long du XIXe siècle sur ce phénomène de concurrence auquel l'expose la revendication d'un pouvoir religieux. Ce jugement se trouve conforté par l'effacement concomitant, depuis trois à quatre décennies, de la revendication d'un État ordonné selon des principes d'ordre divin et de la représentation de la République, du corps de la Nation comme un « Nous » chargé de sacré. Il nous paraît si banal de constater qu'aujourd'hui les croyants admettent le principe d'un État laïque que nous n'en mesurons pas la portée, pas plus que nous ne mettons ce fait en lien avec l'effacement de la rhétorique de l'héroïsme laïco-républicain et de l'hostilité anticléricale qui l'accompagnait le plus souvent.

Mise en regard avec l'affrontement des laïcs-républicains et des catholiques-conservateurs qui a dominé tout le XIXe siècle, cette observation prend tout son poids. Alors, la laïcité était un principe, sinon à conquérir, du moins à protéger et défendre contre les assauts d'une droite conservatrice pour laquelle l'ordre social était indissociable d'une légitimation par l'Église, institution représentante de Dieu sur terre. Le caractère frontal et symétrique de cet affrontement permet d'en comprendre la charge sacrale pour l'un comme pour l'autre camp. Si la chose va de soi du côté conservateur, elle n'est pas moins apparente du côté laïque et s'explique par la nécessité de rivaliser en valeur avec le principe religieux. Dans la valorisation de la république laïque, dans l'affirmation qu'elle vaut qu'on lui sacrifie jusqu'à sa vie, il est manifeste qu'est injectée une dose importante de sacralité : au salut dans l'autre monde, elle oppose l'idée du salut dans ce monde. Dans le contexte d'alors, l'envers du combat pour et au nom de cette idée était la lutte contre les prétentions de l'Église à être l'instance légitimante ultime du pouvoir temporel. Ce qui impliquait la nécessité pour la puissance temporelle d'affirmer, contre les revendications ecclésiales, « sa prééminence spirituelle » afin « de signifier la supériorité de ses fins par rapport à l'ensemble des forces sociales »[1].

Lu à la lumière de cette problématique, le destin de la perspective révolutionnaire au cours du XXe siècle devient intelligible. En tout cas, l'apaisement des énergies et des passions révolutionnaires – vers les années soixante-dix – est contemporain de la pacification des rapports des croyants avec la République. De manière très schématique, le mécanisme peut être présenté ainsi : face au parti catholique-conservateur, parti que l'on peut qualifier de parti de l'hétéronomie en ce sens qu'il affirme qu'en dernière instance, un ordre socio-politique n'est légitimable qu'en tant qu'il obéit à la volonté du Dieu créateur ; face à ce parti, donc, ne peut que se dresser et

1. M. Gauchet, *La Religion dans la démocratie*, *op. cit.*, p. 47.

s'affirmer le principe symétrique posant l'exigence d'une autonomie radicale et sans concession de l'homme par rapport à son ordre. L'ordre social dans lequel l'homme vit est humain, rien qu'humain et rien, en conséquence, n'est plus légitime que le principe d'une prise entière sur leur ordre de coexistence par les hommes. C'est ce principe d'une sacralisation de l'exigence d'une pleine possession par les hommes des raisons et des fins gouvernant leur être-ensemble qui s'empare – tout autant qu'ils s'en emparent – des groupements révolutionnaires. En tout cas, il paraît plausible de conclure que la foi révolutionnaire s'est nourrie de cette sacralisation, laquelle, de l'au-delà transcendant, a été reportée sur l'au-delà immanent, je veux dire sur la représentation d'une fin de l'histoire, comme accomplissement de toutes les virtualités de la raison chez Hegel et comme réappropriation par les travailleurs des forces productives chez Marx.

L'hypothèse cruciale qui sous-tend tout ce raisonnement est ainsi que la sacralisation de l'histoire – et de l'histoire représentée comme finie – est inséparable du sacré religieux contre lequel elle cherche à s'affirmer. Ce qui entraîne, *a contrario*, qu'elle n'est opérante – je veux dire : motrice, mobilisatrice d'énergies et d'engagements militants – *qu'aussi longtemps que la représentation d'un ordre politique structuré à partir d'un ailleurs transcendant constitue une vue crédible*. Que cette représentation s'efface au contraire au point de devenir simplement impensable, sans objet ; que en d'autres termes, plus personne – même les croyants les plus traditionnalistes – ne pense que le monde humain devrait s'ordonner à partir de principes transcendants, et du coup la laïcité perd son caractère agonistique, et simultanément sa virtualité à être sacralisée.

Or, telle est bien la situation dans laquelle nous nous trouvons aujourd'hui. Comme le note Gauchet, il « est devenu incongru ou grotesque de mêler l'idée de Dieu à la norme de la société des hommes »[1]. Au-delà du caractère presque trivial de cette constatation[2], comprenons qu'à cet effacement de la référence à un principe transcendant comme principe originaire de la norme de l'être ensemble, répond le

1. *Ibid.*, p. 63.

2. Les partis se réclamant de principe ou d'autorité divine ont tout simplement disparu de l'échiquier politique occidental, sinon de nom, du moins dans les faits. Pour seule illustration, mentionnons ici le cas du Parti démocrate chrétien suisse dont l'influence électorale ne cesse de diminuer depuis 1970 environ et qui, depuis une à deux décennies est régulièrement agité par des membres demandant l'effacement de la référence au christianisme dans le nom du parti.

désinvestissement du collectif[1] en tant que condition ou source de salut. En d'autres termes, ce qu'on désigne souvent par les concepts de « dépolitisation » ou de « privatisation »[2] s'expliquerait par la disparition soudaine et massive de la sacralité du collectif et, corrélativement, de l'idée – non pas tant que la réalisation de la société juste serait possible – mais plus profondément qu'elle est en elle-même souhaitable. Vivre dans une société juste ? Pourquoi pas, mais y serai-je plus heureux ? y ai-je intérêt pour mon accomplissement personnel ? Peut-être, peut-être pas ... alors pourquoi investirais-je tant d'énergie dans un projet on ne peut plus aléatoire qui exigerait de moi que je lui sacrifie tout jusqu'à mes intérêts personnels et mon repos ; et ce, alors même que, à supposer – cas de figure hautement improbable – qu'il aboutisse, il n'est pas sûr pour autant que ma vie serait meilleure et que je serais vraiment plus libre, plus à même de développer mes talents, de m'y accomplir et d'y vivre la joie ? Ce qu'indique ce dernier « discours » dans lequel est mimée la stratégie de justification de retrait de l'individu contemporain, c'est qu'en effet l'idée de la société émancipée de la domination et assurant son autogouvernement de manière collective n'est en elle-même plus mobilisatrice : elle n'est plus une raison suffisante pour agir. Seule la liaison avec des avantages « pour moi » rend plausible que « je » m'y investisse.

Ce vers quoi convergent toutes ces notations est donc le désinvestissement massif de la politique en tant qu'agir collectif comme médiation vers la vie bonne. La question du sens, de la vie heureuse est de plus en plus éprouvée comme relevant du seul domaine privé. Certes la politique

1. Pour un inventaire et une description évocatrice de ce désinvestissement, cf. G. Lipovetsky, *L'ère du vide. Essais sur l'individualisme contemporain*, Paris, Gallimard, 1983, en particulier le chapitre 2. Dont voici un extrait suggestif : « Considérez [...] cette immense vague de désinvestissement par laquelle toutes les institutions, toutes les grandes valeurs et finalités ayant organisé les époques antérieures se trouvent peu à peu vidées de leur substance, qu'est-ce sinon une désertion de masse transformant le corps social en corps exsangue, en organisme *désaffecté* ? [...] Qui est encore épargné par ce raz de marée ? Ici comme ailleurs le désert croît : le savoir, le pouvoir, le travail, l'armée, la famille, l'Église, les partis, etc. ont déjà globalement cessé de fonctionner comme des principes absolus et intangibles, à des degrés différents plus personne n'y croit, plus personne n'y investit quoi que ce soit. », (p. 40).

2. Dans « L'époque du conformisme généralisé », Cornelius Castoriadis note : « Après les mouvements des années soixante, le projet d'autonomie semble subir une éclipse totale. On peut considérer cela comme une évolution conjoncturelle, de court terme. Mais cette interprétation semble peu probable, devant le poids croissant de la privatisation, de la dépolitisation et de l'"individualisme" dans les sociétés contemporaines. », dans *Le Monde morcelé, op. cit.* p. 20 ; sur l'« individualisme » contemporain, cf. également C. Castoriadis, « Quelle démocratie ? », dans *Figures du pensable, op. cit.*, surtout p. 177-180.

en tant que mécanisme de coordination du vivre-ensemble n'est pas récusée. Mais désormais, elle se confond de plus en plus avec un simple agencement de dispositifs techniques dont la raison d'être s'épuise dans les fonctionnalités qu'il assume afin de permettre aux agents privés d'interagir dans des conditions prévisibles et sûres. En d'autres termes, son rôle est de permettre à chacun de *se* réaliser (poursuivre ses propres fins) tout en assurant la possibilité de la coexistence pacifique de chacun avec chacun[1]. De sorte que le rapport que l'individu noue au système politique est de plus en plus strictement instrumental : ce qui peut me servir, je m'en sers ; quant au reste, dans la mesure où je peux m'en abstenir, je l'évite[2]. Quant au lieu du sens, il se joue de plus en plus exclusivement dans la sphère privée et dans la quête, toute individuelle, d'établir un rapport au sacré, au primordial – ce dont témoignent avec force la prolifération des mouvements d'inspiration *new age* ainsi que tous les ateliers et séminaires de « développement personnel » empruntant leurs références à un cocktail de méditation transcendantale, d'astrologie, de sagesses traditionnelles (hindoues, bouddhiques, toltèques, égyptiennes, etc.), de numérologie et d'autres formes d'occultisme. La profusion de ces nouvelles formes de « spiritualités »[3] – laquelle témoigne d'ailleurs d'une « individualisation » des pratiques religieuses à base de choix et d'engagement personnel qu'aucun magistère ne peut plus prétendre régir de manière autoritaire – suggère l'idée qu'entre la génération de nos aînés et la nôtre s'est opéré un fantastique transfert d'investissement : alors qu'eux voyaient la possibilité d'un salut dans la transformation des rapports sociaux par le truchement d'une prise en charge collective des conditions de notre être- et agir-ensemble, nous ne semblons plus croire qu'en la possibilité d'un chemin

1. Proposition qui rejoint de très près la définition que Kant donne du juste dans la *Métaphysique des mœurs* : « Toute action est juste qui peut faire coexister la liberté de l'arbitre de chacun avec la liberté de tout autre selon une loi universelle, ou dont la maxime permet cette coexistence. », Kant, *Métaphysique des mœurs II*, trad. Renaut, Paris, Garnier-Flammarion, 1994, p. 17.

2. Très significatif est, à cet égard, le mouvement massif, dans tous les pays occidentaux, d'une proportion croissante des appelés pour se faire reconnaître inaptes au service militaire.

3. Dans les rayons de nos librairies, les sections « spiritualités » et « développement personnel » – souvent difficiles à distinguer d'ailleurs – n'ont cessé de s'étendre au cours des deux dernières décennies. Quelques-uns des plus grands succès de librairie de cette période ressortent à ces types d'ouvrages. Rares sont ceux, je suppose, que n'a pas touchés le raz-de-marée soulevé, par exemple, par *L'Alchimiste* de Paulo Coelho. Pour un aperçu d'ensemble de la mouvance *New Age*, on consultera avec profit Michel Lacroix, *L'idéologie du New Age*, Paris, Flammarion, 1996.

individuel vers notre propre vérité et liberté – et cela même s'il se fait avec d'autres dans le cadre d'« ateliers » animés par un « maître », un « initié » ou des thérapeutes.

La conclusion à laquelle nous conduisent ces observations est que la déshérence de l'idéal et de l'engagement révolutionnaires tient bien moins à « l'enseignement » de l'expérience soviétique et des difficultés intrinsèques de sa formulation marxiste qu'au constat d'un reflux massif des attentes naguère encore placées dans la représentation d'une société juste, plus précisément d'une société dont les membres s'autogouvernent dans un faire explicite et lucide. Les causes de cette mutation, ai-je suggéré en suivant Gauchet, sont à chercher dans la poursuite de la sortie du religieux en tant que force structurante de l'expérience collective, poursuite qui s'est traduite par la radicalisation de l'effacement de la représentation du collectif comme porteur d'un sens sacré, voire absolu. L'hétéronomie ayant désormais cessé d'avoir un sens politique tenable, le sens de l'aspiration au gouvernement de soi collectif s'est défait : « Rien ne pourra restituer leur ancienne énergie au sacerdoce du citoyen, à la majesté morale de l'État, aux sacrifices sur l'autel de la chose publique » [1].

> Fin de la Révolution ? Si le cadre d'analyse proposé ici dans le sillage des travaux de Gauchet est exact, disons en tout cas qu'il ne peut plus être question pour nous de la Révolution comme perspective messianique d'accomplissement des temps, réalisation de la transcendance dans l'immanence. Il n'est plus de foi plausible en un salut terrestre collectif par l'activité politique.

Pourtant, force est de reconnaître simultanément que la démocratie se délite sous nos yeux, littéralement groggie par les coups de boutoir que lui assène une oligarchie déterminée à faire avaler aux populations la révolution néo-libérale en cours, quel qu'en doive être le coût pour la liberté, la santé et l'équilibre des populations du globe. Si on peut accorder à Lefort qu'au cours du siècle et demi qui a suivi la Révolution française la démocratie a été dans une certaine mesure cette société sauvage et immaîtrisable qui a su arracher des droits pour la classe ouvrière [2], force est aujourd'hui de reconnaître qu'elle est désormais un des vecteurs du combat acharné mené par l'oligarchie pour poursuivre l'expropriation des populations : avec la substitution de la lutte des lobbies à la lutte des classes, les « milieux de l'économie » contrôlent en effet sans partage les

1. M. Gauchet, *La Religion dans la démocratie*, *op. cit.*, p. 65 ; cf. également p. 75 *sq*.

2. Cf. Cl. Lefort, L'invention démocratique, Paris, Livre de Poche, 1983 [1981], p. 28 *sq*.

parlements[1]. Aussi, croire que la démocratie peut constituer un ressort dans la lutte contre la pauvreté, l'exploitation et l'injustice relève du conte de fées. Ce qui ne rend que plus impérieuse cette révolution dont j'ai montré la radicale implausibilité aujourd'hui et demain.

Telle est l'aporie au cœur de laquelle nous nous trouvons et qu'en un sens, nous sommes... Et force m'est encore d'avouer, qu'aujourd'hui, je ne vois pas de piste plausible en vue de son surmontement.

Hugues POLTIER
Université de Lausanne

1. Sur ces questions, voir ici encore Cornelius Castoriadis, « Quelle démocratie ? », dans *Figures du pensable*, *op. cit.*, p. 145-180; cf. également Hugues Poltier, « Démocratie, Europe, capitalisme », à paraître et « Démocratie, égalité, libéralisme », édité sur le site de *Contrepoint philosophique*, 2002 : http ://www.contrepointphilosophique.ch/Politique/Sommaire/SommaireDemocratie.html

LA RÉVOLUTION, VUE DE L'ESPRIT

FRANÇOIS FURET ET L'HISTOIRE DE LA RÉVOLUTION FRANÇAISE, ENTRE HERMÉNEUTIQUE ET POLITIQUE

L'ouvrage de François Furet, *Penser la Révolution française*, publié en 1978, continue à faire date dans l'historiographie française et la représente encore à l'étranger. Cette longévité rare dans la production historienne – un quart de siècle aujourd'hui –, d'autant plus rare que les publications y sont plus nombreuses qu'ailleurs, s'explique par une série de coups de force politique, académique et épistémologique, qui ont garanti le succès du livre. Coup de force politique tout d'abord, puisqu'il s'agit bien là du premier coup de semonce porté au « catéchisme révolutionnaire », à l'historiographie marxiste de la Révolution française alors en plein essoufflement et recherche de reconversion ; une historiographie qui, à en croire Furet, aurait régné en maître absolu depuis le début du siècle et les premières querelles entre Aulard et Mathiez. À l'époque, ce coup de semonce a toutes les chances de passer pour un coup d'éclat, d'autant plus qu'il s'agit dans le champ politique de porter l'estocade à un parti communiste naguère premier parti de France, mais lourdement sanctionné pour sa déférence envers le stalinisme et ses avatars. Coup de force académique ensuite, puisque l'ouvrage participe d'une véritable révolution au sein de l'École des *Annales* et de la sixième section de l'École Pratique des Hautes Études qui devient École des Hautes Études en Science Sociale, où Furet succède à Le Goff (lui-même successeur de Braudel) en 1977. Furet y définit une ligne scientifique aux antipodes de la production historienne des années Febvre ou Braudel, d'une histoire économique et sociale centrée sur les longues périodes et les « oubliés » de l'histoire événementielle. Nombreux sont les jeunes historiens à lui emboîter le pas, pressés d'écarter les figures tutélaires par trop encombrantes et bien disposés à fournir toute caution épistémologique nécessaire à leurs anathèmes les plus retentissants comme à leurs critiques les plus policées.

Car le règne de Furet n'est pas sans partage. Bien au contraire, il assoit sa légitimité sur un accord tacite des historiens, véritable coup de force épistémologique dont *Penser la Révolution française* ne constitue somme toute qu'un symptôme. Il n'est que de considérer la vague de publications à caractère épistémologique dans la période pour en évaluer l'efficacité : si l'on met à part Marrou qui, dès 1954, attaque le modèle des Annales, se succèdent sur la scène dans les années 70 des noms aussi prestigieux aujourd'hui, comme alors, que ceux de Foucault, Veyne, Le Goff et Nora, de Certeau, Duby et Le Roy Ladurie[1]. Bref, toute une avant-garde consacrée qui s'accorde, toutes catégories confondues, pour rejeter unanimement l'héritage braudélien comme celui de la première génération des *Annales*, afin de faire valoir un discours à très haute ambition théorique qui entend concilier l'inconciliable : une inspiration philosophique évidente (où Foucault, Aron, entre autres, prennent une place éminente) et la revendication d'une autonomie de l'histoire à l'égard des autres sciences humaines, plus précisément de l'économie et de la sociologie.

Ce mariage, en apparence paradoxal, de servitude librement consentie[2] et d'autonomie revendiquée a en réalité toutes les caractéristiques d'une « révolution conservatrice »[3]. Certes, comme l'ont montré Tynianov et après lui Bourdieu[4], toute révolution symbolique conserve une part de ce qu'elle dépasse dialectiquement, et en ce sens toute révolution est

1. Successivement : H-I. Marrou, *De la connaissance* historique, Paris, Seuil, 1954; Michel Foucault, *L'archéologie du savoir*, Gallimard, 1969; P. Veyne, *Comment on écrit l'histoire*, Paris, Seuil, 1971; J. Le Goff et P. Nora, *Faire de l'histoire*, Gallimard, 1974 (3 volumes, et une contribution de Furet sur le quantitatif en histoire dans le t. 1, p. 53); M. de Certeau, *L'écriture de l'histoire*, Gallimard, 1975; Duby, préface (très) critique à M. Bloch, *L'Apologie pour l'histoire*, A. Colin, 1974; Le Roy Ladurie, *Le territoire de l'historien*, Gallimard, 1973. À noter la politique éditoriale des collections « Bibliothèque des histoires » chez Gallimard et « L'univers Historique » au Seuil dans la période. Sur ce point, lire G. Noiriel, *La crise de l'histoire*, Belin, 1996, chap. 9.

2. L'influence de la philosophie sur l'histoire est telle qu'il peut apparaître aujourd'hui nécessaire y compris aux yeux des philosophes, d'exiger de la discipline historique plus d'autonomie; qu'elle sacrifie moins en tous les cas à la complaisance et à la condescendance qui ont malheureusement caractérisé assez tôt le discours philosophique en France.

3. Expression empruntée à Hofmannsthal, dans son discours de Munich, à laquelle Bourdieu, dans *L'ontologie politique de Martin Heidegger*, Minuit, 1998, a donné une nouvelle signification.

4. I. Tynianov, *Formalisme et histoire littéraire*, Lausanne, l'Âge d'Homme, 1991 ; P. Bourdieu, *op. cit.*

nécessairement en partie conservatrice. Mais l'épithète s'applique au sens propre lorsque la révolution se fait volte-face, lorsque le révolutionnaire, reniant ses pères et se donnant tous les signes (politiques et rhétoriques) de la novation et du courage des progressistes, rétablit en réalité un ordre ancien. Ainsi Furet a-t-il l'honnêteté de rappeler à lui Tocqueville et Cochin (bien qu'il taise l'influence déterminante de Raymond Aron), mariant leur thèse en un anachronisme subtil qui doit probablement figurer le *summum* de l'élégance littéraire. Une révolution conservatrice, comme celle qu'engage Heidegger en philosophie et, toutes proportions gardées, Furet en histoire contemporaine, est d'autant plus difficile à déceler et à apprécier que la réaction y a toutes les apparences de la nouveauté, de l'inédit, de l'inouï. Même les vieux emprunts s'annoncent comme des découvertes. On peut néanmoins en établir les coordonnées en la plaçant sur deux axes – mais ça n'est qu'une image –, avec la méthodologie historique en abscisse et la philosophie politique en ordonnée.

Le premier axe, le plus fédérateur puisqu'il répond à l'aspiration d'autonomie de l'histoire comme à l'inspiration philosophique des nouveaux historiens (on leur laissera la responsabilité de l'expression : « nouvelle histoire »), correspond à ce que l'on pourrait appeler une tentation herméneutique. En effet, sans être toujours explicitement mis en avant dans leur référence – et si c'est le cas, c'est plutôt Aron et Ricœur qui auront le beau rôle –, certains principes proches de l'herméneutique comme l'opposition entre « compréhension » et « explication causale », en tous les cas participant avec elle d'un processus de « littérarisation » de la science qui s'autorise d'une abstraction nommée « tradition »[1] (historiographie,

1. La notion de « littérarisme » est tirée de Bouveresse en guise de réponse aux accusation de scientisme qui ont proliféré lors de l'affaire Sokal et Bricmont, et désigne lui aussi un abus de pouvoir « qui consiste à croire que ce que dit la science ne devient intéressant qu'une fois retranscrit dans un langage littéraire et utilisé de façon métaphorique ». Ses deux principes méthodiques sont : « 1) monter systématiquement en épingle les ressemblances les plus superficielles, en présentant cela comme une découverte révolutionnaire, 2) ignorer de façon aussi systématique les différences profondes, en les présentant comme des détails négligeables qui ne peuvent intéresser et impressionner que les esprits pointilleux, mesquins et pusillanimes », *Prodiges et vertiges de l'analogie*, Raisons d'agir édition, p. 22. Sur la tradition, on peut provisoirement noter l'analyse critique (qui n'est pas analyse du concept herméneutique de tradition) produite par Tynianov de la tradition littéraire dans « De l'évolution littéraire », *Théorie de la littérature*, Paris, Seuil, 1965 : « la notion fondamentale de l'ancienne histoire littéraire, la « tradition », n'est que l'abstraction illégitime d'un ou plusieurs éléments littéraires d'un système dans lequel ils ont un certain emploi et jouent un certain rôle, et leur réduction aux mêmes éléments d'un autre système dans lequel

dans le cas de l'histoire), s'imposent aux nouveaux *annalistes* soucieux de se doter d'instruments conceptuels aisément maniables et convaincants. Cette adhésion est d'autant plus déconcertante rétrospectivement que, passés les anathèmes portés à l'encontre de l'historiographie marxiste rompue à la statistique, à l'arpentage et aux courbes, le lecteur découvre dans cette nouvelle littérature épistémologique un discours plein de principes mais sans méthode très éloigné de la pratique des historiens eux-mêmes qui le défendent. À ce titre, on peut bien dire que Furet fait exception. Car *Penser la révolution française* tient à la fois du discours de la méthode et de l'histoire appliquée : l'ouvrage associe à une synthèse critique un « travail de déblaiement » et « deux études ». Il joue sur les deux tableaux là où la plupart des auteurs ont encore assez de scrupule (ou pas assez d'audace) pour les dissocier.

Cette alliance d'une prétention à la haute réflexivité, marquée par tout le lexique de la « pensée » (tout au long de l'ouvrage, on « pense » et on « interprète » à tout va), et du travail empirique, si gratifiante qu'elle est promise à un bel avenir, est scellée sous les auspices de la philosophie politique. Car l'ouvrage, présenté comme une lutte de la raison contre le marxisme et le totalitarisme, lutte d'autant plus héroïque que les ennemis furent longtemps triomphants (au prix, certes, de retouches historiographiques assez troublantes et d'un télescopage de trois traditions historiographiques totalement différentes, comme on va le voir), peut être considéré comme l'indice de pénétration du libéralisme politique dans la pensée historienne. Furet occupe ici une position extrême sur un axe où les écarts sont les plus manifestes et les coordonnées les mieux distribuées : on peut certes flirter avec l'herméneutique, même l'air de ne pas y toucher, sans pour autant sacrifier à la philosophie politique, comme Veyne et de Certeau. On l'a déjà dit, un Tocqueville mâtiné d'un Cochin, tel est l'hybride un peu monstrueux, le mythe historiographique que Furet propose : hybride qui constitue en réalité plus qu'une pure et simple retraduction littéraire de la pensée et des pratiques de la gauche libérale anti-totalitaire de l'époque, et trouve notamment – et ça n'est pas le moindre de ses paradoxes – en Raymond Aron un père philosophique. Toute l'originalité de *Penser la Révolution française* tient donc à la manière dont s'y lient, s'y entrelacent, herméneutique et politique, en un mélange où la rigueur historienne y perd ce que l'attrait littéraire y gagne manifestement aux yeux de certains.

ils ont un autre emploi. Le résultat est une série qui n'est unie que fictivement, et n'a que l'apparence de l'entité », p. 124.

LA CHRONOLOGIE POLITIQUE D'UNE ŒUVRE OPPORTUNISTE

L'œuvre de François Furet – dès l'origine, on ne s'y est pas trompé – inaugure un nouveau style et une nouvelle perspective, un nouveau point de vue sur l'histoire, le premier étant inséparable du second puisqu'un « style » n'est pas autre chose que l'expression dans le langage articulé du point de vue occupé sur un objet. Ce « style » est bien difficile à caractériser, et ceci tient pour partie à des motifs extrinsèques à la discipline historique et à sa pratique. On a, à plusieurs reprises, tenté de rattacher les écrits de Furet à deux courants historiographiques supposés contemporains, mais l'effort semble vain. Ces tentatives avortées témoignent de l'échec de l'intégration de sa problématique dans le champ de l'histoire académique.

Dans les années 80, les historiens marxistes, violemment pris à parti par les représentants de la nouvelle gauche libérale autour de Furet, répondent aux attaques en intégrant les propos de leurs ennemis dans une historiographie dite « révisionniste », singulièrement mal nommée, que l'on trouve à l'origine dans le monde anglo-saxon au milieu des années 50[1]. En effet, en mai 1954, dans une conférence inaugurale à l'University College de Londres, Alfred Cobban s'en prend pour la première fois au « mythe de la Révolution française », première passe d'armes avec l'historiographie marxiste française et anglo-saxonne alors dominante, qui donne lieu dix ans plus tard, en 1964, à la publication d'un ouvrage important, *The social interpretation of French Revolution*[2]. La critique empiriste de Cobban vise autant la problématique que le vocabulaire marxiste. Elle invite d'abord le lecteur à congédier les notion de féodalité et de noblesse féodale, de bourgeoisie urbaine et rurale, quitte à sombrer dans le nominalisme le plus strict. Par ailleurs, Cobban défend la thèse selon laquelle la Révolution française, bien loin de constituer une période de crise inaugurale du capitalisme naissant, constituerait en réalité un obstacle au développement du capitalisme moderne en France qui expliquerait son retard au XIXe siècle. Si la thèse est peu séduisante et rapidement invalidée, la critique nominaliste, qui remplit une tâche purement négative, subsiste et sert manifestement Furet. Mais celui-ci, bien qu'il ait un usage stratégique des thèses révisionnistes dans les années 70, n'en abuse pas et ne s'y reconnaît pas. Si l'on reprend la chronologie interne de *Penser la*

1. Voir en particulier Cl. Mazauric, *Jacobinisme et Révolution*, édition sociales, 1983.
2. A. Cobban, *The social interpretation of French Revolution*, 1re édition Cambridge, 1964, 2e édition 1999, avec une remarquable introduction de Gwynne Lewis.

Révolution française, on découvre que les auteurs anglo-saxons y prennent plus de place dans l'article de 1971 sur le « catéchisme révolutionnaire », attaque en règle de l'historiographie marxiste, que dans la synthèse qui ouvre le recueil en 1978[1]. Furet, affinant ses propres thèses et concevant son historiographie, efface l'héritage révisionniste. Par ailleurs, la critique du catéchisme révolutionnaire n'est pas révisionniste : elle est même paradoxalement interne au marxisme. L'accusation de révisionnisme ne tient donc pas.

Outre atlantique, à la même époque, soit au début des années 80, les historiens américains inaugurent, à la suite de la philosophie, un tournant linguistique (« linguistic turn ») dans leur discipline, censé concurrencer et même défaire l'histoire sociale. Très tôt, ils trouvent dans l'historiographie de François Furet un allié stratégique[2]. L'alliance est scellée avec un collectif important en quatre volumes associant des tenants du tournant linguistique comme Keith Michael Baker et des disciples et sectateurs de Furet, et redéfinissant la ligne de l'histoire moderne du politique : *The French Revolution and The Creation of Modern Political Culture*[3]. Cependant, les horizons théoriques des tenants du tournant linguistique et des anciens héritiers des *Annales* sont absolument incommensurables, comme a pu le montrer Roger Chartier dans cette période[4]. Le thème du retour au politique chez Furet a ainsi souvent la figure inverse du *linguistic turn*. Celui-ci, fortement marqué par les études chomskyennes et un usage très problématique du Foucault de *L'archéologie du savoir*, considère tout langage comme un système fermé de signes produisant du sens par le seul fonctionnement de leurs relations : la réalité sociale est ainsi constituée par un entrelacs de langages hétérogènes qui ont chacun leur propre logique, l'ordre des discours étant hors du contrôle des producteurs de discours. De son côté, l'histoire politique à la Furet met l'accent sur la liberté des sujets de la politique dans leurs stratégies de représentation et d'illusion,

1. F. Furet, *Penser la Révolution française*, « le catéchisme révolutionnaire », p. 133-207. L'article est publié initialement dans les *Annales*, n°2, mars-avril 1971.

2. L'ouvrage fondateur est un collectif sous la direction de La Capra et Kaplan (éd.), *Modern European History. Reappraisal and New Perspectives*, Ithaca and London, Cornell Univ. Press, 1982. Sur la nature et apories du *linguistic turn*, voir Gérard Noiriel, *La crise de l'histoire*, chapitre 4 : « la crise des paradigmes », p. 126-150.

3. *The French Revolution and the Creation of Modern Political Culture*, Keith M. Baker, François Furet, Mona Ozouf, etc., Pergamon Press, 1988.

4. Sur ce point, voir les études des années 80 rassemblées par Chartier dans *Au bord de la falaise*, Albin Michel, 1998, en particulier : « histoire intellectuelle et histoires des mentalité » et « la chimère de l'origine. Foucault, les Lumières et la Révolution française ».

autrement dit, elle insiste sur l'autonomie du politique comme lieu de la décision, y compris des dérapages, où l'initiative et la part réfléchie de l'action sont une évidence. L'alliance n'est possible que sur le terrain commun de l'hypostase des représentations et de la puissance performative du discours, en particulier du discours politique. Mais là où Furet part en quête de sujets de la politique et de sujets de l'histoire politique, les américains ne voient que des pratiques discursives plus ou moins homogènes.

Ainsi, l'historiographie de Furet n'est ni une répétition ou un écho de l'histoire révisionniste des années 50 et 60, ni une anticipation du *linguistic turn* des années 80. Sa chronologie est d'ailleurs enchâssée entre ces deux traditions puisque l'essentiel se joue bien entre 1960 et 1980. Mais l'on ne peut saisir cette chronologie sans lui assigner un lieu, et ce lieu est extérieur au champ de la production historienne. En effet, effectuer des rapprochements avec ces courants historiographiques, c'est vouloir à toute force intégrer Furet dans l'espace de l'histoire académique, sans poser une question préalable essentielle : François Furet est-il un historien ? Cette question avait pourtant été posée, de manière moins polémique qu'on ne voudrait le croire, par Soboul, en réponse aux première attaques de Furet et Richet à la fin des années 60, après la parution de leur synthèse, *La révolution française*[1]. Elle a d'ailleurs donné lieu à deux articles important de Michael Christofferson, dont on suivra ici les analyses[2]. Cependant, pour donner à la question une teneur moins polémique, puisqu'il ne s'agit pas au fond de parler au nom de la science ou pire, au nom de l'académie, on peut lui substituer une autre formulation, plus apaisée mais non moins exigeante : si Furet est bien un historien, reconnu assurément comme tel, en quoi sa pratique d'historien a-t-elle pu paraître si atypique, si hétérodoxe, au point de susciter dans le corps des historiens la réaction la plus vive, partagée entre l'enthousiasme et la détestation ?

La carrière de Furet historien est en réalité cahoteuse et même chaotique : elle alterne avec celle du chroniqueur politique, du journaliste de la gauche militante puis anti-communiste. Après avoir obtenu en 1952 son Diplôme d'Étude Supérieure sous la direction de Labrousse, un des

1. D. Richet, F. Furet : *La révolution française*, 2 vol., Hachette, 1965-1966. Soboul, Préface à *Sur la Révolution française* de Mazauric, éditions sociales, 1970.

2. M. S. Christofferson, « An Antitotalitarian History of the French Revolution : François Furet's *Penser la Révolution française* dans the Intellectual Politics of The Late 1970's », *French Historical Studies*, vol. 22, n°5, année 1999, p. 557 et 611 ; du même : « François Furet between History and Journalism, 1958-1965, *French Historical Studies*, vol. 15, n°4, décembre 2001, p. 421-447.

représentants les plus éminents de l'histoire marxiste de la Révolution française, en rédigeant un mémoire sur la nuit du 4 août 1789, le jeune communiste entame une thèse de doctorat sur la bourgeoisie parisienne. Là encore, les recommandations de son directeur de recherche sont déterminantes, comme le sont celles de Braudel qui lui offre un poste au CNRS à la même époque. Furet souffre manifestement de n'avoir pas de projet propre, et renonce à la thèse, une fois convaincu qu'il lui sera impossible de localiser et d'expliquer la révolution urbaine à partir de la stratification sociale. Un petit livre publié en collaboration avec Adeline Daumard sur la structure sociale d'Ancien Régime à Paris semble mettre un terme à sa carrière d'historien. Il s'engage alors dans le journalisme à *France Observateur*, hebdomadaire militant non affilié au parti communiste, activité dans laquelle il s'investit entièrement entre 1959 et 1964. Les années 62-64 sont les plus prolifiques de sa carrière de journaliste, puisqu'à titre de critique intellectuel et de chroniqueur politique il écrit en moyenne 12 à 14 articles substantiels par trimestre. Cette activité de journaliste décline progressivement pour cesser tout à fait en 1965, à la disparition du journal remplacé par le *Nouvel Observateur* (elle reprendra à un rythme moins effréné quelques mois plus tard).

Comme le montre Christofferson[1], le travail journalistique de Furet nous permet de suivre sa transition politique du communisme au centre gauche libéral dans la décade commençant en 1958. Ancien militant communiste dans les périodes les plus dures de l'après-guerre, Furet prend ses distances avec le PC à la fin des années 50. Il écrit à *France Observateur* sous le pseudonyme de Delcroix afin d'éviter tout conflit avec le parti dont il est encore membre en 1958, adoptant une pratique très courante chez les journalistes de l'ancienne gauche communiste. Dans ses articles, il ne cesse de se placer par rapport au PC, de critiquer le proto-fachisme du Gaullisme, démontrant son imprégnation politique encore dominante jusqu'au milieu des années 60 – passé qu'il s'est hâté de congédier par la suite, datant sa rupture avec le communisme de 59. Mais les années de journalisme sont également celles où son activité d'historien stagne. Les articles de Furet, bien qu'historiques dans leur contenu, le deviennent de moins en moins au fur et à mesure que son activité de chroniqueur politique s'intensifie. Au début de l'année 64, tout concourt à l'éloigner de l'histoire.

Le retour du journaliste à l'histoire s'opère à la faveur d'un coup médiatique. Les éditions Hachette, démarrant une collection d'ouvrage de

1. Christofferson, « François Furet betwenn History and Journalism, 1958-1965 », art. cit., p. 427.

synthèse illustrés sur l'histoire de France, proposent aux deux journalistes-historiens Denys Richet et Furet le volume sur la Révolution française. L'éditeur entend donc profiter de la notoriété de deux représentants d'un hebdomadaire reconnu pour se garantir un succès de librairie. Mais, pour cela, il faut que les masques tombent et que les pseudonymes laissent place aux patronymes. C'est chose faite dans le premier éditorial du *Nouvel Observateur* où derrière Picot et Delcroix se révèlent les auteurs véritables qui signeront désormais avec leurs propres noms. La rupture symbolique avec le passé communiste est alors très forte, en tout cas parfaitement assumée en 1965.

L'ouvrage intitulé sobrement *La Révolution française*, est une synthèse qui se distingue de l'histoire universitaire par un style polémique où les hypothèses audacieuses voire renversantes (celle du fameux dérapage de la Révolution expliquant la Terreur, ou l'interprétation psychanalytique du comportement des sans-culottes parisiens) s'autorisent de nombreuses approximations. Sont visés très manifestement les historiens sorbonnards, Soboul et Mazauric, qui tiennent encore le haut du pavé. Mais cette rupture avec l'histoire académique, ce pied de nez aux maîtres ne s'éloigne pas radicalement de l'orthodoxie. La recension critique de Claude Mazauric témoigne bien de l'indulgence un peu condescendante avec laquelle on accueille cette synthèse de nouveaux challengers de l'histoire sociale[1]. La thèse du dérapage y est ridiculisée – Furet lui-même ne l'utilisera plus dans ses ouvrages ultérieurs. Les critiques sont alors de pure méthodologie et n'invoquent en rien une quelconque inspiration révisionniste. Mais le débat s'envenime et Furet y répond avec des arguments tant politiques qu'historiographiques. Ce faisant, il trouve sa voie : les traditions historiographiques de la Révolution, objet théorique qui l'occupera pendant toute sa carrière.

La meilleure défense, la chose est bien connue, c'est l'attaque. Furet répond donc à ses critiques par d'autres critiques, qu'il applique cette fois à ce qu'il nomme « le catéchisme révolutionnaire »[2], l'orthodoxie marxiste défendue par deux inquisiteurs, ou plutôt deux commissaires de la Révolution, Soboul et Mazauric. Selon lui, la position marxiste dominante dans l'historiographie de la Révolution française souffre de l'imposition d'un modèle politique qui conduit à modifier les règles de rigueur en

1. Cl. Mazauric, « une nouvelle interprétation de la Révolution française », *Annales d'histoire de la Révolution Française*, 1967, p. 339-368.

2. F. Furet, art. cit., 1971, repris dans *Penser la Révolution française*, 2e partie, chap. 1, p. 133-207.

matière scientifique, en particulier la fameuse neutralité axiologique défendue par Max Weber. Deux ouvrages incarnent cette tendance à la radicalisation politique : *La Civilisation et la Révolution française* de Soboul et *Sur la révolution française*, de Mazauric, tous deux parus en 1970 et intégrant des critiques implicites ou explicites de Furet et Richet[1]. Dans l'un et l'autre ouvrage, les effets d'analogie avec la Révolution russe sont dévastateurs. Il en va ainsi de deux thèses principales défendues par ces auteurs : celle de la réaction féodale à la révolution dans le monde aristocratique comme celle d'une Révolution à dominante bourgeoise. Il est intéressant de constater que Furet reprend ici deux chevaux de bataille de l'histoire révisionniste, tout en s'inscrivant dans un horizon théorique plutôt orthodoxe, comme en témoigne sa bibliographie correctrice rassemblant la jeune garde de l'historiographie marxiste. Son propos est ailleurs.

Il n'est que de considérer l'argumentaire de Furet pour s'en convaincre :

> 1) [sur la réaction féodale :] Il me semble que la « réaction aristocratique » est beaucoup plus une réalité psychologique, politique et sociale qu'une donnée de la vie économique. Le XVIIIe siècle voit se produire comme une exaspération du snobisme nobiliaire, et, par ricochet, tout le long de la pyramide sociale, une exaspération du monde de la *différence*[2].

> 2) [sur le concept de révolution bourgeoise :] je tiens à cette idée, que le processus révolutionnaire, dans son déroulement et dans le relativement court terme, n'est pas réductible au concept de « révolution bourgeoise », celle-ci fût-elle « à-support-populaire », ou « ascendante », ou tout ce qu'on voudra, comme l'écrivent aujourd'hui les jargonneurs léninistes ; car dans ce qu'il comporte de dérapage permanent, et de contradictoire avec sa nature sociale, il est constitué par une dynamique politique et idéologique autonome, qu'il faut conceptualiser et analyser en tant que telle[3].

Les notions de l'historiographie marxiste, comme on peut le voir, ne disparaissent pas d'elles-mêmes, conformément au projet de l'histoire révisionniste. Elles sont, en réalité, arrachées à leurs bases sociales et, en dernière instance (pour parodier Marx), économiques, afin d'être reléguées dans le domaine des représentations, « réelles et puissantes infrastructures de la vie des sociétés », comme le signale trente ans plus tard Rosanvallon,

1. Albert Soboul, *La civilisation et la Révolution française*, Arthaud, 1970; Mazauric, *Sur la Révolution française*, Éditions Sociales, 1970.

2. F. Furet, « le catéchisme », *Penser...*, p. 159.

3. F. Furet, *idem*, *Penser...*, p. 204-205.

dans une tirade qui n'a même plus le mérite d'être polémique[1]. Entre temps, la Révolution est devenue affaire de discours, inflation des discours, et Furet entreprend de s'en faire le chroniqueur dès 1971 :

> La Révolution, ce n'est pas seulement le « saut » d'une société à une autre ; c'est, aussi, l'ensemble des modalités par lesquelles une société civile, subitement « ouverte » par la crise du pouvoir, libère toutes les paroles dont elle est porteuse[2].

Paroles, paroles : tel est l'objet nouveau donné à l'historien. L'effort de conceptualisation s'apparente alors à un travail critique, au sens philosophique et même kantien du terme, critique cette fois des idéologies commémoratives de la Révolution, aussi léninistes que lénifiantes. Mais pour que la parole prenne le devant de la scène, il faut que l'histoire sociale elle-même soit convertie en objet mort ou en pure et simple idéologie. C'est la tâche entreprise par Furet à partir de 71, qui trouve dans la conjoncture politique un appui solide.

En effet, comme le démontre Christofferson[3], la gauche non communiste s'engage à partir de 1974, après la parution de *L'Archipel du goulag* de Soljénitsyne, dans une critique anti-totalitaire. Très fortement relayée par les intellectuels médiatiques comme Bernard-Henri Lévy et André Glucksmann, elle devient rapidement hégémonique, des revues comme *Esprit* ou *Le nouvel Observateur* se constituant en leader de la contestation anti-stalinienne. La critique du totalitarisme est essentielle pour Furet, car elle rend possible une nouvelle équation, néo-jacobinisme = bolchevisme, auparavant invalidée car elle émanait des historiens marxistes eux-mêmes. L'analogie devient éclairante et permet de transformer le dérapage révolutionnaire (déjà « permanent » en 1971) en tentation constante de toute révolution, tension anti-démocratique au sein de la démocratie.

Dans un court article de 1976 publié dans un numéro de la revue *Esprit* intitulé *Révolution et totalitarisme*, Furet se propose alors de revenir sur la tentation totalitaire inscrite au cœur de nos « représentations politiques », façonnant la conscience révolutionnaire et son idée du temps historique. L'analogie, certes, vient de loin, de l'autre bord :

1. P. Rosanvallon, *Pour une histoire conceptuelle du politique*, leçon inaugurale au Collège de France-Seuil, janvier 2003, p. 29.

2. Furet, art. cit., *Penser...*, p. 206.

3. M. S. Christofferson, « An Antitotalitarian History... », art. cit., voir p. 494-495.

> Dès 1920, dans une petite brochure, un grand historien de la Révolution, Albert Mathiez, souligne la parenté entre le gouvernement des Montagnards et la dictature bolchevique des années de guerre civile, c'est-à-dire la période héroïque de la Révolution russe. Je cite : « Jacobinisme et bolchevisme sont au même titre deux dictatures nées de la guerre étrangère, deux dictatures de classes opérant par les mêmes moyens, la terreur, la réquisition et les taxes et se proposant en dernier ressort un but semblable : la transformation de la société et non pas seulement de la société russe ou de la société française, mais de la société universelle » [1].

Si l'analogie joue chez Mathiez un rôle commémoratif évident, les suites de 1917 jettent un jour blême sur 1789. L'échec de 1917 traduit celui de 1789, la Révolution permanente est un dérapage continué. Une fois abandonnée la vision enchanteresse, les idéaux qui animent *toute* Révolution – on en est là – apparaissent comme suspects, et cette suspicion peut donner matière à histoire.

Plus encore, l'historiographie marxiste, dans sa version commémorative, devient *anachronique*. Le stalinisme n'étant plus à l'ordre du jour, la mythologie révolutionnaire non plus, il est temps de sortir de l'enfance pour entrer dans l'ère adulte, l'ère du soupçon. En 1976, les historiens marxistes sont disqualifiés politiquement. Ils appartiennent au passé de l'histoire. Reste cependant à les disqualifier scientifiquement, tâche à laquelle Furet se consacre dans sa grande synthèse de 1978 composant la première partie de *Penser la Révolution française*. Après le coup de force académique et politique vient le coup de force épistémologique. C'est avec un tour de passe-passe que Furet assoit sa légitimité dans la discipline, et la philosophie anti-positiviste y est manifestement pour beaucoup.

UN DÉBAT « PHILOSOPHIQUE » SUR LA CAUSALITÉ HISTORIQUE

L'ouvrage de Furet, au titre déjà si évocateur, s'ouvre sur une première partie, « La révolution française est terminée », qui signale la fameuse « synthèse » avec un effet d'annonce qui tient plus de la chronique politique à succès que de l'histoire académique. Il s'agit, nous dit-on, de rompre avec « le cercle vicieux de l'histoire commémorative », de se libérer, par l'interprétation et le désinvestissement affectif, d'un certain

1. F. Furet, « au cœur de nos représentations politiques », *Esprit*, septembre 1976, p. 177.

nombre d'automatismes que l'événement, « si tyrannique dans la conscience politique contemporaine », suscite d'emblée chez le novice comme chez le professionnel, chez le mandarin du jacobinisme comme chez l'oblat miraculé [1]. C'est que l'histoire de la Révolution a trop longtemps souffert d'un processus d'identification et d'adhésion spontanée qu'on peut traduire aussi bien en termes psychanalytiques (« récit des origines », « discours de l'identité ») qu'eschatologiques (« annonciation », « avènement ») ou même politiques (« mainmise de l'histoire sociale sur l'histoire révolutionnaire », « néo-jacobinisme », « privilège exorbitant de l'idée de révolution »). Comme on peut le voir, la synthèse bannit toute nuance dans l'appréciation de l'historiographie de la Révolution, qu'on jugera au mieux, pour reprendre les termes de Bouveresse à propos de la stratégie dite de « littérarisation », pointilleuse ou mesquine, au pire suspecte de complicité avec le stalinisme – il est vrai qu'« aujourd'hui, le Goulag conduit à repenser la Terreur, en vertu d'une identité dans le projet » [2]. On constatera toutefois plus loin que la nuance s'impose dans l'appréciation de traditions différentes qui sont bien loin de présenter un front unique, essentiellement politique. Mais la stratégie de politisation systématique des discours scientifiques pourtant tenus à la neutralité axiologique, pratique courante dans les médias, reste d'une efficacité redoutable. François Furet, homme de science, est cependant loin de se satisfaire de ces mesures inquisitoriales et reporte le conflit sur des principes épistémologiques qui ont toutes les apparences du sérieux.

En effet, selon lui, les historiens marxistes se sont rendus coupables d'avoir adhéré à une mythologie historiographique qui n'est rien d'autre que la retraduction d'un discours jacobin sur la Révolution. Mais si l'on s'attaque à cette concaténation de mythes, on découvre qu'il renvoient tous à un problème extérieur au jacobinisme et qui concerne plus directement la pratique historienne : celui de la prise en compte ou du rejet de l'explication causale. Deux mythes fondamentaux relevés par Furet nous y conduisent. Le premier est celui de la coupure révolutionnaire : ce mythe est une production des révolutionnaires eux-mêmes. Il est lisible y compris dans les mutations sémantiques qui font passer le terme « révolution », utilisé en astronomie pour désigner le mouvement circulaire par lequel un astre revient à son point de départ sur son orbite, en politique, où il désigne successivement le retour éternel des mêmes formes politiques puis le « changement extraordinaire » qui bannit l'idée de restauration et porte au

1. F. Furet, *Penser la révolution*, « Folio », Paris, Gallimard, p. 26.

2. J. Bouveresse, *op. cit.*, Furet, *Penser...*, p. 29.

premier plan la question de la légitimité et du droit à l'insurrection[1]. La coupure révolutionnaire telle que Furet la lit dans l'historiographie marxiste prend la forme d'un bouleversement social : « avant, le féodalisme ; après, le capitalisme. Avant, la noblesse ; après, la bourgeoisie »[2]. À en croire les Lefebvre, les Labrousse, les Soboul, etc., capitalisme et bourgeoisie seraient apparus au cours de l'épisode révolutionnaire d'un seul bloc. Sept pages plus haut, il citait pourtant Lefebvre récusant cette hypothèse : « *L'ancien régime avait engagé l'histoire agraire de la France dans la voie du capitalisme ; la Révolution a brusquement achevé la tâche qu'il avait entreprise* »[3]. La thèse défendue est celle de l'accélération d'un processus en temps de crise, thèse qui reste chère à des chroniqueurs comme Tocqueville (que Furet, après Aron, révère) et pas celle d'une césure définitive entre deux ères, la féodalité et le capitalisme moderne. En tous les cas, cette thèse de la crise de la société féodale est explicitement défendue par Marc Bloch, fondateur des *Annales*.

Mais ce que vise Furet à travers la mythologie de la coupure est moins l'hypothèse intenable et unanimement rejetée par les historiens « marxistes » d'un bouleversement social spontané que le « raccordement des niveaux d'interprétation avec la chronologie de l'événement »[4]. La rupture objective doit être d'une autre nature que sociale, et ses modalités sont de politique et de représentation, pour faire vite, philosophico-politiques. Car Furet manipule l'histoire sociale comme un dogme braudélien dont il tire un syllogisme bancal : le social est du temps long ; la Révolution française est une accélération de l'histoire ; la Révolution n'est donc pas du ressort de l'histoire sociale. Ce qui le conduit à l'invention d'un second mythe, assez contradictoire en réalité avec le premier, mais peu importe, le mythe fataliste ou nécessitariste : « Le postulat de la nécessité de « *ce qui a eu lieu* » est une illusion rétrospective classique de la conscience historique : le passé est un champ de possibles à l'intérieur duquel « *ce qui est arrivé* » apparaît après coup comme le seul avenir de ce passé »[5]. Dupes de l'illusion du changement, les marxistes croient aussi en

1. Mona Ozouf, article « Révolution », *Dictionnaire critique de la Révolution française* (éd. Furet et Ozouf), p. 847-858.

2. F. Furet, p. 31.

3. G. Lefebvre cité par Furet, p. 24.

4. F. Furet, p. 31.

5. F. Furet, p. 40. Comme pour nous persuader qu'un mythe n'exclut pas l'autre, Furet insiste alors sur le fait que le postulat fataliste « en recouvre un deuxième dont il est inséparable, celui de la coupure chronologique absolue que représente 89 », sans qu'on

la continuité. En réalité, on veut nous démontrer que, pas plus qu'il n'y a accélération ou aggravation d'une crise économique et sociale, relayée par une crise financière et politique, dans la période révolutionnaire, il n'y a de *cause* sociale et économique de la Révolution. L'explication causale, particulièrement dans son insistance sur les facteurs économiques et sociaux, conduit à neutraliser l'imprévisibilité de l'action politique dans le temps court. La lecture marxiste perd tout simplement la notion d'événement car sa périodisation, son découpage chronologique lui rendent incompréhensible cette abstraction métaphysique. Qu'est-ce qu'un événement, selon Furet? Certainement pas la rencontre de séries causales indépendantes, comme le veut l'historiographie marxiste. Tout simplement : ce qui modifie ses propres conditions de production. Aussi la Révolution française apparaît-elle comme l'événement à l'état pur qui, ouvrant dans l'histoire le champ des possibles, condamne l'explication causale :

> En effet, un phénomène comme la Révolution française ne peut pas être réduit à un simple schéma de type causal : de ce que cette Révolution a des causes, il ne s'ensuit pas que son histoire tient tout entière dans ces causes. Admettons un instant que ces causes soient mieux élucidées qu'elles ne sont, ou qu'on puisse en dresser un jour un tableau plus opératoire; il reste que l'événement révolutionnaire, du jour où il éclate, transforme de fond en comble la situation antérieure et institue une nouvelle modalité de l'action historique qui n'est pas inscrite dans l'inventaire de cette situation[1].

Avec de tels propos, Furet ne se contente pas de récuser toute une tradition historiographique centrée sur la notion de crises structurelles et conjoncturelles : crises économiques, crises financières, crises sociales, crises politiques, dont le mélange détonnant aurait fait naître la révolution. Il redéfinit implicitement la tâche de l'historien face à un événement : un travail d'interprétation et non d'explication causale. « Le débat sur les causes de la Révolution ne recouvre pas le problème du phénomène révolutionnaire, largement indépendant de la situation qui précède »[2].

sache ni ce qu'est une coupure « absolue », ni le lien que l'on peut établir entre cette rupture et la continuité exigée par l'hypothèse nécessitariste.

1. F. Furet, p. 44.

2. F. Furet, *idem.* Et plus loin également, p. 46 : « Il y a, dans le concept de révolution (dans cette acception du terme) quelque chose qui correspond à son « vécu » historique et qui n'obéit pas à la séquence logique des effets et des causes : c'est l'apparition sur la scène de l'histoire d'une modalité pratique et idéologique de l'action sociale, qui n'est inscrite dans rien de ce qui l'a précédée; un type de crise politique la rend possible, mais non nécessaire;

Sous-entendu : l'explication causale vaut pour les périodisations longues, mais alors elle n'explique rien ; en revanche, les événements qui jalonnent l'histoire, le plus souvent politique ou de représentation (la représentation constituant « l'illusion de la politique », l'illusion que la politique elle-même sécrète) échappent à l'analyse causale et requièrent une certaine finesse interprétative. Celle-ci se reporte sur les actes et sur les discours, inaugurant une ère du soupçon où l'histoire philosophante en vient à critiquer idées, idéaux et idéologies. Ainsi, en maniant la périodisation braudélienne à son compte, Furet arrache le temps court au primat de l'histoire sociale. « À quel prix ? », diront les plus méfiants. Tout simplement celui d'une révocation de la causalité historique qui place Furet dans une filiation antipositiviste aux côtés de Raymond Aron. Il apparaît, par conséquent, essentiel de revenir sur les modalités de cette critique de la causalité historique puisqu'elle est à la source de l'alliance entre herméneutique et politique qui consacre cette nouvelle manière d'écrire l'histoire.

François Furet n'a jamais caché sa sympathie pour les thèses philosophiques et politiques d'Aron. Un des articles qui composent son recueil, *Penser la Révolution française*, a d'ailleurs été à l'origine publié dans des « Mélanges » en son honneur[1]. Mais sa dette à l'égard du philosophe est plus difficile à évaluer dans ses ouvrages que dans certains de ses articles au *Nouvel Observateur*, où il s'agit pour lui, stratégiquement, de se démarquer de la gauche traditionnelle pour promouvoir un discours politique à la mesure de son rejet de l' « illusion communiste » et de son propre passé militant. Le plus simple est alors d'évaluer l'impact d'Aron sur la production historienne des années 70 dans son ensemble. En effet, on peut noter que des auteurs en apparence si différents par leurs préoccupations et leurs objets historiques que Marrou, Veyne, de Certeau et Furet lui-même s'en réclament plus ou moins explicitement[2]. En réalité,

et la révolte ne lui fournit aucun modèle, puisqu'elle fait partie par définition de l'ancien système politique et culture ».

1. Il s'agit de l'article intitulé : « Tocqueville et le problème de la Révolution française », publié à l'origine dans *Science et Conscience de la société*, Mélanges en l'honneur de Raymond Aron, 2 vol., Calmann-Lévy, 1971.

2. Chez Marrou, l'inspiration est évidente. En revanche, chez P. Veyne et de Certeau, on a tendance à majorer l'importance de Foucault en négligeant ce que peut avoir de problématique – et par conséquent, d'intéressant – l'inspiration conjointe de deux philosophes que tout en apparence sépare. Ainsi, pour P. Veyne, *Comment on écrit l'histoire*, préface p. 10 : « Par ailleurs, le lecteur trouvera, en maint endroit de ce livre, des références implicites et, sans doute aussi, des réminiscences involontaires de *L'introduction à la philosophie de l'histoire* de Raymond Aron, qui demeure le livre fondamental en la matière ». Pour de

la génération entière est séduite par une pensée qui à travers la tradition sociologique et herméneutique allemande, offre une alternative au « sociologisme » et au « positivisme » de l'histoire en France depuis Febvre et Bloch. Mais Furet est probablement le premier – et là réside l'intérêt de son travail – à présenter une traduction historienne quasi-littérale de certains préceptes du philosophe. Ceci tient autant aux homologies de positions dans le champ universitaire et politique qui peuvent, par ailleurs, être partagées avec d'autres historiens (antipositivisme et libéralisme politique opposé au marxisme), qu'à la parenté des objets étudiés (l'histoire contemporaine du politique et l'historiographie contre-révolutionnaire comme palliatif à Marx). La filiation est donc beaucoup plus encombrante dans son cas et c'est probablement la raison pour laquelle un auteur omniprésent alors dans l'avant-garde consacrée est paradoxalement si absent dans l'œuvre de l'un de ses héritiers.

Pour faire vite, on peut dire que Furet et Aron partagent avant tout des ennemis communs. On a longtemps négligé l'alliance stratégique opérée dans les années 30 entre les historiens de l'École des *Annales* (Febvre, Bloch), la seconde génération de l'école durkheimienne (Halbwachs, Bouglé, Simiand en particulier) et celle des nouveaux historiens sorbonnards de la Révolution française (Lefebvre, Labrousse). Le premier chaînon de cette alliance est aujourd'hui mieux connu : leurs opposants ont assez tôt taxé les premiers annalistes de « sociologisme » ou d' « économisme », et personne n'ignore les hommages rendus par Lucien Febvre à Simiand, l'économiste de l'école durkheimienne, comme les débats houleux, par recensions et articles interposés, entre Halbwachs et Marc Bloch. En revanche on oublie trop souvent la participation des historiens sorbonnards aux *Annales*. Dans le tome IX pourtant, Georges Lefebvre propose un long commentaire critique de l'ouvrage de Labrousse, *L'esquisse du mouvement des prix et des revenus en France au* XVIII*e siècle*, lui-même intitulé : « le mouvement des prix et les origines de la Révolution française »[1]. Par ailleurs, Labrousse dans un entretien tardif et rétrospectif avec Christophe Charle, se réclame explicitement de l'École des *Annales*. Enfin, le dernier

Certeau, dans *L'écriture de l'histoire*, p. 80 : « En vulgarisant les thèmes de l'« historisme » allemand, Raymond Aron a enseigné à toute génération l'art de pointer les « décisions philosophiques » en fonction desquelles s'organisent les découpages d'un matériau, les codes de son déchiffrement et l'ordonnance de l'exposé. Cette "critique" représentait un effort théorique. Elle marquait une étape importante *par rapport* à une situation française où prévalaient les recherches positives et où régnait le scepticisme à l'égard des "typologies" allemande ».

1. *Annales*, t. IX, p. 139-170.

chaînon qui lie historiens sorbonnards et sociologues durkheimiens ne fait pas défaut : la thèse de Labrousse, *La crise de l'économie française à la fin de l'Ancien régime et au début de la Révolution*, est en dialogue constant avec les théories de Simiand sur les fluctuations de longues périodes et les crises économiques [1].

Si Aron peut servir de machine de guerre aussi bien contre les *Annales* que contre les historiens sorbonnards « marxistes », c'est d'abord parce qu'une part essentielle de ses premiers écrits affronte la sociologie durkheimienne et plus spécifiquement la sociologie économique de Simiand. Dans sa thèse, *L'introduction à la philosophie de l'histoire*, soutenue en 1938 face à des représentants éminents de l'école durkheimienne, Fauconnet et Bouglé, Aron lance les premières attaques, qui resteront les plus vigoureuses et systématiques. Elles visent avant tout l'introduction en sociologie du principe de causalité, auquel il prétend substituer une théorie de la « conditionnalité » qu'il tire de sa lecture de Max Weber. Il est alors le premier à introduire la sociologie allemande en France. Que l'unité d'une telle sociologie ne puisse selon lui prêter à caution, que Max Weber constitue bel et bien à ses yeux un rempart contre la causalité, voilà des « mythes historiographiques » sur lesquels il faudra revenir[2]. Mais c'est avant tout la critique de la causalité qui nous occupe ici, puisqu'elle est manifestement convertie en instrument polémique chez Furet.

La critique peut se décomposer en deux moments principaux. Elle s'applique d'abord au principe de la relation la plus générale selon lequel la relation causale définie par la sociologie ne serait lisible qu'au niveau abstrait du social et ne concernerait pas les rapports « monadiques » entre individus déterminés. Ensuite, elle conteste le déterminisme et le fatalisme induits par les grands principes de régularité et même de conservation identifiés dans le monde social au moyen des méthodes de l'histoire comparée et des variations concomitantes. Pour résumer, selon Aron, le passage de l'induction pure et simple pratiquée par tout historien au régime de la causalité défendu par « les fanatiques de la sociologie » suppose une double transgression métaphysique : l'hypostase du social et la recherche

1. Pour les œuvres de Labrousse : *L'esquisse* est publiée en 1933 chez Dalloz, *La crise* en 1944 aux P.U.F. Sur les rapports Labrousse-Simiand, voir C. Debeir, « Le long terme dans l'histoire économique » dans *F. Simiand, Sociologie, Histoire, Économie*, L. Girard et Rosier (éd.), 1996, p. 145-150.

2. Sur ce point, voir l'article remarquable de Catherine Colliot-Thélène : « Max Weber et la sociologie allemande : critique d'un mythe historiographique », dans *Études wébériennes, rationalité, histoire, droit*, P.U.F., 2001, p. 133-167.

de constantes dans l'évolution historique qui conduit à l'invocation d'un premier moteur.

En premier lieu, selon le principe de la relation la plus générale, la sociologie durkheimienne est coupable d'avoir réifié le social traité alors comme une chose, un phénomène autonome, irréductible à ses modalités de composition et susceptible de garantir par la suite une induction du général au général assumée comme seule cause sociale valide. La généralité du social dont part la sociologie n'est qu'une abstraction et les principes de sa détermination sont parfaitement étrangers à la logique de la science :

> Il [Durkheim] semble concevoir chaque société comme un tout autonome qui se suffit à lui-même. De plus, il substitue à la société telle qu'elle se présente à nous, dans sa complexité concrète, l'*espèce sociale* et ses *traits constitutifs* qui seraient seuls objets de science. Il se figure écarter ainsi tous les accidents qui ressortissent à l'histoire. La nature propre de la vie collective a pour cause le *milieu interne* et, en dernière analyse, la densité (densité matérielle et dynamique) baptisé fait primaire [1].

Il y a donc une postulation métaphysique de l'homogénéité du social à l'origine de la construction de l'explication causale défendue en sociologie. Une fois hypostasiée, la totalité sociale peut avoir toutes les causes en elle-même, car tout rapport d'antériorité dans le social passe de la généralité à la généralité. C'est ainsi que la sociologie redéfinit l'histoire comme histoire sociale, histoire du social.

Pour autant, ce rapport d'antériorité et de succession d'un état du social à un autre ne devient cause qu'une fois établis de grands principes de conservation, et c'est là qu'apparaît le déterminisme sociologique. Une fois abstrait le tout social, les sociologues partent à la recherche d'un premier moteur susceptible de conclure de l'antériorité d'une phase par rapport à une autre, à un rapport de cause à effet. Le raisonnement sociologique, parce qu'il repose à l'origine sur l'abstraction du social comme totalité cohérente disposant de son propre principe d'évolution, est irréductiblement conduit à un fatalisme qu'exclut là encore toute théorie de la science. Ce faisant, il transforme des conditions d'émergence d'un fait (une guerre, une révolution) en cause sociale, l'événement contingent, inséparable de ce que Croce appelait la coïncidence de l'initiative et de l'occasion, en une nécessité inéluctable :

1. Aron, *Introduction à la philosophie de l'histoire*, section III, chap. II : « Causes sociales », p. 250.

> à partir du moment où le sociologue formule le problème en termes généraux (quelles sont les causes qui déterminent les guerres ?), il suppose que celles-ci sont *déterminées*, il oublie ou ne veut pas se rappeler que le moment et les singularités de chaque guerre résultent d'initiatives individuelles ou de rencontres, car de faits en apparence étrangers à toute règle. *Pour construire le déterminisme, le sociologue, par obligation professionnelle, en admet l'existence*[1].

À ce stade, peu importe le déterminant fondamental : économique (crise sociale), moral (anomie), idéologique (nationalisme), ou purement sociologique (lutte des classes, crise des sociétés impériales, etc.). Le choix dépend d'une philosophie de l'histoire aménagée par la sociologie elle-même. *Les facteurs, considérés d'un point de vue macroscopique, auront toujours la particularité d'être déterminants.* La causalité étant nécessitante aux yeux du sociologue, elle préside à l'instauration de certaines lois de l'évolution sociale auxquelles il faudra plier les données empiriques. La statistique sociale constitue l'instrument fondamental de cette réduction.

Contre le sociologisme, Raymond Aron prétend rétablir un historicisme radical, qui interdit à l'historien la transition illégitime de l'induction simple à l'imputation causale. Cet historicisme est nourri d'une référence à Max Weber, devenu alors le chantre de la compréhension et de la conditionnalité contre le *regressus* causal. En effet, deux thèses wébériennes permettraient selon lui de contrer le sociologisme durkheimien. En premier lieu, le principe de sélection des facteurs serait surinvesti par la compréhension : Aron y redéfinit ainsi le rôle de l'idéal-type wébérien. En second lieu, l'antériorité dans le social définirait une conditionnalité et non une cause : l'action individuelle, l'entreprise, ne serait plus proscrite dans l'analyse sociologique, mais encouragée. On aurait donc la porte ouverte à l'individualisme méthodologique – soit dit en passant, mais on le verra par la suite, à une autre philosophie de l'histoire.

Les objections qu'Aron porte au sociologisme paraissent bien-fondées et définitives – ce qui expliquerait leur succès aujourd'hui, l'effet de séduction qu'elles exercent sur tous les adversaires des sciences sociales. Toutefois, on peut tenter d'y répondre avec les instruments de la sociologie durkheimienne mais aussi ceux de la sociologie wébérienne, puisque l'allié objectif d'Aron constitue en réalité l'un des adversaires les plus déterminés de la méthode qu'il promeut.

1. Aron, *idem*, p. 292.

En premier lieu, la généralité du social pris dans sa totalité ne constitue en rien une anticipation philosophique des données de la science. Le *fait social* se donne à l'observateur sans qu'il lui soit besoin d'invoquer de quelconques prémisses théoriques. Ce qui le caractérise en propre, c'est son extériorité et surtout sa généralité. Le mot social désigne un nombre déterminé de phénomènes qui ne sont ni de nature organiques, car ils consistent en représentations et en actions, ni de nature psychologiques, puisqu'ils ont une existence hors de la conscience individuelle, ni de nature socio-psychologiques, puisqu'ils ne consistent pas en manifestations simplement privées de comportement sociaux. En cela, Durkheim fixe des limites très précises au champ d'investigation du sociologue, limites qui seront pas la suite souvent transgressées, et le sont d'ailleurs à la même époque dans la sociologie allemande. Les phénomènes sociaux seront avant tout des phénomènes collectifs. Qu'est-ce qui les arrache, pour autant, à un substrat psychologique ? Leur caractère contraignant, le fait qu'ils s'imposent de l'extérieur, qu'ils sont indépendants de la volonté de l'individu social :

> Nous arrivons donc à nous représenter, d'une manière précise, le domaine de la sociologie. Il ne comprend qu'un groupe déterminé de phénomènes. Un fait social se reconnaît au pouvoir de coercition externe qu'il exerce ou est susceptible d'exercer sur les individus ; et la présence de ce pouvoir se reconnaît à son tour, soit à l'existence de quelque sanction déterminée, soit à la résistance que le fait oppose à toute entreprise individuelle qui tend à lui faire violence[1].

La science sociale a donc pour objet un ensemble de faits normatifs, dont le caractère normatif indique la généralité. Ceux-ci sont attestés dans l'expérience ordinaire et ne requièrent aucune présupposition, de quelque ordre que ce soit.

D'où est alors tiré le principe de la relation générale ? Puisque c'est Simiand qui est en cause, ici, en particulier dans son article de 1903 sur « la causalité en histoire »[2], il convient de lui laisser la parole. Du reste, son propos ne diffère pas de celui de Durkheim 12 ans plus tôt[3]. Ce précepte

1. Durkheim, *Les règles de la méthode sociologique*, 1re édition, Alcan, 1894, Paris, Champs-Flammarion, p. 103-104.

2. « La causalité en histoire », *Bulletin de la Société Française de Philosophie*, 1906, t. VI, repris dans F. Simiand, *Méthode historique et sciences sociales*, éd. archives, p. 209-241.

3. Qu'il réexpose d'ailleurs en 1903 dans un article fameux, voir Durkheim et Fauconnet, « Sociologie et science sociale », *Revue philosophique* 55, repris dans *Textes 1*, p. 121-159.

dépend d'une première règle énoncée par Simiand, qui consiste à *définir en termes généraux l'effet précis proposé à l'explication.* Autrement dit, la généralité de la cause dépendra de la généralité de l'effet. C'est d'abord parce que l'on considère un phénomène comme social que l'on peut aller lui chercher des causes sociales. Le principe de causalité n'est pas réfuté à l'échelle d'un individu, il est simplement suspendu, mis en veille : en effet, les principes psychologiques de l'association des idées, de la dépendance physiologique, comme le problème du temps interne tendent à porter un voile d'ignorance sur l'explication causale en psychologie. En revanche, l'explication en sociologie s'avère plus fiable, pour autant qu'elle évite d'imputer un effet social à une cause psychologique ou individuelle. Le précepte de la relation générale est en réalité une reformulation du principe classique de la proportionnalité de la cause et de l'effet. Il n'est que de cause sociale à un phénomène social, ou, comme le dit mieux Durkheim : « la cause déterminante d'un fait social doit donc être recherchée parmi les faits sociaux antécédents, et non parmi les états de la conscience individuelle »[1]. Ce précepte est enrichi par un autre, celui de la non-substituabilité d'une cause à une autre cause pour un même effet. L'explication causale en sociologie repose donc manifestement sur trois principes dont deux sont hérités de l'empirisme classique : la proportionnalité de la cause et de l'effet, la non-substituabilité d'une cause à une autre pour un même effet; le dernier, propre à la sociologie comme science des faits sociaux : la généralité de l'effet.

Raymond Aron, a par conséquent, raison de voir dans le principe de la relation générale une conséquence de la détermination du social, mais il a tort de considérer le social comme une hypostase métaphysique et non comme un ensemble de faits ou phénomènes rigoureusement circonscrits. Par ailleurs, et c'est notre second point, notre philosophe, tout en s'autorisant tous les sarcasmes à l'égard des définitions empiriques de la causalité, comme celle du « vieux Mill », dissimule mal sa fascination pour une conception nomologique de la causalité héritée du néo-kantisme : selon celle-ci, la relation entre cause et effet ne serait objectivement rien d'autre que l'instance d'une régularité, ou plus exactement l'instanciation d'une loi. On n'envisagerait donc de rapport causal que sous l'horizon d'une loi. Par conséquent, tout rapport d'antériorité ou de succession qui ne serait pas légalisable échapperait à la causalité : il en irait ainsi de la succession des faits historiques. À ce titre, la causalité sociologique ne saurait se fonder que sur de grandes constantes, l'économisme en

1. Durkheim, *op. cit.*, p. 202.

particulier se subordonnant toute donnée historique. Mais Durkheim est bien loin des prémisses nomologiques. Plus fidèle à l'empirisme, Durkheim maintient les principes humiens de la contiguïté, de la successivité tout en rejetant l'hypothèse d'une pluralité des causes proposée par Mill. Ensuite, il substitue à la thèse de la conjonction constante indicatrice d'une loi, celle de la concomitance constante (ou des variations concomitantes de deux séries de phénomènes) qui permet d'identifier un rapport causal. Ainsi, la définition des révoltes frumentaires ou troubles de subsistance passe par la mise en série de plusieurs facteurs concomitants : mauvaise récolte de céréales, hausse du prix du grain entraînant un effondrement du pouvoir d'achat dans une économie de subsistance.

C'est alors la concomitance constante qui tient lieu de loi sociologique et par conséquent de loi historique :

> La manière dont un phénomène se développe en exprime la nature ; pour que deux développements se correspondent, il faut qu'il y ait aussi une correspondance dans les natures qu'ils manifestent. La concomitance constante est donc, par elle-même, une loi, quel que soit l'état des phénomènes restés en dehors de la comparaison. (...) Quand deux phénomènes varient régulièrement l'un comme l'autre, il faut maintenir ce rapport alors même que, dans certain cas, l'un des phénomènes se présenterait sans l'autre. Car il peut se faire, ou bien que la cause ait été empêchée de produire son effet par l'action de quelque cause contraire, ou bien qu'elle se trouve présente, mais sous une forme différente de celle que l'on a précédemment observée [1].

La relation de causalité se résorbe-t-elle pour autant dans la loi de concomitance constante ? On aurait alors affaire à une nouvelle version de la conception nomologique. Durkheim, promoteur d'une sociologie expérimentale, y est tout à fait étranger. Aussi la concomitance doit-elle fonctionner à ses yeux comme l'indice d'un rapport causal, rien de plus. Seules les méthodes de comparaison et de mise en série sont susceptibles de faire passer de la concomitance à la cause effective. Un rapport causal est donc élaboré et non simplement identifié au moyen d'une loi :

> Il est vrai que les lois établies par ce procédé ne se présentent pas toujours d'emblée sous la forme d'un rapport de causalité. La concomitance peut être due non à ce qu'un des phénomènes est la cause de l'autre, mais à ce qu'ils sont tous deux des effets d'une même cause,

1. Durkheim, *op. cit.*, p. 223.

> ou bien encore à ce qu'il existe entre eux un troisième phénomène, intercalé mais inaperçu, qui est l'effet du premier et la cause du second. Les résultats auxquels conduit cette méthode ont donc besoin d'être interprétés. Mais quelle est la méthode qui permet d'obtenir mécaniquement un rapport de causalité sans que les faits qu'elle établit aient besoin d'être élaborés par l'esprit ? Tout ce qui importe, c'est que cette élaboration soit méthodiquement conduite et voici de quelle manière il faudra procéder. On cherchera d'abord, à l'aide de la déduction, comment l'un des deux termes a pu produire l'autre ; puis on s'efforcera de vérifier le résultat de cette déduction à l'aide d'expérience, c'est-à-dire de comparaisons nouvelles. Si la déduction est possible et si la vérification réussit, on pourra regarder la preuve comme faite. Si au contraire, l'on n'aperçoit entre ces faits aucun lien direct, surtout si l'hypothèse d'un tel lien contredit des lois déjà démontrées, on se mettra à la recherche d'un troisième phénomène dont les deux autres dépendent également qui ait pu servir d'intermédiaire entre eux [1].

Ce qui fait essentiellement défaut à Durkheim, c'est un calcul de probabilité qui soit susceptible de faire passer la concomitance constante d'indice de l'antécédence à indice de la cause. Sur ce point, Durkheim est assurément très flou, comme est flou le statut des lois qu'il prétend identifier. Pour autant, les rapports de causalité ne présupposent rien de quelconques constantes sociales que Raymond Aron prétend trouver dans un sociologisme fataliste. Bien au contraire, on pourrait reprocher à la sociologie durkheimienne d'avoir suffisamment affaibli le principe de causalité pour qu'il ouvre la porte à la compréhension herméneutique. Ce n'est pas le cas, à nos yeux du moins, de Max Weber.

En effet, et ce sera notre dernier point, Max Weber peut-il servir de caution à la sociologie compréhensive comme à l'individualisme méthodologique ? Bien au contraire, la problématique wébérienne correspond à une extension de l'explication causale vers des domaines qui ne sont pas recouverts d'ordinaire par la sociologie, en particulier l'explication des conduites individuelles. À ce titre le schéma herméneutique de la compréhension n'est pas applicable à Weber. Celui-ci distingue l'interprétation du sens objectivé des produits du langage et du sens intentionnel des actions, qui s'inscrit dans un rapport causal. Comme l'indique Catherine Colliot-Thélène, dont on suivra ici les analyses : « la compréhension des motivations de l'action est intrinsèquement une forme d'explication causale » [2].

1. Durkheim, *op. cit.*, p. 223-224.
2. C. Colliot-Thélène, art. cit., p. 144-145.

En premier lieu, l'interprétation « probabiliste » fournit un indicateur supplémentaire de la causalité. Elle permet, par ailleurs, d'opérer une discrimination entre un savoir nomologique et une explication causale. Ainsi, dans un article fameux des écrits sur la doctrine de la science, « Roscher et Knies et les problèmes logiques de l'économie politique historique »[1] – article qui, tout en étant le plus long, le plus systématique et le mieux documenté de l'ouvrage, n'est pas traduit dans la version française, ce qui indique bien l'influence de Raymond Aron y compris sur la politique de traduction de cet auteur – Max Weber montre qu'un *regressus* causal complet étant toujours impossible, l'explication se contente d'identifier les cas les plus probables qui ne contreviennent pas à notre savoir nomologique. Si l'on considère un bloc de pierre fendu par la foudre, les modalités du choc, de la brisure et de la chute seront susceptibles d'être expliquées causalement à partir de lois mécaniques connues, comme un calcul rétrospectif de probabilité. Ce calcul indiquera une cause pour autant qu'il respectera certains principes empiriques relevant de l'imputation (contiguïté spatiale, succession temporelle) d'une part, et ne contreviendra pas, d'autre part, à un savoir nomologique acquis (lois du choc, de la gravitation, etc.). Mais alors « la possibilité de jugements de *nécessité* causale n'est, dans l'explication des processus concret, en aucun cas la règle, mais l'exception, et ces jugements ne se rapportent qu'à des composantes individuelles du processus général pris pour eux-mêmes par abstraction d'autres qui peuvent ou doivent rester de leur côté "indifférents" »[2]. Autrement dit, le concret dans le processus naturel ne ressortit jamais à un savoir purement nomologique. L'explication causale se dégage ainsi, comme calcul, de la nécessité métaphysique. C'est dire que la loi ne définit pas les procédures mises en œuvre dans l'explication causale, qui lui sont irréductibles. Bien au contraire, la loi constituerait le produit de l'abstraction de certains rapports réglés, réguliers, au sein du processus général.

En quoi un processus « interprétable » comme une action humaine, à la différence de la chute d'un bloc de pierre frappé par la foudre, n'échappe-t-il pas aux modalités d'explication ? En ce que notre besoin de causalité s'y satisfait en réalité bien mieux qu'ailleurs. Un processus interprétable ne se contente pas de répondre à la loi des grands nombres dont on sait que l'applicabilité au processus naturel suppose un effort d'abstraction

1. M. Weber, « *Roscher und Knies und die logischen Probleme der historischen NationalÖkonomie* » (1903-1906), dans *Wissenschaftslehre*, p. 3-144.

2. M. Weber, p. 66.

considérable : il lui associe des motifs qui font entrer en scène la téléologie. L'idéal-type wébérien correspond à la tentative de fournir la fréquence idéale d'un comportement individuel rationnel. En ce sens, ce modèle correspond à une extension de l'application du principe de causalité à la conduite de l'individu.

> L'interprétabilité apporte un surplus de prévisibilité, comparée avec les processus naturels non interprétables. Elle est, considérée simplement du point de vue de la satisfaction du besoin de causalité, identique au cas des « grands nombres ». Et même lorsqu'à l'interprétabilité rationnelle font défaut visées et discernement, lorsque s'insinuent des affects irrationnels, le rapport a encore la possibilité de rester analogue, car nous préférons, une fois connu leur « caractère », introduire les affects dans l'imputation causale comme des facteurs rationnels dans leurs effets. C'est seulement lorsque nous nous confrontons, comme parfois chez Frédéric-Guillaume IV, à un manque de discernement et de mesure dans la réaction immédiatement pathologiques et excluant l'interprétation, que l'on parvient au même ordre d'irrationalité que pour chaque processus naturel [1].

La compréhension des motifs de l'action est donc un enrichissement de l'explication causale : elle ne saurait en aucun cas l'invalider au profit d'une méthode herméneutique. L'allié choisi par Raymond Aron dans sa lutte contre la causalité sociologique en est, en réalité, l'un des principaux défenseurs. Tout en dénonçant le psychologisme, y compris celui qui s'insère dans les fondements de l'herméneutique, Weber est le premier à proposer l'esquisse d'un socio-psychologisme conséquent, entreprise que Durkheim avait condamnée, compte tenu des données initiales de la psychologie.

Que retenir de ce débat sur la causalité historique ? Avant tout, une stratégie propre à la philosophie antipositiviste de Raymond Aron, assumée par l'historien Furet dans son texte polémique. Une stratégie à deux faces. Anti-causaliste et anti-sociologique, elle reconduit l'opposition post-kantienne entre discipline nomologique et discipline idéographique, disqualifiant ainsi l'institution des sciences dites humaines ou sociales. Pour autant, bien loin de proposer une épistémologie générale ou théorie de la connaissance, elle évolue très nettement vers une philosophie de l'histoire, où l'individu significatif, pour ne pas dire le grand homme, se trouve réhabilité, la compréhension de ses motifs passant par l'étude des grands textes politiques. On comprend alors que le biais herméneutique

1. M. Weber, p. 69.

– sa forme est celle d'un discours sans contraintes, et par conséquent sans méthode – puisse servir cette philosophie politique. C'est sur cette profession de foi, ce dogme que se retrouvent François Furet et Raymond Aron. Il reste à voir si, une fois écartée la causalité au nom de principes qui ne ressortissent en rien à la logique de la science, on conserve quelque chose du travail de l'historien. Autrement dit, si la cause, comme les circonstances, ne constituent pas au fond la matière même de l'histoire.

HERMÉNEUTIQUE ET POLITIQUE

La critique de la causalité sociologique ne fait en réalité qu'entériner un déplacement de l'objet de l'histoire, des pratiques sociales à la tradition historiographique. En effet, s'il faut « penser » la Révolution française, ceci tient d'abord et essentiellement au fait qu'elle est enjeu de discours, en une période où le discours politique, dans ses performances, constitue la principale modalité d'action :

> Car la situation révolutionnaire n'est pas seulement caractérisée par cette vacance du pouvoir où s'engouffrent des forces inédites, et par l'activité « libre » du corps social. Elle est inséparable d'une espèce d'hypertrophie de la conscience historique et d'un système de représentations partagé par les acteurs sociaux [1].

Pour reprendre les propos de Furet lui-même, la Révolution est donc une surenchère de l'interprétation, de l'idée sur l'histoire réelle. Ce règne de l'idée, qui suscite des réminiscence du vieil Hegel, celui de la *Phénoménologie de l'esprit* dans ses paragraphes consacrés à la Terreur, ce règne de la conception abstraite de la politique, est servi par une « sociabilité » qui place les hommes de lettres, les idéologues, au premier plan. Ainsi fonctionne l'alliance, ou plutôt l'alliage Tocqueville-Cochin : un Tocqueville réinventé par Raymond Aron, devenu critique de l'abstraction et de l'illusion de la politique, un Cochin redécouvert par Furet, qui incarne cette illusion dans une structure favorable à l'hypertrophie du discours, à savoir les sociétés de pensée. Que Tocqueville ait été très tôt discuté par les historiens marxistes, que les thèses de Cochin n'aient pas donné lieu, loin s'en faut, à une conspiration du silence, mais à des critiques averties, voilà des faits

1. F. Furet, *Penser la Révolution française*, p. 48.

ignorés tactiquement, puisqu'il est important qu'aucun de ces deux auteurs n'ait été réfuté [1].

La fameuse « sociabilité politique » ne signale du reste aucun substrat sociologique : elle est bien au contraire caractérisé par son décrochage par rapport à la société réelle. Elle tient lieu tout au plus de fabrique de l'opinion :

> ce circuit de sociabilité n'a aucune communication avec l'autre [la monarchie, la société réelle] : il est sans rapport avec le réseau de relations tissé par le pouvoir. Il fabrique de l'opinion, non de l'action – ou encore un opinion qui n'a pas de prise sur l'action [2].

Mais quand l'épisode révolutionnaire permet aux sociétés de pensée, à cette sociabilité abstraite, de s'emparer de la politique, voilà la société réelle gouvernée par l'idée. Plus de dérapage révolutionnaire, puisque la Révolution, dès l'origine, dérape, la Terreur coïncidant avec le règne absolu de l'idée. L'activité révolutionnaire tient alors par excellence dans « la production de la parole maximaliste » [3], elle n'est plus qu'un tissu de performatifs relayés par une assemblée mythiquement investie de la volonté générale. Telle est la révolution : le règne de la représentation.

Aussi est-elle dès l'origine à elle-même sa propre chronique. Une fois taillée à la mesure de l'Idée, elle se convertit aisément en trésor commun de pensée : c'est ainsi que la commémoration commence avec elle, et avec elle commence l'historiographie. On comprend alors que celle-ci puisse devenir le seul objet légitime d'analyse historique.

Mais cette conversion à l'historiographie se paye manifestement d'une double confusion. On confond d'abord l'historicité propre d'un phénomène et l'attitude historique adoptée à son égard, le phénomène historique appelé, légitimement ou pas, Révolution, et la trame historique des idées sur la Révolution appelée « tradition historiographique ». Cette historiographie constitue un observatoire très ambigu pour le décryptage d'un phénomène historique. L'histoire de la Révolution n'est pas contenue dans les histoires qu'on raconte sur elle, dans la concaténation de mythes relayés par des textes, à plus forte raison si l'on se refuse par ailleurs à en faire l'histoire. En effet, cette historiographie ne peut être objet fécond d'analyse

1. On peut renvoyer au cours de Lefebvre sur l'historiographie et à ses mentions spéciales sur Tocqueville. Par ailleurs, Christofferson, dans « An Antitotalitarian… », fait le point sur Cochin et cite en particulier l'un de ses critiques, Egret : « les origines de la Révolution en Bretagne », *Revue historique*, 213, avril-juin 1955.

2. F. Furet, p. 69.

3. F. Furet, p. 87.

que si elle donne lieu à un travail de contextualisation. Furet, se plaçant du point de vue du concept, fait manifestement peu d'efforts dans ce domaine, même s'il a l'immense mérite d'attirer l'attention sur des sources indispensables à l'adoption d'un point de vue critique sur les « idées » relayées par l'événement révolutionnaire. Ainsi, il ramasse trois courants historiographiques différents sous la même appellation de catéchisme révolutionnaire : les historiens de la troisième république, contemporain de la reconstruction et de la reconception de la démocratie (Mathiez, Guérin), les historiens sorbonnard positivistes, héritiers des *Annales* (Lefebvre, Labrousse), et les marxistes des années de crise (Soboul et Mazauric).

La seconde confusion, entre pratiques discursives et extra-discursives, peut être généralisée à tout forme de compréhension herméneutique de l'histoire : l'histoire est certes presque toujours relayée par des discours, ce qui ne signifie en rien qu'elle soit réductible à des pratiques discursives, langagières. Bien au contraire, le travail de l'historien consiste à ne pas prendre les acteurs au mot. La critique du témoignage sert une représentation moins intellectualiste des phénomènes historiques, où les pratiques discursives ne constituent qu'une part très délimitée de la vie sociale en général. En s'aménageant un espace social tout entier résorbé dans la parole publique, Furet ne tient qu'un des fils, vraisemblablement les plus ténus et les moins fiables, de l'histoire de la Révolution. Il est alors tout à fait aberrant de vouloir lui subordonner l'intégralité de l'activité sociale : c'est accorder un impact démesuré à la parole, élevée, comme dans l'herméneutique gadamerienne, au rang de transcendantal historique [1].

Le propre d'une tradition, c'est qu'elle n'a pas d'histoire. Tynianov, dans un article de 1927 [2], démontre bien comment l'usage en histoire de la littérature de la notion de tradition conduit paradoxalement à lire l'évolution littéraire dans une perspective anhistorique : cette histoire part, en effet, d'une définition statique, quasi-immuable, atemporelle, du fait littéraire, auquel elle subordonne toutes ses analyses. Il en va de même d'une historiographie traitée d'un point de vue conceptuel. L'écriture de l'histoire doit elle-même faire l'objet d'un travail d'historicisation, faute de quoi elle est soumise à des catégories qui jouent le rôle de transcendantaux historiques : ainsi, on aura une histoire de droite ou de gauche de la Révolution, une histoire révisionniste ou une histoire commémorative, sans que pour autant la réalité historique que recouvre ce lexique politique

1. Pour une critique de l'herméneutique de Gadamer, on peut lire les pages éclairantes de R. Kosseleck : *L'expérience de l'histoire*.

2. Tynianov, « l'évolution littéraire », dans *Formalisme et histoire littéraire*, p. 232-247.

soit elle-même élucidée. Tout en étant, tout à fait légitimement d'ailleurs, très suspicieux à l'égard du lexique historiographique du marxisme, François Furet adopte lui-même une sémantique politique qui est peu propre à faire de l'événement révolutionnaire l'objet froid, désinvesti qu'il souhaite obtenir.

Le grand mérite de l'histoire révisionniste, anglo-saxonne, de la Révolution française, tenait tout entier dans son nominalisme reposant sur un point de vue radicalement empiriste. Paradoxalement, l'historien français le plus proche de cette tendance bascule dans l'excès inverse, à savoir le conceptualisme, fasciné qu'il est par la très forte densité symbolique de cette période. Or, aucune autre méthode n'assume mieux la consistance propre du concept qu'une dialectique, et voilà Furet prisonnier des jeunes hégéliens :

> À faire ainsi à Tocqueville, au mépris de la chronologie, un détour par Augustin Cochin, on obtient une Révolution française dont la *nature* tient dans une dialectique du pouvoir et de l'imaginaire, et le premier *bilan*, dix ans après qu'elle a éclaté, dans l'instauration d'une royauté sans démocratie. La Révolution est un imaginaire collectif du pouvoir, qui ne casse la continuité, et ne dérive vers la démocratie pure, que pour mieux assumer, à un autre niveau, la tradition absolutiste [1].

La dialectique tournerait court si elle prenait la forme d'une contradiction non médiatisée entre la société réelle, centraliste et absolutiste, et l'imaginaire politique de l'égalité. Mais cette contradiction de la démocratie enclenche un processus plus lent de conquête de légitimité politique – manière d'annexer l'histoire longue. C'est alors que la révolution symbolique lancée par 1789 doit s'accomplir dans l'évolution politique du XIXe siècle, qui lui donne des institutions, apporte des lois à des droits et devoirs. Aussi l'histoire politique de Furet n'est-elle pas moins téléologique que la vulgate marxiste. Qu'on adopte comme infrastructure l'économie et les rapports sociaux ou les représentations et les discours, on reste dans les deux cas prisonniers du règne des fins.

Bien plus, le recentrage sur les pratiques discursives, s'il renouvèle incontestablement le domaine de l'analyse historique, conduit aussi, dans la phase impérialiste qui caractérise toute tendance dominante, à appauvrir considérablement le travail critique de l'historien. Il serait à ce titre particulièrement intéressant de confronter les méthodes de critique des témoignages défendues par Bloch et le biais herméneutique adoptés par les

1. F. Furet, p. 129.

nouveaux annalistes. Bloch systématise ainsi la pratique empirique de l'enquête : « Que les témoins ne doivent pas être forcément crus sur paroles, les plus naïfs des policiers le savent bien »[1]. Ce qui doit animer l'historien critique est donc une quête de la vérité. En revanche, l'herméneutique, en constituant tout discours en symptôme d'une histoire à faire, dérive vers une sémantique historique où la question de la vérification n'est plus à l'ordre du jour. Le témoignage n'y a plus la même fonction : d'indice, et parfois d'indice trompeur, il devient matière de l'histoire. L'herméneute, dans sa soif de comprendre, oublie le plus souvent de vérifier, et prend les acteurs sociaux au mot, les croit sur paroles. L'histoire critique s'enfermant dans les discours, n'ayant plus de référent extérieur à eux, paraît alors beaucoup plus naïve que la critique juridique ou si l'on veut policière du témoignage. Pire, l'histoire n'a plus de police interne, tout peut s'y dire et toute réaction au consensus généralisé est alors envisagé comme une opération de basse police cette fois.

Le biais herméneutique repose ainsi sur une hypertrophie de la fonction et du rôle du discours. Cette surévaluation du rôle de la langue, parlée ou écrite, ne sert pas un psychologisme qui a caractérisé l'herméneutique chez Dilthey en particulier et qui définit sa tendance permanente dans le monde anglo-saxon (comme l'indique tout le champ lexical de la compréhension) mais une philosophie politique propre à la nouvelle histoire en France. En effet, depuis la découverte par Aron de la sociologie « compréhensive » allemande, pour ne pas dire depuis son invention par ce brillant lecteur, celle-ci a toujours servi à opposer au positivisme une philosophie de l'initiative historique. Raymond Aron cherche à suivre par ce moyen les intentions de l'homme d'action, d'où il parviendra à dériver celles du savant et de l'historien qui, en dernière analyse, ne sont pas incomparables. Mais l'homme d'action de la vieille histoire politique reste un anachronisme vivant. Les *Annales* ont suffisamment fustigé « l'histoire-bataille » pour que la tentation même d'y revenir soit morte-née. La leçon, sur ce point, a bien été apprise. Pour autant, la vieille histoire politique conserve une notion de l'individu significatif qui peut servir une histoire conceptuelle comme celle de Furet.

On l'a vu, l'histoire qu'écrit Furet n'est pas celle des individus, mais celle de l'idée, d'un imaginaire qui un temps, entrevoit la possibilité de se substituer à la réalité. Sur ce point, il est certain que notre historien a fait de la Révolution un objet mort. Si l'on en croit l'adage de Marc Bloch : « l'objet de l'histoire est, par nature, l'homme [...]. Le bon historien, lui,

1. M. Bloch, *Apologie pour l'histoire ou le métier d'historien*, Paris, Colin, 1997, p. 87.

ressemble à l'ogre de la légende. Là où il flaire la chair humaine, il sait là où est son gibier »[1], force est de reconnaître qu'il n'y a plus grand chose à flairer ni à manger dans une histoire conceptuelle. À ce titre, il pourrait être assez instructif, pour saisir quel est ici le vrai sujet de l'histoire, de produire une analyse grammaticale des sujets des phrases dans l'ouvrage de Furet. Comme chez Rosanvallon, on y trouverait peu d'hommes. Et les seuls hommes qu'on trouve sont significatifs, dans la mesure où ils incarnent l'idée :

> Tous, Sieyès et Mirabeau, Barnave et Brissot, Danton et Robespierre – pour ne citer que les leader parlementaires – ont été les figures successives du seul grand acte révolutionnaire qui ait eu valeur de pouvoir : le discours de l'égalité. Ils ont tous rempli, au moment de leur plus grande influence, ce magistère de la communication qui est dès lors non seulement le levier du pouvoir, mais l'essentiel du pouvoir lui-même. Pourtant, Robespierre est le seul qui ait systématiquement fait, de ce magistère, une idéologie et une technique du pouvoir[2].

Aussi l'histoire conceptuelle, opposée au marxisme, s'accomplit-elle dans l'hégélianisme politique : L'idée s'incarne dans l'individu chargé de se sacrifier à elle pour lui donner effectivité et légitimité. Il n'est alors pas étonnant que la problématique de la légitimité politique revienne au centre de l'histoire longue du politique, puisqu'elle coïncide avec le passage de l'idée du politique à sa réalisation effective dans la démocratie représentative, qui achève le processus de bureaucratisation et de centralisation de la monarchie absolue.

> Ce que Tocqueville appelle, dans son dernier livre, la « démocratie », est une culture égalitaire, bien plus qu'un état de la société ; cette culture doit son extension sociale au développement de la monarchie absolue, qui a détruit et figé en même temps les hiérarchies traditionnelles, en les vidant de leur contenu, tout en les éternisant par la loi. Or, c'est le triomphe de cette culture, et d'une administration centralisée dont elle est la cause et l'effet, qui constitue le sens de la Révolution française, en réunissant Louis XIV et Napoléon[3].

La démocratie est à elle-même sa propre histoire. Celle-ci s'accomplit, se découvre dans les cadres administratifs d'Ancien Régime et juridiques d'Empire. Hegel raconte qu'il a vu l'âme du monde, le *Weltgeist*,

1. M. Bloch, *Apologie*..., p. 51.
2. F. Furet, p. 95.
3. F. Furet, p. 127.

déambuler à cheval dans les rues de Iéna. Furet lui superpose la figure du monarque absolu, donnant ainsi une autre solution de continuité à l'histoire conceptuelle du politique, qui n'est pas moins dialectique que la première : la démocratie, naissant des structures d'Ancien Régime, y impose sa marque et accomplit en quelque sorte le destin de la monarchie absolue dans la figure de Bonaparte.

Si l'intrication des discours politique et savant est manifeste dans *Penser la Révolution française*, on ne saurait pour autant se contenter, par vanité ou paresse d'esprit, de disqualifier le travail de Furet au nom de la science (qui, d'ailleurs, ose parler en son nom ?). On y verrait très légitimement une opération de basse police, tout autant politique que ce qu'elle stigmatise. C'est la raison pour laquelle, sans rien nier de ce que l'œuvre doit au chroniqueur politique, on a choisi d'en considérer la face savante, pour interroger filiations et résultats. Si la critique de la « théorie des circonstances » et, plus radicalement, la critique de la causalité sociologique, a pris tant d'importance, c'est qu'elle contient en germe la solution conceptualiste, le décrochage proposé par Furet pour convertir l'objet politique en matière à penser. La politique y apparaît alors comme invention, imaginaire, illusion du politique, que le politique lui-même produit, sécrète. La conversion – ou la révolution, si l'on veut – est donc double : elle touche autant l'objet premier de l'histoire que son sujet, l'un et l'autre élevé dans le ciel des idées. L'histoire conceptuelle est dialectique, on l'aura compris. La sécularisation du concept, véritable transcendantal historique, passe pas une histoire politique qui, si elle n'a pas la même charge symbolique que « l'histoire conquête », « l'histoire-bataille », n'a rien dépouillé de ses oripeaux : l'homme d'action, l'individu significatif dans l'histoire y sont aux premières loges. Si bien que l'histoire conceptuelle de la Révolution française apparaît comme la sublimation théorique de la vieille histoire politique.

Ronan de CALAN
ELSH de Lyon

HISTOIRE ET RÉVOLUTION

FRIEDRICH NIETZSCHE

On se propose, ici, d'examiner, d'après la réflexion de Friedrich Nietzsche, la notion de révolution, aux fins de déterminer le lieu génétique de la conscience historique. Notre parcours se déroulera à travers trois étapes : on trouvera d'abord, chez Nietzsche, deux évaluations du phénomène de la révolution, l'une de condamnation, avec des raisons de caractère moral et de caractère politique, l'autre positive, fondée sur des motivations morales et politiques, mais aussi ontologiques. Deuxièmement, on montrera et que cette double évaluation renvoie à l'opposition entre « histoire » et « sens historien », décisive pour la réflexion de Nietzsche sur l'histoire, et le but politique et moral de son analyse, qui consiste à dessiner la figure de l'« esprit libre », c'est-à-dire la figure d'un sujet créateur de son avenir. En relevant, enfin, l'échec de ce projet, on en déterminera la cause dans l'ambiguïté, chez Nietzsche, de l'opposition entre « histoire » et « sens historien » : d'un côté, cette opposition interprète les deux termes comme corrélatifs à l'intérieur d'une expérience spécifique du temps, l'expérience historique, de l'autre elle laisse ouverte la possibilité, également suivie par Nietzsche, de qualifier l'histoire comme une réalité ontologique indépendante de son expérience, à savoir comme la seule forme réelle de temporalité. En écartant cette dernière interprétation, nous croyons que seule la lecture du phénomène de l'histoire – c'est-à-dire de cette perception spécifique du temps, caractérisée par la présence des « révolutions », par laquelle se dessine une forme spécifique d'identité, le « sujet historique » – comme résultat d'une *praxis* humaine particulière fonde la possibilité d'un sujet révolutionnaire : la possibilité, autrement dit, d'un sujet qui soit critique de son passé et de son présent mais pas du tout oublieux d'eux, un sujet qui pourra de cette façon être, comme Nietzsche le veut, créateur « d'un avenir meilleur, d'une humanité plus libre ».

LA DOUBLE ÉVALUATION DE LA RÉVOLUTION

La tentative d'approcher la pensée de Friedrich Nietzsche à travers le concept de révolution peut paraître paradoxale : en plusieurs lieux, en effet, Nietzsche considère toute « révolution » comme un phénomène dégénératif, en tant que symptôme de décadence morale et politique.

Du côté moral, selon Nietzsche, l'« esprit subversif » (*Umsturzgeist*), dont le socialisme est un bon exemple, est caracterisé par l'avidité et l'envie : le subversif envie à l'« esprit possédant » (*Besitzgeist*) sa propriété[1] ; la « tendance révolutionnaire » (*revolutionärer Hang*) prouve, pour Nietzsche, la « manque de liberté » (*Unfreiheit*) des individus et dans la société; la liberté, au contraire, selon Nietzsche, est « prouvée » (*bewiesen*), comme il dit, par la satisfaction et par la capacité de chacun, sur le plan individuel, de « faire mieux »[2]. L'envie se relie, ici, à la volonté de « salir » (*beschmutzen*) l'autre et soi-même : « si je suis une canaille, toi aussi tu devrais l'être aussi », telle est la maxime qui fait naître les révolutions[3]. Outre l'envie, c'est la vanité le mobile, au point de vue psychologique, de la « tendance révolutionnaire » : « Qu'est-ce qui a fait la révolution ? La vanité. Qu'est-ce qui la fera cesser ? La vanité. La liberté est seulement un prétexte »[4]. Ce n'est pas la liberté, mais la « faiblesse » (*Schwäche*) – qui caractérise ceux qui ne sont pas capables de « faire mieux personnellement », mais seulement de se plaindre – le trait distinctif du

1. F. Nietzsche, *Menschliches, Allzumenschliches. Zweiter Band*, dans *Nietzsche Werke. Kritische Gesamtausgabe*, hrsg. von G. Colli und M. Montinari, Bd. IV. 3, Berlin, de Gruyter, 1967, trad. fr. R. Rovini, *Humain, trop humain : un livre pour esprits libres. 2*, Paris, Gallimard, 1987, § 304.

2. « *Die* Unfreiheit *der Gesinnung und Person wird durch den revolutionären Hang* bewiesen. *Die* Freiheit *durch Zufriedenheit, Sich-*einpassen *und persönliches* Besser*machen* [espacements dans le texte] », F. Nietzsche, *Nachgelassene Fragmente. Frühling 1878 bis November 1879*, dans *Nietzsche Werke. Kritische Gesamtausgabe*, hrsg. von G. Colli und M. Montinari, Bd. IV. 3, Berlin, de Gruyter, 1967, Frag. 40 [5].

3. F. Nietzsche, *Götzen-Dämmerung*, « Streifzüge eines Unzeitgemäßen », dans *Nietzsche Werke. Kritische Gesamtausgabe*, hrsg. von G. Colli und M. Montinari, Bd. VI. 3, de Gruyter, Berlin 1969, trad. fr. J.-C. Hémery, *Crépuscole des idoles ou comment philosopher à coups de marteau*, Paris, Gallimard, 1988, § 34.

4. F. Nietzsche, *Morgenröthe und nachgelassene Fragmente. Anfang 1880 bis Frühjahr 1881*, dans *Nietzsche Werke. Kritische Gesamtausgabe*, hrsg. von G. Colli und M. Montinari, Bd. V. 1, Berlin-New York, de Gruyter, 1971, trad. fr. J. Hervier, *Aurore et fragments posthumes*, Paris , Gallimard, 1970, Frag. 6 [24].

révolutionnaire[1]. Plus encore : « l'*affaiblissement* de l'homme a été la cause des révolutions »[2].

D'un autre côté, l'élément dégénératif de la révolution n'a pas seulement son lieu sur le plan personnel, c'est-à-dire sur le plan de la moralité : il y a aussi, reconnaît Nietzsche, des « esprits subversifs » « désintéressés », mais ils sont encore plus dangereux que ceux qui sont mus par l'envie et par la vanité. Ces dernières, soutient Nietzsche, « on peut les faire taire avec peu : la société est encore assez riche pour le faire », mais les autres, les révolutionnaires qui « ont la foi et la conscience honnête du désintérêt », et sont mus par un intérêt impersonnel, « peuvent se juger supérieurs aux défenseurs de l'ordre constitué »[3].

En effet, selon Nietzsche, le problème de la dégénérescence de la société, dont la révolution est un symptôme, se pose sur le plan politique, autant et plus que sur le plan moral. Est significatif, à ce propos, le fait que Nietzsche, en discutant de la révolution, se réfère plus souvent à l'exemple historique de la Révolution française qu'à la révolution « en général », c'est-à-dire au concept de révolution : en d'autres termes, le phénomène de la révolution est toujours examiné, par le philosophe, au point de vue de ses conséquences pratiques dans un contexte concret, et, à l'époque de Nietzsche, la Révolution française était sans doute l'exemple concret le plus considérable. Le reproche le plus remarquable que Nietzsche fait à la Révolution française est, en effet, d'ordre politique : elle a donné le pouvoir au « bonhomme », c'est-à-dire, comme Nietzsche explique, « au mouton, l'âne et l'oie », et tout ce qui « est mûr pour la maison de fous des "idées modernes" »[4]. Avec une terminologie médicale, Nietzsche soutient que la « grande révolution », « jonglerie (*Quacksalberei*) pathétique et

1. F. Nietzsche, *Götzen-Dämmerung*, « Streifzüge eines Unzeitgemäßen », cit., § 34.

2. « *Die Schwächung des Menschen war die Ursache der Revolutionen* », F. Nietzsche, *Nachgelassene Fragmente. Frühjahr bis Herbst 1884*, dans *Nietzsche Werke. Kritische Gesamtausgabe*, hrsg. von G. Colli und M. Montinari, Bd. VII. 2, Berlin-New York, de Gruyter, 1974, trad. fr. J. Launay, *Fragments posthumes. Printemps-automne 1884*, Paris, Gallimard, 1982, Frag. 26 [99].

3. F. Nietzsche, *Menschliches, Allzumenschliches. Erster Band*, dans *Nietzsche Werke. Kritische Gesamtausgabe*, hrsg. von G. Colli und M. Montinari, Bd. IV. 2, Berlin, de Gruyter, 1967, trad. fr. R. Rovini, *Humain, trop humain : un livre pour esprits libres. 1*, Paris, Gallimard, 1987, § 454.

4. F. Nietzsche, *Die fröhliche Wissenschaft*, dans *Nietzsche Werke. Kritische Gesamtausgabe*, hrsg. von G. Colli und M. Montinari, Bd. V. 2, Berlin-New York, de Gruyter, 1973, trad. fr. P. Klossowski, éd. par M. B. de Launay, *Le gai savoir*, Gallimard, Paris 1990, § 350.

sanglante », a rendu les « malades politiques (*politische Kranken*) » plus « impatients et dangereux »[1].

En visant le cas spécifique de la Révolution française, Nietzsche dessine ainsi les paradigmes conceptuels qui en furent responsables et que, plus généralement, il est possible de tenir pour composants de l'« esprit révolutionnaire ». La « grande révolution » a été, en même temps, fille et traîtresse des Lumières : « mascarade horrible et superflue (*schauerliche und* [...] *überflüssige Posse*) »,[2] elle a prétendu être l'héritière des Lumières : tout ce qu'il y avait, dans la révolution, de « demi-fou, bestialement cruel, digne d'un histrion [...] ivre de soi-même » a posé sur « sa tête fanatique » les Lumières[3]. La seule faute de ces dernières – en admettant, ce qui reste à prouver, qu'on pourrait définir cela comme faute – a été, selon Nietzsche, celle d'exciter, avec leur liberté et leur affranchissement de la foi, la rage des esclaves, qui cherchent toujours, en morale et en politique, l'« inconditionné (*Unbedingtes*) », le tyrannique ;[4] soutenir que la Révolution française, en tant que « révolution de la société », ait été la conséquence des Lumières est donc une « méprise grossière »,[5] parce que cette « conséquence » a été, véritablement, une réaction contraire. Il faut souligner que le mépris de Nietzsche pour la « grande révolution », motivé par des raisons morales et des raisons politiques, ne comporte pas, au point de vue strictement politique, une position légitimiste du philosophe. Au contraire, pour Nietzsche, il faut combattre encore, en son temps, l'« esprit obscurantiste », et cela ne comporte, selon lui, ni de prendre parti pour la « grande révolution », ni pour la « grande réaction » contre elle, mais plutôt pour l'illuminisme même[6]. La « libération spirituelle » (*geistige Befreiung*) est un bon antidote contre la révolution, et, à cette fin, les gouvernants devront se placer à la tête de cette libération :

1. F. Nietzsche, *Morgenröthe und nachgelassene Fragmente. Anfang 1880 bis Frühjahr 1881*, cit., § 534.

2. F. Nietzsche, *Jenseits von Gut und Böse*, dans *Nietzsche Werke. Kritische Gesamtausgabe*, hrsg. von G. Colli und M. Montinari, Bd. VI. 2, Berlin, de Gruyter, 1968, trad. fr. C. Heim, *Par-delà le bien et le mal : prélude d'une philosophie de l'avenir*, Paris, Gallimard, 1987, § 38.

3. F. Nietzsche, *Menschliches, Allzumenschliches. Zweiter Band*, cit., « Der Wanderer und sein Schatten », § 221.

4. F. Nietzsche, *Jenseits von Gut und Böse*, cit., § 46.

5. F. Nietzsche, *Morgenröthe und nachgelassene Fragmente. Anfang 1880 bis Frühjahr 1881*, cit., § 197.

6. *Ibid.*

selon Nietzsche, plus le niveau intellectuel des masses est haut, plus elles aiment l'ordre [1].

Quels sont, donc, les racines culturelles et idéologiques de la Révolution française et par conséquent – dès lors qu'elle représente, pour Nietzsche, l'exemple le plus significatif de révolution – quels sont le paradigmes conceptuels qui font partie de l'idée de révolution ? Avant tout, la « superstition » de Rousseau, qui croyait à la bonté originaire de la nature humaine ; de cette superstition dérive l'« esprit optimiste » de la Révolution française et de toute révolution, qui a chassé, soutient Nietzsche, « *l'esprit des Lumières et du développement progressif* (*Geist der Aufklärung und der fortschreitenden Entwicklung*) », esprit qu'il est nécessaire, selon le philosophe, de ressusciter [2]. Après l'optimisme anthropologique, la deuxième racine théorique de la révolution est, selon Nietzsche, le rationalisme, c'est-à-dire la conviction selon laquelle la raison devrait être la seule autorité ; mais c'est là, déclare Nietzsche, une opinion superficielle (et superficiel serait, selon lui, Descartes, « père du rationalisme et, donc, grand-père de la révolution »), parce que la raison « est seulement un instrument (*Werkzeug*) » [3]. La troisième racine idéologique de la révolution est, selon Nietzsche, la thèse de l'égalité de tous les hommes, qui est soutenue, en premier lieu et plus que par d'autres, par le christianisme ; pour cette raison, toute révolution ne serait autre que la « traduction en crime et sang » des enseignements du christianisme [4].

Voici donc les fondements théoriques de la révolution : optimisme anthropologique, primauté de la raison, égalité des tous les hommes. Bref, « l'instinct tout à fait erroné et contre nature » qu'on peut, selon Nietzsche, retrouver révélé et résumé en Kant : il n'est pas fortuit que ce dernier, qui appréciait surtout la conception de l'État adoptée par les révolutionnaires français, ait vu, dans la révolution en tant que telle, la démonstration de sa propre thèse sur la « disposition morale de l'humanité » (*moralische*

1. F. Nietzsche, *Nachgelassene Fragmente. 1876 bis Winter 1877-1878*, dans *Nietzsche Werke. Kritische Gesamtausgabe*, hrsg. von G. Colli und M. Montinari, Bd. V. 2, Berlin, de Gruyter, 1967, Frag. 22 [12]. D'ailleurs, les guerres et l'« idée nationale » sont aussi un bon antidote contre la révolution : *Ibid.*, Frag. 22 [14].

2. F. Nietzsche, *Menschliches, Allzumenschliches. Erster Band*, cit., § 463.

3. F. Nietzsche, *Jenseits von Gut und Böse*, cit., § 191.

4. F. Nietzsche, *Der Antichrist*, dans *Nietzsche Werke. Kritische Gesamtausgabe*, hrsg. von G. Colli und M. Montinari, Bd. VI. 3, de Gruyter, Berlin 1969, trad. fr. J.-C. Hémery, *L'Antéchrist – Ecce homo*, Gallimard, Paris, 1988, § 43.

Anlage der Menschheit), c'est-à-dire sur la « tendance de l'humanité au bien »[1].

Il y a donc, chez Nietzsche, une condamnation aussi bien de la Révolution française que de toute révolution, pour des motifs autant moraux que politiques : toute révolution est causée par un syndrome dégénératif de l'individu et de la société, et la révolution même n'est pas une cure de la maladie, mais un de ses symptômes, qui rend la maladie, surtout sur le plan politique, plus dangereuse. Néanmoins, on peut retrouver, chez Nietzsche, des *loci* où est dessinée une perspective tout à fait différente. Si le but est celui de se livrer, comme Nietzsche le dit dans *Richard Wagner in Bayreuth*, « avec le courage le plus intransigeant, à l'*amélioration du côté du monde reconnu modifiable* (*die Verbesserung der als veränderlich erkannten Seite der Welt*) », alors la révolution sera le seul moyen concevable, au service d'une histoire qui soit autre chose qu'« une théodicée chrétienne déguisée (*verkappte christliche Theodicee*) », qui soit autre chose qu'un « soporifique contre toutes les forces de bouleversement et de rénovation (*Opiat gegen alles Umwälzende und Erneuernde*) »[2]. Dans ce texte nietzschéen s'opposent, d'abord, deux lectures différentes de la pratique historiographique ; celle qui – guidée par l'« optimisme » et la satisfaction, convaincue que « la façon avec laquelle le monde procède est juste » – utilise le passé comme confirmation et justification du présent et celle qui prend comme but, au contraire, d'« améliorer le côté du monde reconnu modifiable ». C'est en ce sens que Nietzsche, des années plus tard, dans *Ecce homo*, déclare que ceux qui, comme lui, « ont été jeunes hommes dans l'air méphitique (*Sumpfluft*) »

1. « *Der fehlgreifende Instinkt in Allem und Jedem, die Widernatur als Instinkt, die deutsche décadence als Philosophie – das ist Kant!* », F. Nietzsche, *Der Antichrist*, cit., § 11. Ailleurs, on trouve encore associées, comme « farces néfastes (*verhängnißvolle Farcen*) », la Révolution française et la philosophie kantienne, c'est-à-dire « la pratique de la raison révolutionnaire et la révolution de la raison "pratique" », F. Nietzsche, *Nachgelassene Fragmente. Anfang 1888 bis Anfang Januar-1889*, dans *Nietzsche Werke. Kritische Gesamtausgabe*, hrsg. von G. Colli und M. Montinari, Bd. VIII. 3, de Gruyter, Berlin – New York 1972, trad. fr. J.-C. Hémery, *Fragments posthumes. Début 1888 – début janvier 1889*, Gallimard, Paris 1977, Frag. 15 [53].

2. F. Nietzsche, *Unzeitgemässe Betrachtungen. Viertes Stück : Richard Wagner in Bayreuth – Nachgelassene Fragmente. Anfang 1875 bis Frühling 1876*, dans *Nietzsche Werke. Kritische Gesamtausgabe*, hrsg. von G. Colli und M. Montinari, Bd. IV. 1, de Gruyter, Berlin 1967, p. 17, trad. fr. P. David, *Considérations inactuelles. Quatrième partie : Richard Wagner à Bayreuth*, dans F. Nietzsche, *Œuvres I. La naissance de la tragédie – Considérations inactuelles*, éd. sous la dir. de M. de Launay, avec la coll. M. Cohen-Halimi, M. Crépon *et alii*, Gallimard, Paris 2000, p. 669. Cf. aussi *Ibid.*, Frag. 11 [38].

de l'Allemagne des années cinquante du XIXe siècle, « ne peuvent être autres que révolutionnaires »[1].

Il faut souligner que les termes « révolution » et « révolutionnaire » ne sont pas utilisés, en ces contextes, avec un sens métaphorique : si Nietzsche qualifie Wagner de « révolutionnaire de la société (*Revolutionär der Gesellschaft*) »,[2] dans un fragment contemporain du même écrit, il précise que « ce qui se passe à Bayreuth est une *révolution* », qui n'est absolument pas « seulement esthétique »,[3] et (dans un autre fragment de cette période) qu'il faut refuser l'art, si « de lui-même, il ne pousse pas à la révolution de la société, au renouveau et à l'union du peuple (*zur Erneuerung und Einigung des Volkes*) »[4]. En développant une analyse avec laquelle Heidegger ou l'« École de Francfort » auraient pu également être d'accord, un fragment qui précède de peu *Ecce homo* lit l'impossibilité de la révolution politique et sociale comme le signe de l'« américanisation » de la société par la « mécanique », quand « le progrès aura atrophié en nous la partie spirituelle »[5].

Donc, des raisons politiques et morales, celles-là mêmes qu'on avait jusqu'ici vu jouer contre tout projet et contre l'idée même de révolution, justifient au contraire, et même exigent, une « révolution » au sens propre du terme. De plus, parmi les arguments qui donnent à l'« esprit révolutionnaire », dans *Richard Wagner in Bayreuth*, la primauté sur l'« esprit conservateur » il y en a un qui manifeste un caractère différent, un caractère

1. F. Nietzsche, *Ecce homo*, « Warum ich so klug bin », dans *Nietzsche Werke. Kritische Gesamtausgabe*, hrsg. von G. Colli und M. Montinari, Bd VI. 3, de Gruyter, Berlin 1969, trad. fr. J.-C. Hémery, *L'Antéchrist – Ecce homo*, Gallimard, Paris 1988, § 5.

2. F. Nietzsche, *Unzeitgemässe Betrachtungen. Viertes Stück*, cit., p. 47 (trad. fr., p. 695).

3. « *Das ist eine* Revolution, *was jetzt in Bayreuth vor sich geht, die Constitution einer neuen Macht die fern davon ist, sich nur aestetisch zu fühlen* », F. Nietzsche, *Nachgelassene Fragmente. Anfang 1875 bis Frühling 1876*, cit., Frag. 12 [9].

4. F. Nietzsche, *Nachgelassene Fragmente. Anfang 1875 bis Frühling 1876*, cit., Frag. 11 [28]. Sur la notion de « peuple » au cours de l'évolution de la pensée nietzschéenne, voir M. Crépon, *La communauté en souffrance*, dans *Après la fin de l'histoire. Temps, monde, historicité*, éd. par J. Benoist, F. Merlini, Paris, Vrin, 1998, p. 164, 167 *sq.*, et M. Crépon, *De l'utilité et des inconvénients de l'histoire pour la vie. Notice*, dans F. Nietzsche, *Œuvres I.*, cit., p. 1072 *sq.*

5. « *Die Mechanik wird uns derart americanisirt, der Fortschritt wird die spiritualistische Partie dermaaßen in uns atrophisirt haben* [...] », F. Nietzsche, *Nachgelassene Fragmente. Herbst 1887 bis März 1888*, dans *Nietzsche Werke. Kritische Gesamtausgabe*, hrsg. von G. Colli und M. Montinari, Bd. VIII. 2, de Gruyter, Berlin 1970, trad. fr. P. Klossowski-H.-A. Baatsch, *Fragments posthumes. Automne 1887 – mars 1888*, Gallimard, Paris 1976, Frag. 11 [234].

ontologique. On a déjà vu que, pour saisir l'importance de la révolution, l'historien devrait renoncer à lire le processus historique comme, dit Nietzsche, « une théodicée chrétienne déguisée ». Mais pourquoi ne devrait-on pas le faire ? Pourquoi ne devrait-on pas penser l'histoire comme une théodicée ? Bien sûr, la première motivation donnée par Nietzsche est morale : il faut éviter la « tranquille félicité » que s'assurent ceux qui pensent, « avec quelque chose de justifiant, de soumis et de satisfait », que « tout ce qui est arrivé c'est très bien, exactement comme c'est arrivé », alors qu'il faut « se livrer à l'amélioration du côté du monde reconnu modifiable »[1]. Toutefois, les arguments décisifs sont, tout simplement, que la théodicée est fausse parce que l'histoire n'est pas une théodicée et que se livrer à l'amélioration du monde est juste parce que le monde est, effectivement, améliorable, puisque le monde comme il nous est donné dans le présent n'est pas le meilleur qui soit possible. Autrement dit : *la réalité ontologique de l'histoire comporte, selon Nietzsche, celle de la révolution et, par suite, la nécessité morale de cette dernière.* « Toute démarche plus libre et plus virile », c'est-à-dire toute tentative de révolution, amène au-delà des historiens « satisfaits » et de *leur* interprétation de l'histoire, mais « pas absolument au-delà de l'histoire même », soutient Nietzsche ;[2] au contraire, c'est l'histoire même qui réclame, par sa nature, la révolution. L'interprétation de l'histoire qui veut l'expurger de la révolution est fausse parce que « la chose même », c'est-à-dire l'histoire, dévoile la révolution comme un des ses caractères fondamentaux.

On peut donc retrouver, chez Nietzsche, deux évaluations différentes du phénomène de la révolution, une négative, l'autre positive. Pour expliquer la chose, il faut d'abord écarter l'idée qu'il s'agisse ici d'une question de différents « points de vue » : les deux évaluations sont justifiées par des motivations politiques et morales, même si la deuxième les soutient avec une motivation de caractère ontologique. Il faut aussi refuser l'explication qui motive les diverses évaluations par une prétendue rhapsodicité de la pensée nietzschéenne ou bien, plus explicitement, par une « bévue » de Nietzsche : il y a trop de lieux qui vont tant dans le sens d'une condamnation, que d'une appréciation favorable de la révolution, pour se satisfaire de cette explication. Il faut enfin écarter l'hypothèse d'une évolution, à ce

1. F. Nietzsche, *Unzeitgemässe Betrachtungen. Viertes Stück*, cit., p. 16-17 (trad. fr., p. 669).

2. « *Jeder freiere, männlichere Schritt führt freilich an ihnen vorüber, – aber keineswegs an der Geschichte selbst!* » (notre version), F. Nietzsche, *Unzeitgemässe Betrachtungen. Viertes Stück*, cit., p. 16 (trad. fr., p. 669).

propos, de la pensée nietzschéenne : on peut trouver les deux opinions, la favorable et la contraire à la révolution, dans des écrits assez éloignés entre eux du point de vue chronologique.

Voici, donc, notre hypothèse : en premier lieu, la dualité d'évaluation du phénomène de la révolution renvoie, chez Nietzsche, à l'opposition entre « sens historien » (*historischer Sinn*) et « histoire » (*Historie*), opposition qui témoigne également d'un caractère moral et politique et d'une fondation ontologique. En second lieu, l'opposition entre « sens historien » et « histoire » d'un côté vise à une distinction entre l'expérience du temps et l'expérience historique, mais, d'un autre côté, elle ne la développe pas jusqu'à ses dernières conséquences ; c'est pour cette raison, à notre avis, c'est à dire en vertu d'une faiblesse de la théorie sur le plan ontologique, que sur le plan politique et sur le plan moral Nietzsche échoue dans la tentative – la double évaluation de la révolution montre cet échec – de dessiner un type humain « ni soumis à, ni satisfait de » ce qui est arrivé pour le seul fait qu'il est arrivé.

« HISTOIRE » ET « SENS HISTORIEN » : L'ORIGINE DE LA DOUBLE ÉVALUATION DE LA RÉVOLUTION DANS LA PHILOSOPHIE MORALE DE L'HISTOIRE DE NIETZSCHE

Dans *Vom Nutzen und Nachteil der Historie für das Leben* – œuvre publiée en 1874, c'est-à-dire deux années avant *Richard Wagner in Bayreuth* – le but de Nietzsche a un caractère ouvertement moral : il faut, selon lui, s'opposer à la domination du « sens historien », c'est-à-dire à la « culture historienne » (*historische Bildung*), pour combattre l'apathie déferlante et pour créer, dit-il, des « hommes mûrs », qui soient capables d'agir « contre le temps, et ainsi sur le temps et, espérons-le, au bénéfice d'un temps à venir »[1]. Il faut éviter les dommages qui découlent pour l'être vivant – qu'il soit un individu, un peuple ou une civilisation – d'un

1. F. Nietzsche, *Unzeitgemässe Betrachtungen. Zweites Stück : Vom Nutzen und Nachteil der Historie für das Leben*, dans *Nietzsche Werke. Kritische Gesamtausgabe*, hrsg. von G. Colli und M. Montinari, Bd. III. 1, Berlin-New York, de Gruyter, 1972, p. 296, 243, trad. fr. P. Rusch, prés. par M. Crépon, *Considérations inactuelles, deuxième partie : De l'utilité et des inconvénients de l'histoire pour la vie*, dans F. Nietzsche, *Œuvres I.*, cit., p. 545-546, 500. À propos de la position historiographique de cet écrit dans l'évolution de la pensée nietzschéenne, voir J. Salaquarda, *Studien zur* Zweiten Unzeitgemäßen Betrachtung, « Nietzsche-Studien », (13), 1984, hrsg. v. E. Behler, M. Montinari, W. Müller-Lauter, H. Wenzel, p. 1-46.

« excès » (*Uebermaass*) de « sens historien »[1]. Nietzsche reproche à l'homme moderne sa « saturation d'histoire », qui donnerait lieu à l'« affaiblissement de la personnalité » ;[2] il faut suivre, selon Nietzsche, l'exemple des Grecs, qui n'ont pas été écrasés par les héritages des autres civilisations et avec ces héritages ont pu créer, au contraire, une nouvelle synthèse grâce à une « force supérieure de leur nature *morale* »[3]. Aussi le refus de la philosophie de l'histoire de Hegel a une racine morale et politique : selon Nietzsche, l'admiration de Hegel pour la « puissance de l'histoire » (*Macht der Geschichte*) « se transforme toujours en une admiration du succès et porte à l'idolâtrie du fait (*Götzendienst des Thatsächlichen*) [...] Mais celui qui a appris à courber l'échine et à baisser la tête devant la "puissance de l'histoire" à la guise d'un automate, il opinera du bonnet devant toutes les puissances, qu'il s'agisse d'un gouvernement, d'une opinion publique ou une majorité numérique »[4]. À cause du caractère moral du but de l'analyse de la *Deuxième inactuelle*, son enjeu n'est pas la vérité, mais la « justice ». « Seulement, dans la mesure où celui qui est épris de vérité (*der Wahrhafte*) veut inconditionnellement

1. F. Nietzsche, *Unzeitgemässe Betrachtungen. Zweites Stück*, cit., p. 246, 253 (trad. fr., p. 503, 509). À propos du parallelisme entre les inconvénients, pour l'être vivant, causés par le sens historien « incontrôlé » et ceux causés par le rationalisme d'ascendance « socratique », cf. G. Vattimo, *Il soggetto e la maschera. Nietzsche e il problema della liberazione*, Bompiani, Milano 1974, p. 63-64. Cela, dans la mesure où le « sens historien » peut être considéré comme articulation de la raison et l'attitude « antihistorique » comme celle des passions : C. Zuckert, *Nature, History and the Self : Friedrich Nietzsche's Untimely Considerations*, « Nietzsche-Studien », (5), 1976, hrsg. v. M. Montinari – W. Müller-Lauter – H. Wenzel, p. 57-58. Sur une double évaluation du sens historien chez Nietzsche, voir M. Haar, *La critique nietzschéenne de la subjectivité*, « Nietzsche-Studien », (12), 1983, hrsg. v. E. Behler, M. Montinari, W. Müller-Lauter, H. Wenzel, p. 101 *sq.* ; il y aurait ici, selon K. Schlechta, *Der Fall Nietzsche. Aufsätze und Vorträge*, Hanser, München 1958, p. 52, une évolution de l'évaluation nietzschéenne de l'*Historismus*.

2. F. Nietzsche, *Unzeitgemässe Betrachtungen. Zweites Stück*, cit., p. 275 (trad. fr., p. 527). D'ailleurs, la maîtrise du « sens historien » cause la méconnaissance du « fait historique » aussi sur le plan épistémologique : G. Vattimo, *Dialogo con Nietzsche. Saggi 1961-2000*, Milano, Garzanti, 2000, p. 72-73.

3. F. Nietzsche, *Unzeitgemässe Betrachtungen. Zweites Stück*, cit., p. 330 (trad. fr., p. 575).

4. F. Nietzsche, *Unzeitgemässe Betrachtungen. Zweites Stück*, cit., p. 304-305 (trad. fr., p. 553). À propos du rapport entre Hegel et Nietzsche, voir D. Breazeale, *The Hegel – Nietzsche Problem*, « Nietzsche-Studien », (4), 1975, hrsg. v. M. Montinari, W. Müller-Lauter, H. Wenzel, p. 149 *sq.*, qui remarque, parmi les points de contact entre les deux, le projet « antinihiliste » d'une ontologie et l'interprétation « anticartésienne » de la conscience humaine comme « phénomène social ».

la justice, il y a quelque chose de grand dans l'aspiration à la vérité, qui est partout inconsidérément glorifiée »[1].

Dans la *Deuxième inactuelle* il y a, donc, *une distinction entre ce qu'on peut appeler « conscience historique » (le « sens historien »), c'est-à-dire le côté subjectif de l'expérience historique de la temporalité, et l'« histoire », c'est-à-dire le côté ontologique qui fonde cette expérience.* Cette distinction se profile comme une contraposition, parce que, selon Nietzsche, quand la maîtrise du « sens historien » s'est accomplie, elle étouffe l'« histoire », à savoir la possibilité, pour l'homme, de *faire l'histoire* en édifiant le futur : « le sens historien, quand il domine *incontrôlé* et quand il tire toutes ses conséquences, déracine le futur, parce qu'il détruit les illusions et il enlève aux choses leur atmosphère, dans laquelle seulement elles peuvent vivre »[2]. Pour sauver la possibilité du futur, à savoir la possibilité du présent d'être soi-même en édifiant le futur, selon Nietzsche il faut « contrôler » le « sens historien » ; il faut ici souligner que le verbe *bändigen* indique habituellement, en allemand, le « contrôle » qu'on exerce sur les animaux et sur les pulsions. En effet, selon Nietzsche, la conscience du fait que toute conscience, toute existence sont dérivées de quelque chose qui les précède risque d'« étouffer » la possibilité de l'avenir, c'est-à-dire la possibilité, au sens propre, de l'« *être* historique », la possibilité d'existence des êtres en tant qu'historiques.

Le « sens historien », c'est-à-dire la conscience historique, est donc une expérience spécifique et particulière de la temporalité, l'expérience historique, dans laquelle se dessinent aussi bien celui qui fait

1. F. Nietzsche, *Unzeitgemässe Betrachtungen. Zweites Stück*, cit., p. 283 (trad. fr., p. 534). « *Der Wahrhafte* », « l'homme véridique », celui qui a comme but la vérité, est l'archétype du métaphysicien et du moraliste, c'est-à-dire du menteur qui nie le monde « de la vie, de la nature, de l'histoire » et en affirme un autre, qui n'existe pas : F. Nietzsche, *Le gai savoir*, cit., § 344.

2. « *Der historische Sinn, wenn er* ungebändingt *waltet und alle seine Consequenzen zieht, entwurzelt die Zukunft, weil er die Illusionen zerstört und den bestehenden Dingen ihre Atmosphäre nimmt, in der sie allein leben können* », F. Nietzsche, *Unzeitgemässe Betrachtungen. Zweites Stück*, cit., p. 291 (trad. fr., p. 541). Pour cette raison, la pensée nietzschéenne n'est pas un refus de la conscience historique, mais une recherche des conditions de sa possibilité : E. Mazzarella, *Nietzsche e la storia. Storicità e ontologia della vita*, Guida, Napoli 1983, p. 37-38. Sur la primauté, dans la perspective « historique » nietzschéenne, du futur, à concevoir non comme moment de la temporalité, mais comme sa fondation, voir J. Stambaugh, *Untersuchungen zum Problem der Zeit bei Nietzsche*, Nijhoff, Den Haag, 1959, p. 47. Sur la primauté du futur, en tant que « condition logique » de la genèse du sens, voir K. Mayer, *Ästetik der Historie. Friedrich Nietzsches « Vom Nutzen und Nachteil der Historie für das Leben »*, Königshausen und Neumann, Würzburg 1998, p. 122.

l'expérience, c'est-à-dire le sujet, que cela dont on fait l'expérience, c'est-à-dire la temporalité. Il y a un rapport de détermination mutuelle entre la modalité d'expérience de la temporalité et la forme d'identité qui fait l'expérience ; en vertu de ce rapport, d'après les indications nietzschéennes, en premier lieu *le « sujet historique » n'est pas la seule forme possible de l'humain, mais « seulement » la forme spécifique qui se dessine en corrélation avec, ou bien par, l'expérience historique de la temporalité*. L'expression « expérience de la temporalité » désigne, donc, un paradigme interprétatif, grâce auquel la réalité assume une forme particulière : en l'occurrence, la forme historique, où la réalité se montre comme « monde historique »[1]. Corrélativement, l'identité assume la forme du « sujet », ou bien du « sujet historique », qui se qualifie par le fait de se rapporter à la réalité – conçue, on l'a dit, comme « monde historique » – par l'interprétation historique, qu'elle soit « monumentale », « antiquaire » ou « critique »[2]. Dans cette interprétation, l'identité individuelle (le « sujet ») se présente elle-même comme finie, et pour cette raison l'histoire peut être conçue d'un côté comme la scène où se succèdent les sujets (l'« homme dans l'histoire »), de l'autre comme la modalité de manifestation de la subjectivité (l'homme comme « existence historique »), lue comme « essence ».

En second lieu, si le « sujet historique » n'est pas la seule forme possible de l'humain, mais seulement la forme spécifique qui se dessine par l'expérience historique de la temporalité, alors *ce qu'on appelle « histoire » n'est pas la seule forme de temporalité, mais « seulement » la forme spécifique qui se manifeste à travers l'expérience historique*. Cependant, *cette deuxième conséquence n'est pas tirée par Nietzsche*, et cela constitue la racine, comme on verra, de l'échec de son projet de dessiner un nouveau type humain et, en même temps, la racine des différentes et contradictoires évaluations, chez lui, du phénomène de la révolution. Qu'est en effet, « en soi », l'histoire pour Nietzsche ? Il la définit comme « puissance aveugle du réel » (*blinde Macht der*

1. Voir F. Merlini, *Fin de l'histoire ou naturalisation de l'histoire ? Horizons de l'historicité post-métaphysique*, dans *Après la fin de l'histoire*, cit., p. 254-255.

2. F. Nietzsche, *Unzeitgemässe Betrachtungen. Zweites Stück*, cit., p. 254 (trad. fr., p. 509) *sq*. À propos de la préférence de Nietzsche pour l'histoire « monumentale », cf. M. Crépon, *De l'utilité et des inconvénients de l'histoire pour la vie. Notice*, cit., p. 1071. J. Stambaugh, *Untersuchungen zum Problem der Zeit*, cit., p. 43-44, souligne que l'enjeu de l'examen, par Nietzsche, des trois formes de la recherche historique n'est pas la question de l'essence du passé, mais celle de ses effets sur l'homme du présent.

Wirklichen),[1] ou bien comme « nécessité » (*Notwendigkeit*), face à laquelle la liberté des hommes est, selon lui, tant une illusion que leurs actions sont marquées par la « pleine irresponsabilité » (*völlige Unveranwortlichkeit*)[2]. Autrement dit, l'« histoire » est ici conçue, par Nietzsche, comme une réalité ontologique, face à laquelle il y a la possibilité, pour l'homme, de différentes interprétations[3]. Le « sens historien » est une de ces interprétations ; du point de vue théorique, elle n'est pas la plus appropriée à son objet, mais ce qui importe à Nietzsche est surtout le fait que cette interprétation détruit la possibilité de son objet, avec des conséquences sur le plan politique et sur le plan moral.

Il est facile de voir où est l'aporie, qui se présente comme une inconséquence dans l'argumentation, de la position nietzschéenne. D'une part, si l'expérience historique de la temporalité dessine l'identité de celui qui fait l'expérience, autant que l'objet de l'expérience même, et si l'expérience historique est seulement une des possibles expériences de la temporalité, alors non seulement le « sens historien », c'est-à-dire la conscience historique, sera seulement une possible (pas la seule) interprétation de la temporalité parmi d'autres, mais aussi ce qu'on appelle « histoire », c'est-à-dire le côté objectif de l'expérience temporelle, sera seulement une possible forme de temporalité parmi d'autres ; pourtant, d'autre part, Nietzsche pense à l'histoire comme à une réalité qui donne une mesure « objective » pour les différentes interprétations que l'homme peut avoir d'elle, et le critère pour juger la validité des interprétations se situe sur le plan politique et sur le plan moral.

Quel est, alors, ce critère, qui distingue l'interprétation vraie de la fausse ou, comme Nietzsche préfére, l'interprétation « juste » de l'« injuste » ? – La liberté de l'homme, ou bien de l'« esprit », qui consiste à être capable de se révolter contre son milieu : en opposition à l'« esprit contraint » (*gebundener Geist*), Nietzsche définit l'« esprit libre » (*Freigeist*) comme « celui qui pense de façon différente de celle qu'on pourrait attendre en raison de ses origines, de son milieu, de sa classe

1. F. Nietzsche, *Unzeitgemässe Betrachtungen. Zweites Stück*, cit., p. 307 (trad. fr., p. 555).

2. F. Nietzsche, *Menschliches, Allzumenschliches. Erster Band*, cit., § 107. Nous avons analysé les conséquences de cette position de Nietzsche sur sa conception du Moi dans F. Cassinari, *Sul senso storico. Per una critica della filosofia morale dellla storia di Friedrich Nietzsche*, « Oltrecorrente », (1), 2000, p. 130-131.

3. Par contre, M. Foucault, *Nietzsche et l'histoire*, dans *Hommage a Jean Hyppolite*, P.U.F., Paris 1971, p. 163, identifie les figures nietzschéennes de la « *wirkliche Historie* » et du « *historischer Sinn* ».

sociale, de sa charge ou des opinions dominantes »[1]. En dernière analyse, la « justice » non plus n'est pas l'élément décisif pour distinguer l'« esprit contraint » de l'« esprit libre », mais seulement le refus, par ce dernier, des conditions données : « ce qui est le propre de l'essence de l'esprit libre, n'est pas d'avoir des opinions plus justes, mais plutôt de s'être détaché soi-même, avec bonheur ou avec insuccès, de la tradition »[2]. Pour cette raison, dit Nietzsche, « si vous désirez de la biographie, qu'elle ne soit pas de celles qui ont pour refrain "Monsieur Un Tel et son temps", mais de celles qui devraient avoir pour titre "Un lutteur contre son temps" »[3].

Bref : pour *être* historique, pour comprendre « justement » l'histoire – qui est, dans cette perspective, identifiée avec la temporalité en tant que telle – il faut être, selon Nietzsche, révolutionnaire. On pourrait dire que le révolutionnaire comprend « avec justice » la temporalité parce qu'il répète en soi-même, dans ses actions et dans son propre être, l'être de l'histoire même, qui est, en tant que « puissance aveugle du réel », révolution, renversement incessant, bouleversement de tout ce qui est donné comme existant. Donc, *où Nietzsche, inconséquemment avec ses prémisses, interprète l'histoire comme une réalité objective et, pour cette raison, comme la seule forme possible de la temporalité – plutôt que comme l'élément corrélatif, à l'intérieur d'une expérience spécifique de temporalité, d'une forme spécifique d'identité – on peut trouver chez lui une évaluation positive du phénomène de la révolution.*

Par contre, l'évaluation négative de la révolution semble renvoyer à la conception de l'histoire comme le résultat « seulement » d'une expérience spécifique de temporalité : puisqu'il est légitime d'opposer, en tant que résultats de différentes interprétations, d'une part l'histoire conçue comme « somme », c'est-à-dire comme le produit cumulatif d'un ensemble de « petits hommes » et, de l'autre, l'histoire conçue comme constellation d'*exempla*, c'est-à-dire comme scène où les « grands individus » jouent leurs rôles, Nietzsche peut soutenir que, à ses yeux, « la révolution, la confusion et l'état de nécessité des peuples comptent très peu *face à l'état*

1. F. Nietzsche, *Menschliches, Allzumenschliches. Erster Band*, cit., § 225.

2. *Ibid.*

3. F. Nietzsche, *Unzeitgemässe Betrachtungen. Zweites Stück*, cit., p. 291 (trad. fr., p. 541). Comme épreuve de *l'identification, à suite de l'interprétation de l'histoire comme réalité objective, de cette dernière avec la temporalité en tant que telle*, il convient de souligner que la révolte contre l'histoire (ou, pour mieux le dire, contre l'« excès » de sens historien) de l'« esprit libre » est ici identifiée à la « lutte contre son temps ».

de nécessité des grandes individualités dans leur développement »[1]. Dans cette perspective, la révolution apparaît comme quelque chose qui, bien que manifestation d'une expérience particulière de la temporalité et comme telle inévitable, jusqu'à être « méritée » par « le beaucoup qui est consacré à la fin », néanmoins doit être « contenue », pour sauver l'espoir d'un « avenir meilleur, d'un humanité plus libre »[2]. C'est dans cette perspective, c'est-à-dire en pensant l'histoire comme forme spécifique de temporalité, que Nietzsche peut dégager, comme on a vu, le concept de « révolution » d'un côté et ceux de « développement progressif », d'« avenir », ou même d'« histoire » de l'autre, jusqu'à pouvoir déclarer que le terme « révolution » ne vaut pas comme signe d'une « réalité », mais comme « parole déclamatoire » (*Prunkwort*) pour soutenir le contraire de ce qu'elle indique, c'est-à-dire pour soutenir la conservation[3]. En conclusion : *penser l'histoire comme seule forme possible de temporalité comporte le fait de penser la figure conceptuelle de la révolution comme caractère essentiel de l'histoire même.*

L'ÉCHEC DU PROJET ÉTHIQUE NIETZSCHÉEN ET SA RACINE THÉORIQUE

La double évaluation de la révolution qu'on peut trouver chez Nietzsche et l'inconséquence aporétique à laquelle elle renvoie, à savoir la double conception de l'histoire (comme réalité corrélationnelle de la formation de l'identité à l'intérieur d'une expérience spécifique de temporalité dans un cas, comme réalité ontologiquement indépendante, seule forme de temporalité, dans l'autre), a donc une importance qui va au-delà de l'exégèse du texte nietzschéen, et touche, plus en général, le problème de la nature du temps et de l'histoire et celui de leur rapport.

Cependant, si on veut adopter ce point de vue plus général et, en même temps, contester à Nietzsche l'inconséquence argumentative – puisque lui-même a mis en évidence, d'après la distinction entre « sens historien » et

1. « *Die Revolution, Verwirrung und Noth der Völker ist das Geringere in meiner Betrachtung,* gegen die Noth *der großen Einzelnen in ihrer Entwicklung* », F. Nietzsche, *Nachgelassene Fragmente. Frühjahr bis Herbst 1884*, cit., Frag. 25 [342]. À propos de l'opposition, chez Nietzsche, entre le deux conceptions de l'histoire, cf. M. Crépon, *De l'utilité et des inconvénients de l'histoire pour la vie. Notice*, cit., p. 1074-1075.

2. « *einer besseren Zukunft, einer freieren Menschheit* », F. Nietzsche, *Unzeitgemässe Betrachtungen. Viertes Stück*, cit., p. 76 (trad. fr., p. 720).

3. F. Nietzsche, *Nachgelassene Fragmente. Herbst 1887 bis März 1888*, cit., Frag. 11 [135].

« histoire », cette dernière d'un côté comme terme corrélatif de la formation d'identité à l'intérieur d'une expérience spécifique de temporalité, de l'autre comme réalité objective sous-jacente à toute expérience du temps – il convient, croyons-nous, de rester sur le terrain que Nietzsche a choisi pour son analyse. Puisque, en d'autres termes, le but de la réflexion nietzschéenne sur l'histoire se pose sur le plan pratique, c'est-à-dire sur le plan éthique et sur le plan politique, il faut, à notre avis, montrer les difficultés, s'il y en a, de la position nietzschéenne de ce point de vue.

Le projet de Nietzsche vise à une reconstitution éthique du sujet réalisée d'un côté (en suivant la voie qui, en qualifiant l'histoire comme réalité objective caractérisée par des bouleversements incessants, refuse le passé) par la définition de l'« esprit révolutionnaire » comme ce qui est capable de rompre avec la situation donnée : dans cette perspective, comme on l'a vu, le caractère décisif de l'« esprit libre » est le refus de sa situation, avec la construction de son présent en opposition à tout passé. De l'autre côté, en soulignant le lien entre « histoire » et « sens historique » et en condamnant seulement l'« excès » de ce dernier, la reconstitution éthique du sujet est poursuivie, par Nietzsche, en soutenant, au contraire, que le passé doit être l'objet d'une appropriation par l'« esprit fort » – pour lequel « l'histoire de sa ville devient sa propre histoire » –[1] qui gagne, ainsi, « une connaissance tout à fait individuelle du monde » (*eine ganz individuelle Erkenntnis der Welt*)[2]. En effet, il est facile de voir que les deux formes prises, dans la pensée de Nietzsche, par la figure de l'« esprit libre » dans ses rapports avec l'histoire reflètent autant la double évaluation de la révolution, que sa racine, c'est-à-dire la double interprétation de l'histoire, comme résultat d'une modalité spécifique d'expérience temporelle accomplie par une identité d'une part, et comme seule réalité objective de la temporalité en tant que telle de l'autre.

Il y a ici, dans les deux cas, un danger, qu'on peut qualifier comme « idéalisme »; un danger, il faut le souligner, qui n'est pas tel seulement sur le plan théorique, mais aussi et bien plus sur le plan éthique. D'un côté, en suivant la première voie, c'est-à-dire en interprétant l'histoire, en tant que « puissance aveugle du réel », comme la réalité objective de la temporalité, l'« esprit fort » se qualifie comme l'« esprit révolutionnaire » qui, en

1. F. Nietzsche, *Unzeitgemässe Betrachtungen. Zweites Stück*, cit., p. 261 (trad. fr., p. 515). Dans cette perspective, la connaissance historique du passé est, selon Nietzsche, absolument nécessaire dans la mesure où elle sert pour se conduire dans le présent : P. Heller, *« Von der ersten und letzten Dingen ». Studien und Kommentar zu einer Aphorismenreihe von Friedrich Nietzsche*, Berlin-New York, de Gruyter, 1972, p. 30-31.

2. F. Nietzsche, *Menschliches, Allzumenschliches. Erster Band*, cit., § 230.

acceptant et en organisant tout bouleversement, reflète dans ses actions la structure ontologique du réel, caractérisée par un renversement incessant et sans fin. Mais, dans ce cas, comment peut-on faire la distinction entre l'« esprit fort » créateur, qui effectivement institue les bouleversements révolutionnaires, et celui qui se limite à accepter tout ce qui se passe, en admirant un changement pour le succès qu'il a eu ? L'appel de Nietzsche à la révolte, n'importe laquelle, de l'« esprit libre » contre les conditions que le passé a données au présent n'apparaît pas suffisant, à ce propos, pour éviter le risque d'opiner du bonnet à toutes les « puissances aveugles » du réel, fussent-elles « un gouvernement, une opinion publique ou une majorité numérique » ; le critère nietzschéen n'est pas suffisant, en d'autres termes, pour éviter le danger de ce que Nietzsche même définit comme « idolâtrie du fait », dans le cas où ce fait se présente lui-même comme « nouveau ».

De l'autre côté, en suivant la deuxième voie, qui se fonde sur l'appropriation du passé et qui ne refuse pas, en tant que telle, l'idée de continuité du processus historique, mais la lit comme une modalité spécifique de perception temporelle, corrélée à une forme spécifique d'identité (voie qui refuse, par contre, l'idée et la pratique de la révolution), il est aussi difficile de distinguer entre l'appropriation des forts et l'appropriation des faibles : d'ailleurs, pour chacune des trois modalités dans lesquelles s'explicite le « sens historien », c'est-à-dire la reconstruction historique « monumentale », la reconstruction « antiquaire » et la reconstruction « critique », on peut trouver le type anthropologique « fort » et le type « faible », ou « dégénéré »[1]. Comment peut-on distinguer entre l'appropriation du passé réalisée par les « esprits forts », qui résument en eux-mêmes l'« histoire de leurs villes » sans « excès » de « sens historien », et l'appropriation des faibles, lesquels, en s'appuyant seulement sur le « sens historien », donc en se rapportant au passé par la modalité de l'*Historismus*, refusent l'« histoire » en adorant une grandeur

1. F. Nietzsche, *Unzeitgemässe Betrachtungen. Zweites Stück*, cit., p. 254 (trad. fr., p. 509). Déjà la maîtrise unilatérale, dans un individu, d'une attitude parmi le trois corrélatives aux trois modalités du sens historien est symptôme, selon Nietzsche, de dégénérescence : C. Zuckert, *Nature, History and the Self*, cit., p. 59 *sq.* À propos des différentes évaluations, au cours de l'évolution de la pensée nietzschéenne, de chacune de ces trois modalités eu égard à leur « utilité pour la vie », voir J. Salaquarda, *Studien zur* Zweiten Unzeitgemässen Betrachtung, cit., p. 19 *sq.*

surhistorique, sans intérêt – comme leur vie même le démontre, ironise Nietzsche –[1] pour la grandeur passée autant que pour celle présente ?

Nietzsche même a bien vu le risque d''idéalisme qui menace sa position, de l'un et de l'autre côté. Du premier, il la protège avec la violente attaque contre la position, à son avis idéaliste, de Schopenhauer à propos du caractère passif du Moi : le Moi n'est pas l'unité élémentaire constitutive du réel, mais un effet complexe – « l'effet, c'est moi », glose Nietzsche – caractérisé par la pathicité. Le Moi est un « fait », plutôt qu'un « facteur » : « "Je ne sais absolument ce que je *fais* ! Je ne sais absolument ce que je *dois faire* ! " – Tu as raison, mais ne doute pas : *tu es fait* ! Tous les instants ! L'humanité a toujours confondu l'actif et le passif, c'est là son impérissable bévue grammaticale »[2]. La conception de l'histoire comme « puissance aveugle du réel », c'est-à-dire comme puissance impersonnelle qui « fait » l'homme, sert à ce propos, dans la stratégie nietzschéenne, comme argument contre cette forme d'« idéalisme ». De l'autre côté, contre le culte (qui n'est pas en tant que tel, remarque Nietzsche, une attitude « historique ») du passé chez les érudits, Nietzsche se moque de ceux qui pensent, par une appropriation solipsiste du passé, pouvoir rompre avec le présent et avec son caractère historiquement déterminé. Ceux-ci, dit Nietzsche, jouissent de leur propre impuissance dans le présent sur lequel ils croient s'élever; ils ne sont pas « esprits forts », ils ne créent aucune grandeur, parce que, en adorant une grandeur passée, ils « ne veulent pas que la grandeur naisse; leur instrument est la déclaration : "regardez, la grandeur existe déjà ! " »[3].

1. F. Nietzsche, *Unzeitgemässe Betrachtungen. Zweites Stück*, cit., p. 260 (trad. fr., p. 514).

2. F. Nietzsche, *Jenseits von Gut und Böse*, cit., § 19. Selon M. Ruggenini, *Volontà e interpretazione. Le forme della fine della filosofia*, Milano, Angeli, 1985, cap. IV, § 6-8, le sujet nietzschéen, en tant que résultat d'une pluralité de « facteurs » impersonnels, serait au-delà de l'opposition entre « actif » et « passif ». À propos de sa caractérisation antiidéaliste, cf. G. Dalmasso, *Il ritorno della tragedia. Essere e inconscio in Nietzsche e Freud*, Angeli, Milano 1983, p. 61 *sq.* D'ailleur, à notre avis de façon contradictoire, chez Nietzsche il y a aussi une caractérisation autofondatrice du sujet (cf. V. Gerhardt, *Selbstbegründung. Nietzsches Moral der Individualität*, « Nietzsche-Studien », (21), 1992, hrsg. v. E. Behler, E. Heftrich, W. Müller-Lauter, H. Wenzel, p. 47), même si cette autofondation n'est pas une fondation substantialiste, puisqu'elle se qualifie comme dépassement, par le sujet, de soi-même : W. Hamacher, *« Disgregation des Willen ». Nietzsche über Individuum und Individualität*, « Nietzsche-Studien », (15), 1986, hrsg. v. E. Behler, M. Montinari, W. Müller-Lauter, H. Wenzel, p. 310.

3. F. Nietzsche, *Unzeitgemässe Betrachtungen. Zweites Stück*, cit., p. 260 (trad. fr., p. 514).

Néanmoins, en dépit de ces passages, chez Nietzsche le danger de l'idéalisme, dans la conception éthique du sujet, subsiste, *tant dans la thèse du sujet « révolutionnaire », qui devrait créer le futur en refusant le passé, que dans la thèse du sujet « historique », qui devrait construire le futur par une appropriation du passé, reconnu comme propre.* Ce danger se révèle, dans les deux cas, avec l'illusion à propos de la possibilité, pour le sujet, de s'élever au-dessus de son propre présent en tant qu'historiquement déterminé, aux mains duquel, au contraire, à cause de cette illusion même, il retombe sans les armes de la critique émancipatrice. *Sur cette illusion se fondent, à notre avis, tant le portrait nietzschéen des « esprits forts », « révolutionnaires » ou « historiques » que celui de leurs modalités dégénérées; c'est là la cause, croyons-nous, de l'impossibilité, à l'inté-rieur de la perspective nietzschéenne, de fonder conceptuellement la différence entre les unes et les autres.*

C'est donc sur le plan pratique, celui qui intéresse Nietzsche, que son projet rencontre des difficultés : ni en suivant la voie qui lit l'histoire comme une interprétation spécifique du phénomène de la temporalité et qui, en refusant la révolution, conseille une appropriation du passé sans « excès » de « sens historien », ni en suivant la voie qui, au contraire, lit l'histoire comme réalité objective et comme seule forme de temporalité et propose la révolution comme façon à travers laquelle se rapporter au passé, il n'est possible de dessiner la figure du sujet qui soit, selon les intentions de Nietzsche, créateur d'histoire, c'est-à-dire de son présent et de l'avenir.

Pour déterminer la racine de ces difficultés, il convient, à notre avis, de revenir à la distinction entre « histoire » et « sens historien », qui fonde la possibilité de formation de l'identité créatrice par le rapport – sans « excès » de « sens historien » – avec le passé. Comme on l'a vu, cette distinction n'a pas été conduite jusqu'au bout par Nietzsche : en acceptant sa première conséquence, à savoir le fait que le « sujet historique » n'est pas la seule forme de l'humain, il ne tire pas la deuxième, à savoir le fait que l'histoire n'est pas la seule forme de temporalité, mais le résultat d'une expérience spécifique de celle-ci, c'est-à-dire une interprétation. Au contraire, quand Nietzsche qualifie l'histoire comme « puissance aveugle du réel », il la pense comme une réalité objective. Essayons donc de développer cette distinction, en soulignant ce que déjà Nietzsche a remarqué, c'est-à-dire que, pour éviter les dégénérescences morales et politiques de ceux qui baissent la tête devant toute puissance factuelle, c'est le sens historien même qui doit, en se tournant contre soi-même, se reconnaître comme historique, c'est-à-dire comme ayant eu un début et, pour cette raison, comme non éternel, donc comme une forme *spécifique* de rapport au temps, non plus l'unique : « l'origine de la culture historique [...] doit à son tour être reconnue historiquement, l'histoire *doit* elle-même résoudre le problème de l'histoire, le savoir doit tourner son aiguillon contre soi-même »[1].

Il faut demander : qui (ou quoi) réclame ce « devoir » ? D'où appelle-t-il ? Quelle est la source de l'obligation et, surtout, comment se définit le sujet qui est appelé par elle ? Plus explicitement : qui « doit » reconnaître comme historique l'origine de la culture historique qui lui serait propre et, de cette façon, « tourner son aiguillon contre soi-même » ? *Personne d'autre que le sens historien*, et il faut le soutenir beaucoup plus fermement que Nietzsche ne l'a fait. En opposant « sens historien » et « histoire », en mettant en garde contre la possibilité que l'« excès » de « sens historien » tue l'« histoire », Nietzsche a lié l'un et l'autre, mais a aussi ouvert la possibilité, inconséquemment, de penser l'histoire non plus comme le terme corrélatif du sens historien, mais comme une réalité indépendante de ce dernier ; en effet, comme on a vu, Nietzsche a soutenu aussi la thèse de l'indépendance objectuelle de la réalité de l'histoire, quand il l'a qualifiée comme « puissance aveugle du réel ».

Il n'est pas difficile de déterminer la raison de ce fait, qui peut être expliqué par le but moral de l'analyse nietzschéenne : en qualifiant l'histoire comme une puissance objective surhumaine, caractérisée par des bouleversements incessants, il est plus facile de se référer à la « naturalité » des actions révolutionnaires (qui ne seraient, donc, pas du tout « une mascarade », un symptôme de l'« affaiblissement » des individus et de l'évolution contre nature des civilisations, comme Nietzsche l'a aussi soutenu) et ainsi refuser les figures anthropologiques qui, marquées par le sens historien, en s'appuyant sur la continuité avec le passé, baissent la tête devant la toute-puissance du présent, incapables de créer, et même d'imaginer, un futur différent de lui.

Malheureusement, le seul fait d'interpréter l'histoire comme une force objective et impersonnelle ne garantit pas la formation d'une identité qui ne courbe pas l'échine devant la toute-puissance du présent, surtout si cette dernière a la ruse de se présenter comme « nouvelle » par rapport au passé. Sur le plan moral et sur le plan politique, penser l'histoire comme une

1. F. Nietzsche, *Unzeitgemässe Betrachtungen. Zweites Stück*, cit., p. 302 (trad. fr., p. 551). Selon Nietzsche, la « science historique » ne serait pas, à cet égard, suffisamment historique : H. Schröter, *Historisches Theorie und geschichtliches Handeln. Zur Wissenschaftkritik Nietzsches*, Mäander, Mittenwald 1982, p. 14.

réalité ontologique, plus ou moins « aveugle », risque d'ouvrir une alternative qui, aux yeux de Nietzsche même, n'est pas souhaitable : le choix entre d'un côté le realisme de Sancho Panza, celui qui accepte la force de tout présent, parce que « les choses sont ce qu'elles sont » et parce qu'« il faut regarder les choses en face », et de l'autre l'idéalisme de don Quijote, celui qui refuse le présent sans égard pour ses déterminations historiques, et, par conséquent, tombe désarmé, après des prométhéismes pathétiques, aux mains de ce même présent.

Pour obtenir le résultat, sur le plan de la formation éthique et politique du sujet, que Nietzsche a préétabli, *il est donc indispensable, en confirmant la corrélation entre « sens historien » et « histoire », de renoncer à qualifier cette dernière comme réalité ontologique, c'est-à-dire comme la seule forme de temporalité*, même si cela comporte de renoncer à la possibilité de justifier l'opposition au présent, c'est-à-dire la révolution, par une fondation rationnelle en tant qu'« objective ». S'il faut, comme nous le croyons, souligner comme nécessaire la liaison entre « histoire » et « sens historien », cela comporte l'impossibilité de se référer à l'une contre les pretendus « excès » de l'autre : tout d'abord, il faut reconnaître que *la corrélation d'« histoire » et « sens historique » désigne un seul phénomène, l'expérience historique de la temporalité, qui n'est rien d'autre qu'une expérience spécifique du temps à l'intérieur de laquelle prend forme tant l'identité de celui qui fait l'expérience, que l'« objet », c'est-à-dire la temporalité, de l'expérience même.* Par conséquent, du point de vue théorique, la tentative de dépasser le « sens historien » – ou de « contrôler » ses « excès » – en se référant à l'« histoire » est inconcevable ; du point de vue pratique, cette tentative nous met face au choix entre Sancho Panza et don Quijote, c'est-à-dire entre l'acceptation de tout ce qui existe au présent pour le fait même qu'il existe, et la révolte – seulement de l'ordre de la pose dramatique ou, dans le meilleur des cas, sans espoir – contre lui pour le seul fait, encore, qu'il existe.

Par conséquence, c'est-à-dire parce qu'on ne peut pas hypostasier, en l'objectivant en tant que réalité ontologique, l'histoire, on doit reconnaître que *le phénomène désigné par la corrélation d'« histoire » et « sens historique » identifie une* praxis *humaine spécifique, et que la révolution se justifie comme un élément nécessaire de cette* praxis *même.* Puisque l'histoire n'a aucune réalité ontologique indépendante de l'homme, si on veut assumer une position critique du présent, il n'est pas possible de se poser contre l'histoire, c'est-à-dire contre le présent en tant qu'héritier du passé ; il est possible, par contre, en considérant l'histoire (dont la révolution est un des éléments décisifs) comme une *praxis* formatrice de l'identité humaine, autant que de la réalité « objective », d'adopter des paradigmes formateurs et explicatifs de ces dernières différents de ceux qui (dans le cas, la conscience historique) les maîtrisent au présent. On devra renoncer à déterminer, pour ces paradigmes, un fondement en tant qu'articulation de l'être, pour éviter le choix entre le consentement passif, d'un côté, et la révolte vélléitaire, ou désespérée, de l'autre : les deux branches de l'alternative renvoient, en effet, au même fondement, celui selon lequel l'histoire, en tant que modalité ontologique, serait la seule expérience « réelle » du temps. À notre avis, ce n'est qu'en admettant le caractère de *praxis* humaines des paradigmes formateurs et interprétatifs de la réalité et de l'histoire même, en tant qu'elle-même juste un paradigme parmi les autres, qu'il sera donc possible de dessiner l'idéal d'un homme différent aussi bien de Sancho Panza que de don Quijote.

Flavio CASSINARI
Université de Pavie

CRÉER L'AVENIR, OU LA RÉVOLUTION SANS UTOPIE *

Ci sono delle persone che credono in cose che esistono già. Tutti su questa piazza crediamo in cose che non esistono ancora.
Un orateur sur la piazza del Santo Spirito, Florence, 16 juillet 2003.

Dans certaines discussions avec Didier Motchane, au début des années 1990, revenait de façon récurrente la nécessité de retrouver ce que nous appelions une « eschatologie laïque », comme une puissance d'évasion au delà du présent.

La formule me gênait et me retenait à la fois.

Ce qui me gênait, c'était sa connotation religieuse, où se cristallisait certainement tout un embarras porté par la notion classique de Révolution. Ne fallait-il pas renoncer à une figure qui place ainsi la politique sous le signe de l'attente dans une transfiguration dont, je crois, nous pouvons tous dire aujourd'hui qu'elle ne viendra pas ? Dans un tel cliché, c'était toute une forme de rapport au politique qu'on pourrait qualifier de *métaphysique* qui se condensait, et n'était-ce pas ce dont précisément il fallait se détacher ? Pourquoi la politique aurait-elle spécialement à être eschatologique ? La destruction de cette dernière fiction me paraissait alors

* J'ai déjà exposé certains éléments d'analyse sur Sorel dans « Quando l'immanenza deborda : democrazia e violenza », dans Maria Donzelli, Regina Pozzi (éds.), *Patologie della politica. Crisi e critica della democrazia tra Otto e Novecento*, Rome, Donzelli editore, 2003, p. 49-58. Je dédie le présent texte, comme le texte italien apparenté, à Didier Motchane.

nécessaire, à la mesure de la nécessité d'une politique non métaphysique, ou laïcisée jusqu'au bout, c'est-à-dire purgée de son propre fantasme.

Mais cette exigence critique, démythifiante, se heurtait à une exigence non moins forte, qui était celle de la fonction intrinsèquement critique et déstabilisatrice de la notion de Révolution. Car que serait en vérité un monde sans Idée révolutionnaire ? Ce serait un monde résigné au fétichisme de ce qui est – au fétichisme des « faits ». Or non seulement un tel monde est un monde inacceptable, mais on peut même dire que c'est un monde faux. Comme si « ce qui est » était si stable et si vrai que cela. Tout nous le dit : il faut changer ce monde. Or comment le changer sans exigence révolutionnaire ?

Le XXe siècle, qui s'en va maintenant doucement, a vu l'échec de la plus grande entreprise révolutionnaire de l'histoire de l'humanité. On peut dire que la Révolution bolchevique est morte deux fois. Une première fois sous le coup de ses contradictions internes en se muant en dictature d'État ; une deuxième dans l'effondrement des dictatures communistes, pour des raisons internes et externes. La chute des gérontocraties brejnéviennes, à la fin des années 80, a ainsi paradoxalement, au delà d'elles-mêmes, ratifié la fin de ce qu'elles recouvraient de tout le poids de leurs décorations : la révolution bolchevique. À partir de ce moment-là, c'était fini, c'était clair : il n'y avait qu'une seule voie pour le monde.

Cela peut paraître assez étrange, car, en ce qui concerne ma génération, on ne voit pas en quoi le brejnévisme connu dans notre enfance pouvait constituer en rien une alternative. Pas un seul instant nous ne pouvions croire que la Jérusalem céleste se fût incarnée et eût un lieu réel sur la terre. En un sens, suivant un paradoxe seulement apparent et bien triste pour ce qu'il révèle de la classe intellectuelle, plus que l'horreur stalinienne, plus que la farce sanglante de la révolution culturelle ou les crimes de Pol Pot, la grisaille brejnévienne avait dissipé les illusions.

Restait que l'existence du bloc communiste posait en soi une question et lançait comme un défi aux démocraties. Finalement, il restait quelque chose, sous une forme bien caricaturale, et à laquelle nous ne pouvions plus croire qu'à moitié, de la malédiction du vieux Sorel :

> Maudites soient les démocraties ploutocratiques qui affament la Russie ; je ne suis qu'un vieillard dont l'existence est à la merci de minimes accidents ; mais puissé-je, avant de descendre dans la

> tombe, voir humilier les orgueilleuses démocraties bourgeoises, aujourd'hui cyniquement triomphantes ![1]

Avec la débâcle de la fin des années 80, c'en était fini de cela. Les « démocraties bourgeoises » triomphaient cyniquement sous la plume de folliculaires comme Fukuyama[2] et le monde avait uniformément (ou presque) et semble-t-il durablement une seule couleur.

C'est dans ce contexte, sur fond d'utopies enfuies et bel et bien enterrées, que pouvait se poser la question de quelque nouvelle « eschatologie ».

Le problème au fond était – et demeure – simple : personne ne peut faire comme si l'échec et ce qu'il faudra bien appeler la défaite historique de l'Union soviétique pouvaient laisser intacte et inébranlée toute foi dans le communisme comme horizon eschatologique de l'humanité. Le paradoxe est bien là : quel que soit l'écart, incommensurable – et qui était su comme tel, sauf à mettre toute son intelligence à s'aveugler – qui existait entre les régimes communistes et l'idéal communiste comme projet, l'échec des uns atteignait indiscutablement l'autre, et nous ne pouvons pas faire aujourd'hui comme s'il ne l'avait pas atteint. Or cet effondrement posait en fait un problème à tout ce qu'il est convenu d'appeler le camp progressiste – le plongeant dans une crise morale et idéologique dont il n'est toujours pas remis.

Peut-être l'effet le plus immédiat de ce constat aurait dû être d'entraîner vers le réformisme théorique. Historiquement, il est probable qu'une véritable problématique réformiste est ce qui a le plus durablement manqué au mouvement ouvrier ou disons progressiste français. On verra là une des structures les plus enracinées du socialisme français : soutenir toutes ses renonciations des revendications théoriques les plus radicales, en en faisant d'ailleurs leçon au monde. Là réside le ressort secret de son incapacité à être social-démocrate.

Le réformisme véritable sans doute – qui n'a rien à voir avec l'opportunisme ou l'esprit de compromis – consiste essentiellement à prendre acte de l'impossibilité de la Révolution, ou tout au moins d'une certaine figure, utopique, de celle-ci. Sorel l'a bien compris, qui a eu des formules étrangement indulgentes – mais cette étrangeté n'est que de surface – pour Bernstein, si méconnu en France :

1. *Réflexions sur la violence*, Paris, 1908, cité dans l'édition établie par Michel Prat, Paris, Seuil, 1990, cf. *infra*, p. 298 (appendice de 1919 pour la 4e édition).

2. Voir J. Benoist, F. Merlini, *Après la fin de l'histoire*, Paris, Vrin, 1998.

> Je crois que, parmi les motifs qui ont amené Bernstein à se séparer de ses anciens amis, il faut compter l'horreur qu'il éprouvait pour les utopies de ceux-ci [1].
>
> Lorsque Bernstein, qui était trop sensé pour ne pas savoir quel était le véritable état d'esprit de ses amis du comité directeur, annonça qu'il fallait renoncer aux grandioses espérances que l'on avait fait naître dans les âmes, il y eut un moment de stupéfaction ; peu de gens comprirent que les déclarations de Bernstein étaient des actes de courage et de loyauté, ayant pour but de mettre le langage en rapport avec la réalité [2].

Le socialisme français est passé complètement à côté du grand débat théorique qui a traversé la social-démocratie allemande à la fin du XIXe siècle : c'est ce qui explique le mélange de mauvaise rhétorique de banquet républicain et de misère théorique qui le caractérise – ce en quoi le jaurésisme, tant vanté aujourd'hui, a joué un rôle majeur. Sur le fond, la question dont il a fait l'économie, par là même, c'est celle de son rapport au réel – ce qui lui a permis d'autant mieux, au niveau politique, de couvrir toutes les formes les plus douteuses de « réalisme », le « réel » et les limites de ce qu'on peut en attendre n'y ayant pas été au préalable déterminé.

Qu'il faille renoncer aux grandioses espérances, c'est ce qui semble devoir s'imposer à nous, orphelins de l'Union soviétique, mais aussi, d'une façon peut-être plus grave, parce que plus prochaine, de l'imposture du socialisme français.

Cela pourrait conduire, et a conduit plus d'un, à une remise en question globale de la catégorie de l'*espoir* en politique, si celui-ci, passion triste, signifie la subordination du présent à un avenir à la mesure duquel on le jugerait et le dénierait, et, en dernier ressort, *le sacrifice pur et simple de cette catégorie du présent*.

C'est, je pense, cette aversion de l'eschatologie et cette anti-messianité au sens exact où Sorel ironise sur le « messianisme laïque » de Jaurès [3], que nous avions mis au centre de certaines de nos réflexions précédentes, Fabio Merlini et moi-même [4]. Le contexte en était bien sûr un peu particulier, puisqu'il s'agissait de s'en prendre à une eschatologie perverse,

1. *Réflexions sur la violence*, p. 136.
2. *Op. cit.*, p. 215.
3. *Introduction à l'Économie moderne*, Paris, 1903, p. 9.
4. Cf. notamment mon texte « La fin de l'histoire comme forme ultime du paradigme historiciste », dans J. Benoist, F. Merlini, *Après la fin de l'histoire*, *op. cit.*

une anti-eschatologie, celle du libéralisme – qui se donne pour fin le présent, ou la continuation du présent. Mais il ne faut pas perdre de vue que la critique de son négatif atteint ici au moins partiellement la structure elle-même, ou tout au moins fonctionne comme révélateur des défauts de cette structure même. Ce que nous refusions, c'était toute pensée qui fasse l'économie d'un approfondissement et d'une discussion *critique* (et qui donc le mette en *crise*, s'installe dans ses lignes de fracture) du présent, au profit d'un avenir idéalisé qui permettrait en quelque sorte de sauter par dessus le point où passe la ligne de front réelle. Ce qu'accomplissent symétriquement la pensée du présent stabilisé, éternitaire (fait donc indéfiniment avenir), de ce que Sorel eût appelé l'idéologie du progrès *et* celle, qui pourtant ne se confond en rien avec la précédente, de l'avenir inaccessible de la Terre Promise comme représentation de ce qui *doit être* et sera, fût-ce dans un futur à jamais différé, et une fois de plus idéalisé.

Mais qu'y a-t-il exactement dans le présent? Voilà sans doute ce sur quoi, au moins pour ma part, j'étais trop vite passé. *L'espoir ne peut-il se décliner au présent*, et n'y a-t-il pas un mode de présentialité de l'avenir? C'est la question à laquelle je voudrais me consacrer maintenant: la possibilité ou non de maintenir un sens pour l'idée de Révolution dans une pensée qui aurait essayé de dissiper un certain nombre d'illusions inhérentes à la chose politique y est suspendue. Et, pour y répondre, je vais tâcher de m'appuyer sur un certain nombre d'intuitions soréliennes, ayant ainsi recours à un auteur que, significativement, la tradition du socialisme français, à de très rares exceptions près [1], a pris l'habitude de reléguer dans son enfer.

Qu'est-ce que Bernstein, dont il faudra dire que, dans son genre, il fut un socialiste *honnête*, plus honnête que bien d'autres assurément, a négligé décidément?

Sorel le dit, dans des pages non sans ironie sur la social-démocratie allemande: Bernstein a voulu ignorer le *sublime* en politique [2]. Or ce sublime, avec une étrangeté qui a retenu l'attention de Sorel tout au long de son ample et multiforme production, suivant ses différents aspects, traverse l'ensemble de la vie publique ou tout au moins collective. Que cela soit le soldat Romain, le Chrétien de la primitive Église, le réformé de la première heure, le soldat républicain des guerres de la liberté, ou le gréviste de 1900 qui vit dans la religion du Grand Soir : tous sont prêts à aller « au

1. Cf. le livre, un peu décevant, de Michel Charzat, *Georges Sorel et la Révolution au XXe siècle*, Paris, Hachette, 1977.

2. *Réflexions sur la violence*, p. 214.

delà de toute mesure ». Quel est le sens de ce sacrifice, qui n'entre dans aucune économie, puisqu'on sait bien qu'il ne sera en rien rétribué individuellement, pas même par la gloire[1] – pas plus peut-être que collectivement, car le succès est tout sauf assuré ?

Mais dans cet esprit de sacrifice, n'y a-t-il pas précisément cette composante de négation, d'aliénation d'un présent que nous avions voulu dénoncer ? Sorel quant à lui y voit au contraire le plus haut degré d'affirmation d'un présent, comme *devenir*. Or

> Ce qu'il y a de vraiment fondamental dans tout devenir, c'est l'état de tension passionnée que l'on rencontre dans les âmes[2].

Qu'en est-il de cette « tension passionnée » ? Faut-il la reconduire à la pure et simple négativité de l'illusion ? – Mais toute illusion est-elle négative ?

Ce que nous laisse entrevoir la pensée de Sorel, c'est la possibilité d'une autre pensée de l'avenir, qui le mette au présent et en quelque sorte en fasse le lieu d'expression positif d'un désir.

Il est possible et même nécessaire de « mépriser les espoirs décevants dans lesquels se complaisent les âmes faibles »[3]. Mais pourtant « l'espérance » demeure et Sorel n'hésite pas à recourir à son lexique. En fait, elle est la condition même d'un abord lucide – donc pessimiste – de la réalité. C'est un des paradoxes constitutifs de la position sorélienne – il a retenu toute l'attention de Gramsci – que pessimisme et espérance y soient indissolublement liés.

> L'homme n'irait pas loin dans l'examen, soit des lois de sa misère, soit de la fatalité, qui choquent tellement la naïveté de son orgueil, s'il n'avait l'espérance de venir à bout de ces tyrannies par un effort qu'il tentera avec tout un groupe de compagnons[4].

Ce lien original entre pessimisme et espérance (pessimisme de la raison, optimisme de l'action, dira-t-on bientôt) a évidemment des relents religieux, comme le prouve la mention, qui suit immédiatement le passage cité dans le texte de la lettre-préface à Halévy, du dogme du péché originel, dans son lien intrinsèque à l'espérance de salut.

Ce sont certainement ces échos religieux qui longtemps m'ont gêné chez Sorel lui-même, comme dans tant de pièces du légendaire du

1. *Op. cit.*, p. 250.
2. *La Ruine du Monde antique*, Paris, 1901 (cité dans la 2e éd. de 1925), p. 14.
3. *Réflexions sur la violence*, p. 8.
4. *Op. cit.*, p. 12.

mouvement ouvrier (comme lorsqu'Eisenstein parle, en termes plutôt christiques, d'« autant de blessures sur le corps du prolétariat » dans un intertitre de *La grève*). Je ne savais littéralement qu'en faire.

Mais voici la vérité que m'a très progressivement appris la lecture et la relecture de Sorel : il n'y a pas lieu d'expurger le socialisme de son élément religieux, de le « laïciser » jusqu'au bout, comme je l'aurais en un sens voulu et certainement je n'étais pas le seul à le vouloir. Cette composante religieuse en constitue un aspect essentiel, déterminant. Elle représente aussi bien ce qu'il y a toujours eu de juste et profond dans toute religion : l'adhésion sans limite, envers et contre tout, et qui fait que Sorel, grand anticlérical à ses heures, a toujours refusé de s'associer à la vulgarité de l'anticléricalisme officiel de la IIIe République. Jaurès avait fustigé Sorel à la tribune de la Chambre comme « métaphysicien du syndicalisme »[1]. Mais ce que m'a appris Sorel, c'est qu'il faut précisément rendre une métaphysique au socialisme – et si le syndicalisme a pu, à un certain moment du mouvement ouvrier français, en donner une à celui-ci, c'est à mettre à son actif.

Corrélativement, ce qui détermine le socialisme, c'est essentiellement un certain type de rapport à l'avenir – sans doute n'y a-t-il pas de religion, au sens moderne du terme, « messianique » ou post-messianique, sans cela. Ce rapport, il va falloir le déterminer, car il ne s'agit pas de le confondre avec l'espèce d'anticipation constitutive que nous dénonçions, en tant que masque et prétexte de notre incapacité à prendre en charge la dimension conflictuelle du présent. Il *est* cette dimension conflictuelle même. Dans la littérature socialiste traditionnelle, il a un nom : Révolution.

Ce que nous disons là peut étonner, car la Révolution, n'est-ce pas la figure même de l'événement *futur*, décalé, auquel se mesure un présent qui se voit par là même déchargé de toute sa valeur de n'être que d'attente ? C'est cette structure d'anticipation que nous avions remise en question comme au principe des modernes philosophies de l'Histoire, et peut-être de l'idée d'Histoire elle-même.

Il me semble pourtant que Sorel propose un tout autre traitement de la notion de Révolution, traitement qui a l'intérêt, une fois de plus, tout en lui conservant sa dimension d'*avenir* (c'est-à-dire de non-donné, si le donné doit l'être une fois pour toutes), d'inscrire cet avenir dans le présent même, comme une dimension qui en est constitutive. Pour cet avenir-là, il n'est même, en toute rigueur, d'autre lieu que le présent, *un présent d'action*.

1. *Op. cit.*, p. 43 n.

« Nous ne saurions agir sans sortir du présent », écrit textuellement Sorel[1], et il va même plus loin, puisqu'il souligne la nécessité d'une sortie du présent qui prenne la forme d'un *raisonnement* sur l'avenir, un avenir « indéterminé dans les temps ». N'est-ce pas là la voie exacte que nous avons condamnée – celle de l'idéalisation qui nous fait sortir du temps pour en mesurer la portée ?

Mais il faut ici prendre en compte les précisions et rectifications apportées par Sorel. D'abord, ce raisonnement sur l'avenir est présenté explicitement comme un raisonnement sur ce « qui semble condamné à échapper toujours à notre raison ». Et ce semblant est plus qu'un semblant : il n'y a en fait ici que parodie de raisonnement, et le véritable rapport à cet avenir qui est avenir de l'action – au sens de l'avenir qui est toujours déjà compris en elle, qui est sa condition interne – ne peut être de l'ordre du raisonnement. Il est précisément le lieu de ce que Sorel appelle le *mythe*, qui est la figure de cette tension du présent en direction de la création d'avenir.

> L'expérience nous prouve que des constructions d'un avenir indéterminé dans les temps peuvent posséder une grande efficacité et n'avoir que bien peu d'inconvénients, lorsqu'elles sont d'une certaine nature; cela a lieu quand il s'agit de mythes dans lesquels se retrouvent les tendances les plus fortes d'un peuple, d'un parti ou d'une classe, tendances qui viennent se présenter à l'esprit avec l'insistance d'instincts dans toutes les circonstances de la vie, et qui donnent un aspect de pleine réalité à des espoirs d'action prochaine sur lesquels se fonde la réforme de la volonté[2].

Un mythe est une construction de la volonté, et non de l'intelligence : c'est précisément là que réside son sens paradoxal de « réalité ». S'il donne « réalité » et même « pleine réalité » aux *espoirs* d'action donc à ce qui pourrait nous couper de l'action et de la réalité même, c'est en les reconduisant à l'effectivité qui est celle des *tendances* qui existent au présent – car *le présent n'est pas seulement un présent de choses, il est toujours aussi un présent de volonté*, avec les tensions (et les contradictions) qui y sont inhérentes.

Dès lors, le mythe, construction volontaire (nous n'avons pas dit intentionnelle) d'un avenir qui est avenir d'action, n'est aucunement coupé du présent :

1. *Op. cit.*, p. 117.
2. *Op. cit.*, *loc. cit.*

Il faut juger les mythes comme des moyens d'agir sur le présent[1].

La question posée par Sorel, ce n'est pas celle du drame de notre action tel que le reconstitue après coup l'historien, pas plus que tel que le prophétise l'intellectuel, mais celle du caractère *en elle-même dramatique* de cette action, telle qu'elle nous immerge toujours dans un collectif qui nous dépasse : ainsi du « drame »[2] de la grève générale. Ce que Sorel appelle aussi, d'un terme peut-être malheureux, le caractère « subjectif » de notre action – mais il s'agit d'une subjectivité qui est tout sauf individuelle. Le mythe est ce qui replie le présent sur lui-même (et donc lui donne du volume) comme présent en mouvement, présent d'action, qui ne va pas sans mise en scène.

Quelles sont les propriétés du mythe ?

On soulignera d'abord son caractère holistique. Le mythe n'est pas représentation analytique d'un avenir dont on pourrait déployer les diverses déterminations comme autant de modalités d'être. Suivant un descriptif fortement influencé par Bergson (Sorel représentant le paradoxe d'un *bergsonisme révolutionnaire*[3]), les mythes se présentent comme « des ensembles d'images capables d'évoquer *en bloc et par la seule intuition*, avant toute analyse réfléchie, la masse des sentiments »[4]. Le mythe déploie *d'un seul coup*, *devant nous* et *entre nous*, l'avenir souhaité qui est l'horizon de notre action commune. C'est en ce sens que « *l'ensemble du mythe importe seul* »[5]. Sorel va jusqu'à suggérer ce qu'on pourrait appeler une théorie structurale du mythe avant la lettre, puisqu'il soutient que les « parties [du mythe] n'offrent d'intérêt que par le relief qu'elles donnent à l'idée contenue dans la construction ». Les éléments n'ont de valeur que fonctionnelle : ils ne servent qu'à faire ressortir l'idée du Tout.

C'est dire aussi bien l'*irréalité* fondamentale du mythe. Toute approche réaliste en un sens qui resterait purement théorique en manque complètement la portée et la signification propre : elle est en effet inévitablement analytique et cherche à retrouver dans des réalités correspondantes les détails du mythe. C'est manquer la dimension de symbolisation qui est propre au mythe, et qui y est non pas auxiliaire, mais constitutive.

1. *Op. cit.*, p. 119.
2. *Op. cit.*, p. 115.
3. Mais Bergson a probablement été le penseur de la *poïèsis*, en ce qui concerne l'évolution.
4. *Réflexions sur la violence*, p. 115.
5. *Op. cit.*, p. 119.

Mais, pour autant, ce n'est pas parce que le mythe ne peut donc être projeté, au titre de son impossible « vérification », sur aucun avenir réel, qu'il serait de l'ordre de cet avenir pur, cette « attente sans attendu » dont nous parle Jacques Derrida. Le mythe nous donne au contraire la figure d'un avenir extraordinairement déterminé, parce que concret. Il y est essentiel que la donation de cet avenir y soit en quelque façon intuitive. Ce qui caractérise le mythe, c'est sa présence. Et, comme tel, il déploie le registre de ce que Sorel appelle à plusieurs reprises, de façon significative, une action *prochaine*. La temporalité mythique sorélienne n'est pas celle de l'attente du Messie qui viendra un jour, mais on ne sait quand; c'est celle de ce que nous allons faire maintenant pour accélérer l'Histoire, avec une certitude d'autant plus grande que nous savons que l'Histoire se joue exactement dans ce que nous faisons, et nulle part ailleurs.

Au fond, ce qui définit le mieux l'anti-idéalisme radical d'un Sorel, c'est son hostilité fondamentale à la notion de *possible* et à tous les usages pervers qu'elle permet. De ce point de vue encore et surtout, Sorel est un vrai bergsonien[1], et ce qu'on pourrait appeler un métaphysicien bergsonien de la Révolution.

Sorel y insiste à plusieurs reprises : le possible n'est rien d'autre que du passé projeté sur l'avenir. Or il faut renoncer définitivement à toute attitude de pensée qui traiterait l'avenir comme du passé, et lui donnerait donc la moindre consistance ontologique. C'est là l'illusion de ce que Sorel nomme le rationalisme.

> L'empirisme, qui s'occupe des activités humaines, se tourne vers le passé, dans lequel il rencontre des choses achevées, la matière de la science, l'histoire, le déterminisme; on a bien le droit évidemment d'adopter une attitude contraire, de méditer sur l'avenir, de considérer, par suite, la vie, l'imagination, les mythes, la liberté; mais il est absurde d'opérer à la manière des rationalistes, qui, hallucinés par leurs préjugés unitaires, mêlent les deux genres, prétendent imposer au second les conditions du premier et s'égarent ainsi dans le scientisme historique[2].

La première figure de cette illusion, c'est évidemment le scientisme, qui au fond ne connaît que du passé, et avec lequel Sorel n'a de cesse d'affirmer sa rupture, qui constitue le grand événement de sa pensée philosophique :

1. La référence pragmatiste commune fournirait sans doute des éléments d'explication.
2. *La ruine du monde antique*, p. XXIII – avertissement de l'édition de 1922.

> Je n'ai pas cru avoir le droit de corriger les nombreux passages où j'affirmais, d'une manière tranchante, la transformation scientifique de la société par le socialisme. C'est sur cette question que je me sépare aujourd'hui de ceux que l'on considère en Allemagne comme les représentants de l'orthodoxie marxiste. J'estime que le désir de tout ramener à des points de vue scientifiques conduit, presque nécessairement, à l'utopie ou au socialisme d'État. Je crois être, aujourd'hui, beaucoup plus près du véritable esprit du matérialisme historique que je ne l'étais en 1894[1].

Une autre figure de cette projection, non moins néfaste, et présentée ici comme un résultat naturel du scientisme, est *l'utopie*, telle qu'elle paraît traditionnellement associée à la rhétorique révolutionnaire.

Le mythe est de l'ordre de la croyance spontanée des masses – ce qui les constitue comme masses précisément. Au contraire, les utopies sont des produits de la réflexion des intellectuels. Sorel en donne une analyse toute négative mais extrêmement pénétrante, qui n'a d'autre sens que de pointer leur idéalité de principe en tant que *mauvaise idéalité*. Souvent, à qui remet en question la valeur de l'utopie au nom d'un « réalisme » ou d'un autre, l'utopiste répond que l'utopie n'a pas à être réelle : elle est constitution d'un modèle purement idéal. La question de sa « possibilité pratique » ne se pose donc pas plus que celle d'un mythe comme la grève générale[2]. Il y a pourtant, selon Sorel, une différence abyssale de l'une à l'autre. Ce qui fait la différence, c'est le lien constitutif que l'utopie entretient avec le réel, en d'autres termes son caractère foncièrement *théorique*. L'utopie, ce n'est rien d'autre que du *réel idéalisé*. « Elle est l'œuvre de théoriciens qui, après avoir observé et discuté les faits, cherchent à établir un modèle auquel on puisse comparer les sociétés existantes pour mesurer le bien et le mal qu'elles renferment ; c'est une composition d'institutions imaginaires, mais offrant avec des institutions réelles des analogies assez grandes pour que le juriste en puisse raisonner ; c'est une construction démontable dont certains morceaux ont été taillés de manière à pouvoir passer (moyennant quelques corrections d'ajustage) dans une législation prochaine »[3]. On pourrait avoir le sentiment que Sorel force le trait, en accentuant le caractère réformiste de l'utopie, négligeant la dimension proprement morale (de condamnation d'un système actuel) qu'a toute grande utopie. Mais en même temps il y a quelque chose de profondément juste dans son

1. *Op. cit.*, p. XIX – avertissement de l'édition de 1901.
2. *Réflexions sur la violence*, p. 22.
3. *Op. cit.*, p. 30.

descriptif, fondé sur une bonne connaissance des figures historiques de l'utopie : quel a été le terrain électif des utopies caractéristiques de l'âge moderne, si ce n'est toujours une certaine représentation de l'*organisation du travail*, de ce système de force – par définition conservatrice – au sens sorélien du terme[1] qu'est une *économie*? Il faudra aussi souligner le caractère disciplinaire, légaliste et tâtillon de toute utopie. L'utopie est toujours fondamentalement associée à une pensée de l'ordre. En ce sens « l'économie politique libérale a été un des meilleurs exemples d'utopies que l'on puisse citer »[2].

C'est inévitable aussi à partir du moment où l'utopie se présente nécessairement sous la forme d'un discours de type descriptif, là même où il s'agit d'un descriptif idéal, opposé à la situation présente. On objecte alors à notre présent-passé (figé en une image de ce qu'il est) un avenir qui est au fond également traité comme du passé – mais un passé idéalisé.

Ce à quoi il faut opposer les mythes qui « ne sont pas des descriptions de choses, mais des expressions de volontés »[3].

Ce que mesure alors le mythe, plus qu'aucun possible se déployant dans quelque idéalisation du présent, c'est l'éclatement même du présent, ce que Sorel nomme *destruction*. « Nos mythes actuels conduisent les hommes à se préparer à un combat pour détruire ce qui existe »[4]. Le mythe n'a pas à prescrire ce qu'il faut construire, il n'est pas programme. Il est affirmation d'une volonté qui déborde ce que le passé nous a donné et ne peut s'en satisfaire – et par là même de l'insuffisance de tous les « possibles » qui nous sont alors offerts, car l'utopie n'est jamais que celle d'un temps, et joue sur le seul réel auquel elle s'oppose. Au delà de ce réel et de ses possibles se tient la seule réalité proprement historique, parce qu'en devenir : celle de l'action collective, et c'est ce qui se condense dans le mythe. Cette action créera ses propres possibles, mais elle n'en est pas tributaire. Ceux-ci sont, au point présent, à proprement parler *irreprésentables*.

Il faut souligner ici le caractère de *refus* fondamental du mythe tel que l'entend Sorel. Le mythe est l'envers du pessimisme théorique, car il ne s'entretient que du sentiment de la solidarité et de la cohérence d'un passé que rien ne peut rompre, sauf à radicalement en sortir – ce que Sorel après

1. Rappelons que « la force a pour but d'imposer l'organisation d'un certain ordre social dans lequel une minorité gouverne, tandis que la violence tend à la destruction de cet ordre » (*op. cit.*, p. 169).

2. *Op. cit.*, p. 30.

3. *Op. cit.*, *loc. cit.*

4. *Op. cit.*, *loc. cit.*

Marx nomme déterminisme historique. C'est la conscience du caractère global de la contrainte et de l'absence ou de l'inanité desdites « marges de manœuvre », des « possibles » (ce dont la mondialisation pourrait aujourd'hui constituer l'exacte figure), qui produit le mythe, qui ne peut avoir d'autre forme que *catastrophique*. L'idée du mythe – qui s'oppose donc au régime, essentiellement constructif, de l'utopie – c'est celle du renversement de tout cela. La révolution sera globale ou ne sera pas, résultat « d'une résistance obstinée, croissante et passionnée contre l'ordre de choses existant »[1], à la mesure même du déterminisme qui gouverne la représentation théorique de notre présent. Idée qui paraîtra aujourd'hui plus que jamais nécessaire.

Sorel est-il pour autant le penseur du saut dans l'inconnu[2], du grand bond en avant ? Ce qui est recherché dans la représentation mythique de la catastrophe qui transcende et renverse tous les possibles, n'est-ce pas la figure de cette « impossible possibilité » autour de laquelle s'enroule, en involution, le discours de Derrida ? Ce qui fait la force de la Promesse, c'est qu'on ne sait pas ce qui y est promis.

Il est certain qu'on retrouve quelque chose comme cela dans les accents pascaliens mobilisés par Sorel. Sorel n'est-il pas le premier à marquer le « caractère d'infinité » du mythe de la grève générale, et à jeter, non sans quelque provocation aux socialistes républicains trop vite laïcisés, que « ce qu'il y a de meilleur dans la conscience moderne est le tourment de l'infini »[3] ? Il évoquera dans la figure du Juif errant, condamné à marcher toujours sans connaître le repos, « le symbole des plus hautes aspirations de l'humanité »[4].

Mais en même temps, il faut bien relever le paradoxe de cet infini qui est infini *actuel*, donné, présent. Cet infini est celui du fait qu'*on ne sait pas exactement ce que peut l'action collective*. On ne le *sait* pas ; on le *sent*. Et ce pouvoir ne déploie aucun possible, fût-il (figure ultime et paroxystique du possible) impossible. Il est sur ce mode essentiel qui est celui de *l'ouverture même du présent*.

Bien sûr, la pointe de l'analyse menée par Sorel est que nous ne sommes pas toujours conscients de cette ouverture. On peut même dire qu'en règle générale, nous ne le sommes pas. Nous sommes immergés

1. *Op. cit.*, p. 129.

2. Cf. la déclaration des *Réflexions sur la violence*, p. 132, sur « l'inconnu énorme » que renferme le socialisme.

3. *Op. cit.*, p. 25.

4. *Op. cit.*, p. 15.

dans la routine. Le mythe correspond au moment où nous nous ressaisissons de cettte routine, bousculons l'ensemble de représentations et de clichés passés associés à notre action pour nous la réapproprier comme action, c'est-à-dire comme source même de l'être. C'est cette dimension de *création* que Sorel met au centre de son analyse, et personne n'est plus que lui sensible au caractère *poétique* des grands mythes sociaux en tant qu'ils expriment la volonté d'une époque. Cela le conduit même à rapprocher l'activité productrice du travailleur (la production, voilà ce qui transcende toujours l'économie comme simple ordre des échanges [1]), qui culmine dans la Révolution comme affirmation pure et simple du statut de producteur, de celle de l'artiste, vis-à-vis duquel il témoigne pourtant par ailleurs les plus grandes réserves, tant il est sensible à la propension des artistes à se plier aux stéréotypes bourgeois et au caractère de fonction socialement convenue de l'art. La Révolution est comme la création d'une œuvre d'art, au sens où elle n'est rien d'autre que manifestation de l'originalité, au sens bergsonien du terme, d'une volonté collective. L'important est alors que « l'art [est] une réalité qui fait naître des idées et non [...] une application d'idées » [2].

Cette dimension de création est ce qui ne nous renvoie aucunement devant nous, dans quelque existence objective, fût-elle transcendante, de l'œuvre, mais au point exact où nous sommes, à l'élan de la volonté même. La délivrance n'est pas impossible, si elle est toujours à conquérir. Elle est là où nous sommes, dans notre liberté même en tant que celle-ci s'affronte à la contrainte du monde comme contrainte globale, et que nous sommes condamnés à prendre d'un bloc, dans une véritable lutte pour le sens du monde : cette confrontation, Sorel la nomme *violence*. On trouve là ce qui secoue la routine, et le véritable opérateur de l'Histoire, en tant que celle-ci n'a de sens, n'est un concept légitime que dans la dimension du *faire* même. En dehors de cela, il n'y a que de la nature – même si celle-ci est vouée aussi à se révéler après coup comme une illusion forgée par les physiciens [3], et donc, dans sa constitution interne, profondément historique.

Au fond, l'idée d'un *au-delà* du monde est profondément étrangère à Sorel. Ce qui le domine au contraire, c'est *la passion de l'ici*, mais en tant

1. *Op. cit.*, p. 143 : « la production, c'est-à-dire ce qu'il y a de plus mystérieux dans l'activité humaine ».

2. *Op. cit.*, p. 236.

3. Cf. *Les Préoccupations métaphysiques des Physiciens modernes*, Paris, 1921.

que l'ici n'est pas ce qu'on croit – ou tout au moins ce que voudrait faire croire l'analyste, qui se place toujours *extérieurement* à lui.

Au privilège de l'avenir de pensées d'inspiration prophétique, Sorel oppose le grondement d'un présent qui est toujours aussi avenir – là réside son sens le plus fondamental de présent, cette idée formidablement simple, mais difficile à penser, commune à Bergson et au pragmatisme, que le présent *se fait*, et que le considérer comme un *fait* (déjà fait) c'est donc toujours déjà occulter sa nature de présent. Il faut se placer en ce point où « la raison, les espérances et la perception des faits particuliers semblent ne plus faire qu'une indivisible unité »[1]. Une telle exigence est un défi aux pensées rationalistes qui nient l'espérance au nom des faits déjà établis comme à la mystique de l'espérance pure. Y est opposé ici, dans un réalisme supérieur – qui aurait intégré la dimension de réalité de la *volonté* elle-même – la réalité même du faire, dont fait indissolublement partie sa propre mise en scène. En ce présent, qui est un présent d'action, savoir et espérance sont inextricablement liés. C'est ce qui se donne à voir dans les images du mythe, qui soutiennent le paradoxe de *représenter ou plutôt d'« exprimer » avec un degré de réalité exceptionnel sans décrire*.

Ce qui est tout à fait remarquable dans le mythe sorélien, c'est qu'il déploie l'idée d'une rupture, amenée sur le mode fondamental de l'irréversibilité (de la « catastrophe »), sans en faire un pôle d'inaccessibilité eschatologique – comme si l'horizon de notre propre dépassement se trouvait déjà là en quelque sorte indépendamment de ce dépassement et pour ainsi dire avant lui, suivant une dérive habituelle des pensées de la Révolution comme pensées *idéalistes*. Pour Sorel, c'est la violence même d'un désir qui ouvre les portes de l'avenir, qui n'est aucun autre que celui, prochain, de la lutte. Ce que l'ouvrier désire, ce n'est pas le lendemain, résolu, de la Révolution, mais c'est la Révolution elle-même. Un tel sens, dynamique, du présent en tant que présent où tout peut basculer, n'est pas séparable de ce qui manque le plus aux eschatologies, qui ont toujours déjà tout résolu à notre place, fût-ce sur le mode de l'énigme et de l'inaccessibilité, à savoir une pensée de la *force* – au sens non sorélien du terme, bien sûr, mais il lui arrive aussi d'employer ainsi ce terme, contre son propre usage. On soulignera les accents paradoxalement nietzschéens du révolutionarisme sorélien, et de son mode d'évaluation des différents mythes révolutionnaires dont l'Histoire nous donne l'exemple :

1. *Réflexions sur la violence*, p. 120.

> Nous allons étudier seulement l'action propre de l'idéologie chrétienne : nous verrons comment elle a brisé la structure du monde antique à la manière d'une force mécanique agissant de l'extérieur. Bien loin que l'on puisse dire que la nouvelle religion a infusé une sève nouvelle à l'organisme vieilli, on pourrait dire qu'elle l'a saigné à blanc. Elle a coupé les liens qui existaient entre l'esprit et la vie sociale ; elle a semé partout des germes de quiétisme, de désespérance et de mort. Cette action malfaisante n'est, sans doute, pas imputable au dogme chrétien lui-même ; elle est la loi de toutes les idéologies : le socialisme utopique aurait produit des effets aussi désastreux s'il avait eu une influence durable, au lieu d'être balayé par le flot capitaliste. D'ailleurs, il cherchait à copier en tout le christianisme.
> Le marxisme se présente, au contraire, comme une doctrine de vie, bonne pour les peuples forts : il réduit l'idéologie au rôle d'artifice pour l'exposition abrégée de la réalité [1].

Notre présent est gros de notre avenir. Cela non pas au sens où celui-ci y serait en quelque sorte prédéterminé – ce serait raisonner sur l'avenir en projection du passé, une fois de plus. Mais au sens où ce présent est lieu d'affirmation des forces, de conflit, et donc d'explosion, d'arrachement de la vie par rapport à l'économie qu'elle se constitue toujours superficiellement. C'est cette surabondance, cette *fécondité* poétique (poiétique au sens originaire du terme) du présent qui se donne à lire dans le mythe.

Pour rendre compte de cette temporalité qui est tout sauf eschatologique, et qui représente sans nul doute un défi à la plupart des conceptions philosophiques de l'Histoire – l'Histoire comme *durée*, renouvelant toujours les données de son propre problème – sans doute serait-ce cette catégorie de la fécondité qui serait la plus pertinente. Mais c'est dire aussi bien, comme le suggèrent les réflexions de Sorel sur le mythe chrétien, qu'il ne faut pourtant pas se hâter de sous-estimer, car il fut un vrai mythe [2], qu'une époque n'a jamais que les mythes – ou l'absence de mythe – qu'elle mérite. Toute époque précisément n'est pas *féconde*, et il n'est pas dit que cette fusion des volontés dans laquelle se constitue le mythe soit toujours à même de percer le revêtement disciplinaire des routines dans lesquelles elles sont prises. Ceci suppose une puissance d'affirmation qui peut-être, à

1. *La ruine du monde antique*, p. 44.

2. Cf. ce que Sorel dit de la révolution bolchevique : « la plus grande révolution qui se soit produite dans le monde *depuis deux mille ans* », dans son article « Le Bolchevisme en Égypte », dans *La Revue communiste*, vol. 1, septembre 1920, repris dans Larry Portis, *Georges Sorel*, p. 318. Le parallélisme entre avènement du socialisme et avènement du christianisme constitue du reste un des axes permanents de la pensée de Sorel.

l'heure actuelle, a temporairement disparu de notre monde. Il est possible qu'en ce sens, nous soyons dans un de ces temps intermédiaires dont on pourrait dire qu'ils sont constitutivement *sans avenir*.

Quoi qu'il en soit, un mythe ne se décrète pas, pas plus qu'il ne se constitue de toute pièce (à l'inverse d'une utopie). Il ne revient pas aux intellectuels de former l'élément mythique, et certainement pas de produire aujourd'hui une nouvelle « eschatologie laïque », comme si elle pouvait jamais se *fabriquer* dans l'atelier du théoricien autrement que sous une forme perverse et négative. De ce point de vue, la lecture de Georges Sorel nous offre aussi un moyen de sortir une fois pour toutes de la dramaturgie de l'intellectuel en attente de révolution. Quelle est la fonction de l'intellectuel face au mouvement social, si ce n'est regarder et comprendre ? Suivre avec humilité, comme Sorel le fit en son temps, lui qui demeure à jamais le grand penseur du syndicalisme révolutionnaire, donc d'un phénomène qui ne fut fondamentalement pas intellectuel – même si ses conséquences intellectuelles sont en revanche incalculables, et pourraient nous apprendre beaucoup sur le mouvement social dans son renouvellement « en dehors des partis » aujourd'hui. « Nous autres, nous n'avons rien inventé du tout, et même nous soutenons qu'il n'y a rien à inventer : nous nous sommes bornés à reconnaître la portée historique de la notion de grève générale »[1].

Il faut remarquer du reste que, autant il est fondamental de comprendre en quoi nous ne sommes plus à l'heure du Grand Soir, tel qu'il pouvait entretenir les rêves des syndicalistes du début du XXe siècle, expression caractéristique d'une époque déterminée – et révolue – du mouvement ouvrier, autant la valeur d'un mythe est de faire de son époque un *exemple*, et d'avoir une portée à distance sur d'autres mythes. Agiter un vieux mythe – c'est-à-dire un mythe qui ne fonctionne plus comme mythe – revient à du folklore, et le socialisme a souvent cela d'insupportable. Comme l'écrit Sorel dans un autre contexte, « la conservation d'un langage marxiste par des gens devenus complètement étrangers à la pensée de Marx constitue un grand malheur pour le socialisme »[2]. Mais ce n'est qu'en référence à la capacité d'un mythe passé à informer une époque et à produire en elle le changement radical que peut se ranimer aujourd'hui la fièvre du mythe et que peuvent se libérer les nouveaux mythes nécessaires à la remise en jeu globale de notre époque – c'est-à-dire tout simplement les capacités de création qui ne font que s'exprimer extérieurement dans le mythe. À la

1. *Réflexions sur la violence*, p. 33.
2. *Op. cit.*, p. 48.

lumière de cette constatation, c'est un autre sens de l'Histoire qui se découvre, un sens intrinsèquement dramatique, mais non pas au sens de la téléologie ordonnée d'un récit qui aboutirait en notre époque (ou au delà) comme en son accomplissement : bien plutôt celui d'un franchissement répété de limites, comme succession de remises en jeu radicales, qui nous invitent encore une fois à jouer, et, suivant un thème typiquement sorélien, à prendre le risque. Si le mythe est possible au présent, ce sera donc sur fond d'*épopée*. Or, que reste-t-il aujourd'hui de l'espoir révolutionnaire qui fut celui du début du XXe siècle, et de cette révolution bolchevique que saluait Sorel, et dont nous portons le deuil probablement définitif aujourd'hui ?

> Qu'est-il demeuré de l'Empire ? Rien que l'épopée de la Grande Armée ; ce qui demeurera du mouvement socialiste actuel, ce sera l'épopée des grèves.

On pourrait en dire autant aujourd'hui de la révolution russe. Il n'y a pas d'adresse de la Révolution. Mais son mythe subsiste.

Jocelyn BENOIST
Archives Husserl de Paris
ENS-CNRS

LE TEMPS QUI NOUS EST DONNÉ

L'HISTOIRE À L'ÉPREUVE DE LA RÉVOLUTION

L'HISTOIRE DE LA RÉVOLUTION

Dans ce texte, je désire avant tout comprendre les principales figures de la temporalité sous-jacentes à une certaine idée *moderne* de révolution (politique et sociale) – si la révolution n'est pas, de fait, une idée entièrement moderne.

La question du rapport entre révolution et temporalité se pose du moment où on reconnaît la profonde solidarité qui lie la transformation révolutionnaire, voire sa possibilité et sa légitimité, au processus historique – c'est-à-dire à l'Histoire en tant que vérité même (peu importe si occultée, méprisée ou contrariée) du monde et du temps humains. Il y a donc, c'est le premier constat à faire, un sens très général auquel révolution signifie affirmation de l'Histoire, libération de son simulacre, participation pleine à la vérité du temps humain. Mais comment l'idée de révolution travaille et retravaille-t-elle la notion du temps pour s'emparer enfin de cette signification ? Et donc, dans quelle mesure celle-ci est-elle tributaire de l'Histoire comme « invention » (le mot est de L. Strauss) de la modernité ?

Le rapport entre révolution et temporalité soulève, tout de suite, la question du singulier collectif « Histoire »[1], parce que l'expérience qui se veut révolutionnaire présuppose dans son principe non seulement une certaine compréhension du monde historique (théologique, idéaliste, matérialiste, etc.), mais aussi, et plus radicalement, l'Histoire même, le

1. Cf. R. Koselleck, *Vergangene Zukunft. Zur Semantik geschichtlicher Zeiten*, Surkamp Verlag, Frankfurt a. M. 1979.

« mythe » de l'Histoire (le mot est de Foucault) en tant que construction symbolique d'un horizon (universel et transcendantal) apte à accueillir la totalité *dynamique* des actions humaines (passées, présentes, futures), tout en se transformant incessamment. Bien avant d'appartenir à un même mouvement d'émancipation, révolution et Histoire appartiennent à un même mouvement généalogique : pas d'action révolutionnaire sans sujet historique. Dans ces termes, la révolution se fait compagne de l'Histoire, car il s'agit ici d'un *dynamisme* historique « auto-régulateur » capable, en des situations extrêmes, d'engendrer un renversement radical. La révolution n'est alors qu'un produit de l'Histoire, s'affirmant – dirait le Marx du premier livre du *Capital* – avec « l'inéluctabilité d'un processus naturel », dont le sujet historique à tout au plus la faculté d'œuvrer à un changement qui est en tout cas déjà en acte. Toutefois, la révolution accompagne l'Histoire dans un autre sens aussi. Celui où elle se présente comme correction d'un *dynamisme* corrompu (le devenir obtus et irréversible de Nietzsche ou le *continuum* de W. Benjamin) : ici, donc, il s'agit plutôt d'une Histoire qui se voit obligée d'affirmer à nouveau ses droits par un acte révolutionnaire ; une Histoire s'assurant contre elle-même, à savoir contre le risque, toujours présent, d'une fermeture annulant la nature différentielle de cette figure mobile et irréversible du temps qui lui devrait être propre. Dans ces deux déclinaisons de l'idée de révolution, nous reconnaissons l'expression d'une ontologie du temps qui a traversé la modernité, comme projet politique, éthique, social. Donc, on peut dire, pour conclure sur ce point, que le temps pensé à travers l'image de la révolution n'est que le temps historique regagné à sa propre vocation ; ce qui, du point de vue des hommes (l'« Humanité »), signifie voir s'affirmer, ici et maintenant ou progressivement, le temps (l'Histoire) qui leur est dû : question centrale de la modernité, s'il y en a une.

L'ÉPOQUE DE L'ÉMANCIPATION

Ce n'est donc pas un hasard, rappelons-le entre parenthèses, si ce que je viens d'appeler « modernité », pour les premiers pages du *Manifeste* de Marx et Engels – auteurs que j'évoque, ici, en raison de la valeur paradigmatique de leurs écrits – est tout simplement l'« époque de la bourgeoisie », c'est-à-dire l'âge de cette classe montante qui est censée avoir joué dans l'Histoire un rôle « extrêmement révolutionnaire » : bouleversement des conditions de vie féodales et de ses liens hiérarchiques ; anéantissement de la dévotion religieuse ; transformation radicale des rapports sociaux ; déploiement des forces productives. Lorsque Marx et Engels s'interrogent sur l'identité du sujet historique de la modernité, ils ne peuvent évidemment que tomber sur la bourgeoisie. Cela non simplement à cause du fait qu'il s'agit de la classe qui a su imposer à la civilisation un nouvel ordre (*modernisation*) de la société, construit autour de ses intérêts ; mais surtout parce qu'elle trouve sa condition d'existence dans une incessante révolution planétaire : celle des moyens et des rapports de production. La bourgeoisie attribue ainsi au temps historique le dynamisme qui lui est propre, même si le *telos* de ce dynamisme travaille paradoxalement à son dépassement : révolution de la révolution, négation de la négation. La classe *historique* (bourgeoisie) engendre la classe *révolutionnaire* (prolétariat). En ce sens, l'irruption de la modernité coïncide précisément avec celle de l'Histoire, car c'est la bourgeoisie qui temporalise la civilisation par un mouvement historique que Marx et Engels qualifient d'« éternel ». Dans l'*Idéologie allemande* – texte quelque peu antérieur – ce mouvement éternel est présenté dans toute sa discontinuité, comme occasion de l'avènement d'une conversion radicale qui réagit avec un « mouvement pratique » (la révolution) à la métamorphose des forces de production en forces de destruction (de la vie sociale et individuelle)[1].

S'il y a une histoire proprement humaine, c'est une histoire qui s'organise autour de la perception d'un nouvel horizon d'attentes, dont l'idée de révolution (dans le bien et dans le mal) est certainement un des éléments topiques, qui a contribué à informer l'imaginaire moderne. Révolution et évolution historique sont deux termes que la modernité, avec son insistance sur la question de l'émancipation sociale du genre humain (ce que Hegel appelle « la maîtrise du sujet sur soi-même »), conçoit en plusieurs circonstances comme complémentaires, sinon comme synonymes.

Il est encore assez significatif, à ce propos, que lorsque Kant, dix ans après la Révolution Française, s'interroge sur l'évolution du genre humain (« la progression continuelle vers le mieux »), il fonde cette tendance sur un phénomène qui devrait relever de la capacité de l'Homme à se présenter comme la « cause » et l'« auteur » du progrès. Et où en trouver l'*occasion* ? Réponse : dans la révolution. Bien sûr, le phénomène interrogé par Kant n'est pas assimilé de façon immédiate à la révolution, il relève plutôt de la qualité axiologique de *sa* réception : la générale réaction d'enthousiasme *désintéressé* qu'elle a su susciter auprès du public pourtant non concerné

1. K. Marx, *Idéologie allemande*, trad. fr., *Œuvres*, t. III, Paris, Gallimard, 1982, p. 1122-1123.

directement. Révélé par une telle participation émotive – qui présuppose, dit Kant, une disposition morale intrinsèque au genre humain, et que Hegel dans sa *Philosophie de l'Histoire* appellera « noble commotion » – il y a ici l'indice historique, mais aussi anthropologique, d'une tension vers le mieux qui dépasse toute interprétation possible des événements humains (passés et présents). Du point de vue de cette évolution progressive, la révolution selon la lecture de Kant est l'épiphénomène d'une disponibilité morale de la nature humaine à reconnaître la possibilité de dépasser les seuls intérêts individuels. Et cela dans la mesure où la révolution est capable (a été capable) d'éveiller une approbation désintéressée, laquelle, entendue comme *enthousiasme* (« participation émotive au bien »), ne peut que se référer toujours à quelque chose d'idéel, en l'occurrence : le concept du *droit* du peuple – le droit à se donner une organisation civile (la constitution républicaine) conforme au droit naturel. Ici, donc, il est vrai que « évolution » et « révolution » ne sont pas des termes interchangeables, mais s'il y a une visibilité de l'évolution historique, il ne faut pas la chercher dans les faits racontés par l'historiographie. La visibilité est toute du côté des sentiments produits par la révolution, ou mieux du souvenir de ces sentiments et de leur signification anthropologique : le dévoilement d'une propension de la nature humaine au progrès [1]. La visibilité – disons – est toute du côté de l'Homme.

RÉVOLUTION ET DÉTEMPORALISATION DU TEMPS

Si j'approche d'une telle façon l'idée (moderne) de la révolution, c'est que la question qui sous-tend ces pages est celle de l'obsolescence du terme dans le contexte de la culture (politique) actuelle. Au-delà de l'argument vulgaire des impitoyables « répliques de l'Histoire », quelle interprétation faut-il donner au déclin des projets révolutionnaires ? Comment expliquer la fin des discours sur le « droit du peuple à faire la révolution » (pour rappeler le titre d'une œuvre du kantien J.B. Erhard publiée en 1795 [2])? Pourquoi, dans nos démocraties occidentales, non seulement tout cela ne sonne plus comme persuasif, mais semble aussi avoir complètement perdu en vraisemblance ?

1. I. Kant, *Der Streit der Fakultäten*, *Werke*, Bd. 7, Berlin, de Gruyter, 1968-1977, II, 5-10.

2. Cf. J.B. Erhard, *Über das Recht des Volks zu einer Revolution*, München, Carl Hanser Verlag, 1976.

Pour le dire tout de suite, il s'agit là d'une dévalorisation derrière laquelle il est possible de saisir la déstructuration même du temps de la modernité et, dans une certaine mesure, celui des formes de la subjectivité qui lui était propres. L'ontologie du temps médiatisée par nos pratiques contemporaines (discours et actions), s'organise aujourd'hui à travers une articulation du rapport entre passé, présent et futur qui fait éclater (avec des effets importants sur l'identité) la dialectique entre continuité et discontinuité propre à la modernité, comprise comme époque de l'Histoire. Nous participons désormais à une temporalité qui substitue au dynamisme historique un « pointillisme » topologique. Ainsi, nous n'avons plus que le présent, et néanmoins c'est un présent qui ne cesse de se substituer à soi-même, sans toutefois s'ouvrir sur aucun futur qui ne soit la répétition, le développement ou la radicalisation, de ses propres logiques. Nous n'avons plus de futur, parce que notre présent, avec ces ressources et potentialités techniques, se comprend lui-même comme ayant déjà surpassé les attentes sotériologiques de l'avenir. Mais nous n'avons non plus de passé, parce que la mémoire ne joue plus aucun rôle décisif dans cette figure du présent ponctuel qui prétend néanmoins « occuper » toute l'extension du temps.

Dans son commentaire à ce qui est présenté comme le passage essentiel de *l'Éternité par les astres* – celui où Auguste Blanqui, anticipant Nietzsche, affirme l'idée d'un retour éternel reproduisant inlassablement les mêmes gestes, les mêmes coutumes, les mêmes objets, les mêmes circonstances –, W. Benjamin écrit que « cette résignation sans espoir, c'est le dernier mot du grand révolutionnaire ». Et il conclut : « le [XIXe] siècle n'a pas su répondre aux nouvelles virtualités techniques par un ordre social nouveau »[1]. Aujourd'hui, si nous prêtons attention au temps qui nous est donné (bien que cette « donation » ne soit que l'effet des pratiques qui nous concernent quotidiennement), il faut reconnaître que notre époque manifeste la même inaptitude soulignée par W. Benjamin : aucun ordre social *nouveau* ne semble sortir des *nouvelles* virtualités techniques. Ce qui, bien entendu, ne signifie absolument pas répétition d'un même et identique profil sociétal. Les transformations, immenses transformations, sont sous les yeux de tous ; au niveau des rythmes sociaux (accélération) ; au niveau de la perception de l'espace et du temps (duplication virtuelle du réel, compression des mesures) ; au niveau de l'articulation entre public et privé (invasion réciproque de l'un par l'autre) ; au niveau des relations intersubjectives (interaction poussée, d'une part, et

1. W. Benjamin, *Paris, Capitale du XIXe siècle*, dans *I « passages » di Parigi*, *Opere complete*, t. IX, Torino, Einaudi, 2000, p. 34.

crise du lien social, de l'autre); au niveau de notre rapport aux choses (marchandisation des objets) et de notre rapport à nous-mêmes (narcissisme). Sans oublier, évidemment, le niveau des connaissances, des techniques et de leur potentiel, qui est à la fois constructif, transformationnel et destructif. Mais, alors, qu'est-ce exactement que cette transformation qui n'emmènerait à aucun ordre social *nouveau* ?

Rappelons, avant tout, que dans le langage de Benjamin (qui ici interprète le sentiment de résignation du « grand révolutionnaire ») l'adjectif « nouveau » signifie rédemption du monde, libération issue de l'application au passé d'une dialectique rédemptrice capable de donner lieu à une « apocatastase historique ». Rachat mondain d'un présent – peut-on dire – ayant été mis en condition de trancher définitivement avec le *continuum* de cette histoire additionnelle fermée sur elle-même que plus tard Benjamin, dans ses *Thèses sur l'histoire*, identifiera au « temps homogène et vide »[1]. À elles seules, « les virtualités techniques » n'assurent aucun bouleversement radical, au contraire elles peuvent très bien, au-delà de leur apparent pouvoir révolutionnaire, contribuer à perpétrer le temps additionnel de l'historicisme. Il peut donc très bien y avoir des transformations (et même incessantes, comme c'est le cas aujourd'hui) qui pourtant n'arrivent pas à se soustraire à cette fermeture historique qui se dissimule derrière l'idée du progrès. Il s'agit, alors, de l'affirmation réitérée d'une histoire de *nouveautés* (avec leur inévitable dégénérescence), indifférente à toute histoire *nouvelle*. *Aujourd'hui comme hier* : si, tout au moins, on juge correcte la lecture benjaminienne du vieillissement toujours plus rapide des innovations et des inventions propre au capitalisme, comme marque spécifique de la première modernité.

Mais, avant de développer ce point, reprenons notre question de départ.

PROGRÈS/REGRÈS. LES VITESSES DE L'HISTOIRE

Il est tout à fait possible de reconnaître derrière la perspective révolutionnaire (comme discours sur l'exercice d'un droit, et souvent aussi sur l'accomplissement d'un devoir) l'idée qu'il est propre à l'Histoire de se développer selon des vitesses différentes. L'imaginaire moderne de la révolution est construit, entre autres, sur une conception du temps historique pour laquelle l'évolution des sociétés humaines, en raison de logiques d'ordre politique, culturel ou économique, se laisse affecter par

1. W. Benjamin, *Das Passagen-Werk*, Frankfurt a. M., Suhrkamp, 1982, t. XIII.

des rythmes qui ne respectent point la scansion « naturelle » de son cours. Le cours de l'évolution peut ainsi subir des accélérations où, au contraire, être arrêté par un processus soudain de décélération : temps précipité des événements *versus* temps ralenti de la stagnation. C'est, à la fois, la manifestation d'une docilité, d'un opportunisme, d'une intempérance et, en tout cas, d'une malléabilité du temps qui justifie l'irruption sur la scène de l'Histoire d'un nouveau sujet, capable de veiller sur les conséquences politiques et sociales qui en dérivent. La transformation du sujet historique en sujet révolutionnaire se produit lorsque, au niveau du cours historique, la prévalence de la vitesse arbitraire du temps sur la vitesse légitime est telle qu'elle engendre des effets destructeurs sur le corps de la société ou sur une partie importante de celle-ci. De ce point de vue, il y a donc un temps de l'accomplissement auquel se *superpose* une autre temporalité, qui peut avoir soit l'effet d'en bloquer la réalisation, soit au contraire de l'anticiper. Essayons, maintenant, de considérer de plus près ces deux cas.

Dans le premier cas, la question consiste à savoir si, indépendamment de toutes références aux conditions données, il est légitime de procéder à la libération du temps. Ou si, au contraire, le temps ne produit pas de lui-même les moyens de se libérer de son « double négatif » : par exemple, en le laissant croître jusqu'au point dialectique où – comme nous l'avons vu dans le premier paragraphe – ce sera le niveau même de ses propres contradictions qui en sanctionnera la fin. Si la révolution ne peut pas être un geste inconditionné, c'est qu'elle se présente comme une affaire concernant tout autant l'action du peuple que celle de l'Histoire.

Chez Tocqueville, par exemple, cette co-implication prend une signification qui traduit parfaitement l'idée du caractère plastique du temps ; la possibilité d'une stratification du temps historique par rapport à laquelle la révolution est interprétée comme une traduction ultérieure (par d'autres moyens) de sa logique immanente. Dans sa célèbre étude publiée a Paris en 1856[1], Histoire et révolution participent en effet d'un même mouvement d'égalisation des conditions sociales qui permet d'établir une liaison forte entre le temps *apparemment* continu de la première et le temps *apparemment* discontinu de la seconde. L'Ancien régime appartient déjà à une histoire que la révolution ne fait que rendre parfaitement visible, ou pour le mieux dire : il y a *un* niveau d'événements à l'intérieur de l'histoire de l'Ancien régime qui, disons, se sert de la révolution pour en affirmer les effets à *tous* les niveaux de l'Histoire. Par la concentration administrative du pouvoir politique réalisée au détriment de l'aristocratie (ce que Furet

1. A. de Tocqueville, *L'ancien régime et la Révolution,* Paris, Gallimard, 1967, p. 43.

appelle « corruption du principe aristocratique »[1]), l'état monarchique centralisé accomplit une révolution *historique* que la « grande révolution » *du* peuple ne fera que poursuivre et radicaliser. La révolution, en dépit de toute auto-interprétation, ne réalise aucun commencement radicalement nouveau, aucune fracture du temps. Le regard de l'historien reproduit ici la perspective de l'ontologie de l'histoire, pour laquelle il n'y a aucune césure entre Histoire et révolution, car comme vérité même de l'Histoire, la révolution, de ce point de vue, ne fait que réaliser brusquement ce qu'elle a à être *par nature*. C'est pour ça que tout la question tourne autour de l'explication de l'idée selon laquelle la révolution (française) serait sortie « comme d'elle-même de la société qu'elle allait détruire »[2] : *comme d'elle-même*, c'est-à-dire comme un phénomène qui doit son avènement non pas tant aux hommes qu'aux lois (« fondamentales »[3] ajoute Tocqueville) du développement historique. S'il est vrai que la révolution imprime une direction à l'Histoire *par des modalités opératoires inédites*, cela ne signifie pas du tout *que la direction elle aussi* doit automatiquement être inédite. Au contraire, si l'on ne considère la révolution que pour elle-même, du point de vue de son essence (en la séparant donc de « tout les accidents qui ont momentanément changé sa physionomie à différentes époques et dans divers pays [...] »[4]), on voit jusqu'à quel point cette direction ne fait que poursuivre ce même travail de transformation qui caractérise le développement de la société occidentale, ce que Tocqueville appelle « les progrès de la civilisation »[5]. Les termes avec lesquels Tocqueville oppose une lecture correcte de la révolution à une lecture arbitraire sont, à ce propos, très instructifs. D'un côté, nous avons l'idée de l'« accroissement », du « complément », de la « terminaison », de l'« achèvement » ; de l'autre celle de la « destruction », du « changement », de l'« arrêt », de l'« altération ». Tout l'effort historiographique de Tocqueville (recherches d'archives sur les actes publics, sur les procès-verbaux des assemblées d'états et provinciales etc.) se concentre ainsi sur la démonstration du caractère seulement apparemment radical, et donc non innovateur, de la « convulsion » révolutionnaire. Pourtant il y a bien une réalité sur laquelle s'exerce avec ferveur quelque chose comme une action innovatrice.

1. Cf. F. Furet, M. Ozouf, *Dictionnaire critique de la Révolution française*, Flammarion, Paris 1988, voir à l'entrée « Tocqueville ».

2. A. de Tocqueville, *op. cit.*, p. 47.

3. *Ibidem*, p. 79.

4. *Ibidem*, p. 79-80

5. *Ibidem*, p. 79

Mais, quelle est la nature exacte de cette réalité ? Autrement dit : qu'en est-il des institutions aristocratiques et féodales dans l'ancien régime ? D'après la lecture de Tocqueville, il s'agit d'une réalité qui se reproduit encore seulement comme une survivance du passé *sans efficacité*, comme une présence vide et sans portée, que la logique de l'Histoire, avec ses transformations de l'ordre social, s'est déjà chargée de dépasser. Du côté du « sens » de la révolution, cela veut dire alors que, si innovation il y a, c'est une innovation qui, par un schéma inusuel, agit sur une réalité fonctionnellement dés-historicisée. Une réalité, donc, mise hors-jeu bien avant l'œuvre de la révolution : par cette transition historique qui, dans ce cas, se concrétise dans la centralisation administrative, opérée par la concentration monarchique du pouvoir. C'est l'idée de l'Ancien régime comme époque nourrissant l'esprit révolutionnaire. Ou, si l'on préfère, d'une révolution bouleversant une réalité déjà bouleversée par l'Histoire même *dans son principe*. Ici, l'Histoire c'est la transition ; la révolution, au contraire, transgresse ce principe avec un geste violent et « douloureux »[1], sans pourtant trahir aucunement les *desiderata* de cette transition. La révolution ne fait qu'accélérer les effets de la transition, elle les présentifie ici et maintenant, ignorant bel et bien la médiation du temps : achever « soudainement, par un effort convulsif [...], sans égard, ce qui se serait achevé peu à peu de soi-même à la longue » – telle est l'œuvre véritable de la révolution[2].

Le second problème concerne expressément le point suivant : la nature de la possible alliance entre action et Histoire, en vue du succès du bouleversement révolutionnaire. Anticiper le temps de l'accomplissement par l'accélération du temps ne veut pas dire forcer l'Histoire *au-delà* de ses propres limites. Il équivaut plutôt à s'engager dans un travail *sur* ces mêmes limites, à réparer sa provisoire incapacité de rester fidèle à elle-même. L'action se fait Histoire afin que celle-ci puisse à nouveau se reconnaître *comme* Histoire. On a là, si un tel rapprochement est légitime, ce même type d'alliance qui devrait aussi caractériser le rapport entre arts et nature, d'après la perspective adoptée par le rhétoricien de Leipzig J.A. Birnbaum contre les affirmations du maître de chapelle et musicographe J.A. Scheibe, lors d'une polémique sur la technique de la composition bachienne née en 1737. Ainsi que « les objectifs essentiels de l'art véritable » visent non seulement à imiter la nature, mais aussi *à l'aider là*

1. *Ibidem*, p. 81.
2. *Ibidem*.

où il le faut[1], c'est-à-dire à donner une forme à ce qui n'en a point, ainsi la précipitation des événements, le temps accéléré par des vicissitudes humaines, relève d'un même « soutien » à l'égard des « faiblesses » déroutantes de l'Histoire. Tout comme il peut y avoir mise en forme artistique « des choses [qui] sont livrées informes par la nature »[2], il peut y avoir aussi correction révolutionnaire de l'absence de forme (provisoire) du cours historique, voire amendement de la vitesse (ou de la direction) « naturelle » de son chemin.

L'Histoire a, donc, ses propres temps : temps légitimes et temps illégitimes. Savoir *comment*, *quand* et, premièrement, *si* y intervenir – voilà la grande question qui se pose à l'action révolutionnaire. Or, si l'on regarde de plus près le modèle temporel propre à la perspective de l'ontologie historique, il faut observer que « légitime » est cette figure du temps qui articule, selon un certain ordre, le rapport entre passé, présent et futur. Le passé est toujours ce qui est passé *d'un certain présent*, lequel à son tour ne peut que passer pour pouvoir conduire au futur, en le laissant ainsi (*à*) *venir* à sa place. En revanche, « illégitime » est cette figure du temps qui interrompt le *flux* entre le présent et le futur, en obligeant ainsi le présent à se perpétrer comme passé de lui-même. Passé du présent, dans le premier cas ; présent du passé dans le second. Cette interruption du flux correspond, en un sens, à une interruption de l'Histoire, car ce qui ici s'interrompt, c'est ce même mouvement qui produit la triple scansion du passé, du présent et du futur. Un présent qui ne se reproduit que comme passé de lui-même, n'est plus à même d'ouvrir aucune perspective (au) futur, car il n'y a « à venir » que là où le présent accepte de *devenir*, c'est-à-dire là où il est prêt à passer, à se transformer dans le passé.

C'est ici exactement que l'ontologie de l'Histoire peut reconnaître un rôle légitime à la révolution. La révolution, si elle doit intervenir, doit le faire intervenant sur ce présent qui fait barrage au futur, en lui imposant de force un passé, ou mieux en l'investissant comme le passé, comme ce qui doit passer.

1. Cité dans N. Harnoncourt, *Le dialogue musical*, trad. fr., Paris, Gallimard, 1996, p. 64. (C'est moi qui souligne).

2. *Ibidem*.

PRÉSENTIFICATION DU TEMPS

Reprenons maintenant là où nous l'avons laissé le discours sur la qualité du temps telle qu'elle nous est donnée aujourd'hui par nos pratiques quotidiennes : un segment temporel qui s'ordonne comme présent éternel, absolu, à même de saturer l'arc total du temps. Une configuration, donc, qui évite de se penser comme segment ou comme « intervalle » (pour employer le mot augustinien), c'est-à-dire comme *une* des trois dimensions du cours temporel. Bref, qui ne se reconnaît plus comme temps *historique* et, par ce fait même, se soustrait *au* devenir.

Non seulement dans ses thèses célèbres sur l'Histoire, mais aussi dans les matériaux et les fragments préparatoires au grand projet du *Passagenwerk*, Benjamin a réfléchi avec insistance sur l'ambiguïté propre au *devenir* historique de la modernité, avec son mythe du progrès.

D'un côté, pourrait-on dire, le mythe moderne du progrès inaugure une dimension temporelle *ouverte* de façon immanente *sur* le monde (mondanisation), où il est donc question d'une qualité du temps humain traversé par la *différence* – une différence contenue toutefois à l'intérieur de l'ordre mondain du temps ou du siècle (sécularisation).

De l'autre côté, vu que cette ouverture est assurée par le fait que tout instant temporel, dans le schéma moderne du temps, est en *devenir*, et définit donc une succession irréversible orientée – je veux dire finalisée à la production du progrès même comme accomplissement du temps des hommes – il ne peut se produire aucun instant vraiment *différent*, car tous les instants qui se suivent sont traversés et organisés par cette même logique qui est *orientée* à la production du futur comme progrès. Nous l'avons déjà dit dans le troisième paragraphe : c'est la configuration du temps en tant que *continuum*. La logique du temps du *continuum*, pour pouvoir s'assurer d'une structure *téléologique*, est obligée, pour ainsi dire, d'*homogénéiser* le temps de la succession et de le *vider* de tout contenu radicalement révolutionnaire (différence entre ce qui *procède* et ce qui *précède*), car aucun instant ne peut s'arroger le droit de considérer son avènement comme la *finalité* du procès dont il dérive. Cette impasse du temps de l'historicisme demande une autre considération de l'instant – que Benjamin thématisera avec la notion de *Jetztzeit*, dont la fonction devrait être celle de *rompre* avec le « temps homogène et vide », de se *libérer* (au sens de *se sauver*) de sa fermeture, en conjuguant ainsi révolution et messianisme, politique et théologie. Je ne suivrais pas Benjamin sur ce point.

Ce qui nous intéresse ici, c'est plutôt d'observer que sa lecture de la culture matérielle du XIXe siècle discerne la même structure équivoque du temps historique dans le trait typiquement *moderne* de la transfiguration fantasmagorique subie par les biens culturels à l'époque de leur marchandisation (le marxien « temps de la vénalité universelle »). Représentation enchantée et scintillante à travers laquelle les objets se manifestent aux regards étonnés et désirants des passants dans les « magasins de *nouveautés* »[1]; virtuosité de la *nouvelle* architecture en acier et vitre des *passages* parisiens, des jardins d'hiver, des gares, des marchés couverts – emblème de l'époque technique à ses débuts, qui brille au détriment de la dénonciation des défauts de son système productif; goût physiognomonique du collectionneur pour sa *dernière* acquisition, qui renouvelle une série d'objets magiquement affranchis de leur utilité pratique et de leur valeur marchande : tout cela aux yeux de Benjamin n'est que le spectacle fastueux et fantastique – la chimère – dissimulant la contradiction du temps de la modernité. À savoir : ce phénomène paradoxal qui fait que c'est le caractère même de nouveauté pris par les choses – déterminant un régime où l'attention est capturée *tout le temps* par des nouveautés – qui entrave *toute modification* substantielle du « visage du monde ». La *fantasmagorie* est donc, de ce point de vue, le signe d'une impuissance du temps – du temps propre à cette époque (le monde bourgeois) qui a identifié le cours temporel à l'Histoire, tout en esquivant sa logique, par la *naturalisation* idéologique des rapports sociaux et des institutions qui lui sont spécifiques (c'est, entendons-nous, le grand thème marxien de la non-historicité de la conception du monde bourgeois[2]). Une impuissance qui se *transfigure* en mirage de progrès, avec l'effet de réintroduire l'utopie dans un horizon désormais soustrait à la présence de l'Histoire. Rien à voire, donc, avec cet effet fantasmagorique, produit au départ des trains à la Gare Saint-Lazare par une fumée dense où aucune figure ne pouvait plus être

1. Cf. W. Benjamin, *Passages, magasins de nouveautés, calicots*, dans *I « passages » di Parigi*, *Opere complete*, t. IX, Torino, Einaudi, 2000, p. 44. (C'est moi qui souligne)

2. Cf. K. Marx, *Misère de la philosophie*, dans *Œuvres*, I, I, Paris, Gallimard, 1994. Lorsque Marx, dans sa célèbre critique des économistes, observe leur aptitude à naturaliser les rapports de production bourgeoise – ou sens où dans ce type précis de rapports, la richesse créée et le développement des forces productives sont interprétés comme absolument conformes aux lois naturelles – il accompagne aussi l'observation avec une réflexion plus générale sur l'époque bourgeoise et sa façon *ambivalente* de traiter l'Histoire – *historicité* des institutions pré-modernes, d'une part, *éternité* des logiques des institutions capitalistes, de l'autre : « Ainsi, il y a eu de l'histoire, mais il n'y en a plus » (p. 89).

distinguée, qui avait si impressionné Claude Monet à la fin des années 70 du XIXe siècle – d'après l'expression employée par lui-même (« vraie fantasmagorie ») dans une lettre à son ami Renoir[1]. La fantasmagorie de Benjamin n'a plus rien de magique, sinon la capacité de cacher derrière sa fumée d'effets imposants et spectaculaires la dure réalité d'un éternel retour du même.

Comme l'écrit Benjamin dans une remarque des fragments du *Passagenwerk* (S I, 5) : ce qui est nouveau, ce qui s'affirme comme la dernière nouveauté, ne produit aucune transformation du tissu temporel. Puisque, dans ce contexte (le monde de la production moderne), le « nouveau » reste à tous égards « toujours le même », sans rien modifier à la définition des rapports sociaux. La note qui précède cette remarque présente justement le paradoxe d'une nouveauté ne frappant nullement l'identité du temps, comme définition même du « moderne » – le nouveau « dans le contexte de ce qui a toujours déjà été » (S I, 4).

Enfin, si, comme il est dit dans une autre note (S 2, 2), la modernité correspond à cette époque où le nouveau est « toujours éternellement égal », le temps dont on trouve données aujourd'hui les coordonnées comme informant nos pratiques quotidiennes est un temps qui se définit en radicalisant exactement cet aspect : l'incessante production de *nouveautés* ne donnant lieu à aucune émergence *radicalement* nouvelle. Les transformations qui aujourd'hui nous affectent indéniablement dans notre possibilité d'être ne contredisent nullement cette observation. Car le point est exactement celui de l'affirmation d'une anthropologie – dont l'émergence n'est vérifiable qu'au niveau des discours et des gestes dominants dans nos récents contextes « informationnels » et « communicationnels » de vie – qui, par l'action concrète de ses pratiques, véhicule précisément cette expérience d'un présent autosuffisant, c'est à dire radicalement fermé sur lui-même. Un présent qui s'affirme en se *re*présentant sans arrêt, à travers l'impératif de la nouveauté, de l'actualité, de l'innovation pérenne. Un présent où la nouveauté, l'actualité et l'innovation ne cessent de se substituer à elles-mêmes, dans le cadre d'un « *passer* » qui, toutefois, n'est jamais vraiment *passé*, puisque rien, en dehors de cette substitution réitérée, n'*advient* vraiment.

Du reste, peut-il y avoir changement radical là où tout vieillit si rapidement, comme c'est le cas aujourd'hui ; là où tout *continue* à vieillir ;

1. Cité dans V. Gavioli (éd.), *Monet*, Milano, Rizzoli-Skira, 2003, p. 40.

là où on est *éternellement* dans le « va-et-vient » de ce qui est actuel et ce qui est dépassé ; là où le premier, au lieu de devancer le second, en prend simplement la place, dans un jeu de réoccupations infinies ?

La question, aujourd'hui, n'est plus celle soulevée par ce devenir *anhistorique*, incapable de produire une vraie innovation, auquel Benjamin opposait l'*historicité rénovatrice* du *Jetztzeit*. Une telle organisation linéaire du temps a éclaté, pour des raisons qui n'ont rien à voir avec la théorie philosophique (et critique) de l'Histoire. Pourtant, le présent ponctuel s'attestant aujourd'hui sur ses ruines ne traduit aucune historicité rénovatrice. Tout au contraire, c'est un présent qui nie le temps, en raison de sa prétention de l'avoir toujours déjà dépassé ; un présent si satisfait de soi-même qu'il s'imagine pouvoir le surpasser *incessamment* par la logique, à chaque fois plus poussée, de ses performances. Ainsi, se produit le mouvement obtus d'une *transformation* et d'une *innovation* continuelles – investissant objets, milieux, contextes, personnes, savoirs – auxquelles toutefois ne fait suite aucun *changement* effectif : destin inévitable, pour une réalité ayant l'ambition de « se passer » du temps. Pas de passé, là où celui-ci n'est que ce même présent avec un degré d'accomplissement inférieur : le *même*, mais seulement s'imposant avec une force moins grande quant aux processus de rationalisation, de production et consommation, d'information, de communication, de virtualisation. Pas de futur, là où celui-ci ne se définit que par l'incrément et la diffusion globale (globalisation) de tout ce que le présent contient déjà comme ce qui « avait à être », comme ce qui, justement *parce que* déjà réalisé, détruit l'image de tout autre « avoir à être » (*sollen*) : figure ultime de l'accomplissement, car bien plus avancée, d'un futur qui existe encore seulement comme espace. « Espace », disons, d'une diffusion, dont le seul devoir est celui d'universaliser, en répandant au niveau mondial (mondialisation), les conquêtes du présent, à savoir le présent comme conquête – nouvelle figure *finale* de l'Histoire. On a, ici, l'idée du futur comme répétition spatiale du présent, et du présent comme accomplissement temporel du futur, dont le passé n'est que ce même présent absolu (notre présent) lequel, à ces conditions, ne « peut » jamais vraiment passer.

Dans un tel schéma, la révolution, bien avant de n'être plus une possibilité pour la pensée, ne l'est plus pour le temps, pour nos temps actuels. Mais attention : non pas parce que les temps (l'époque) ne se représentent plus, ou ne peuvent plus se représenter à travers un terme, une expérience, une utopie qui ont signé profondément l'auto-compréhension de la modernité. Si la révolution ne constitue plus, en ce sens, une possibilité pour l'époque, c'est qu'elle a cessé d'appartenir à cette structure ponctuelle, autosuffisante et satisfaite qui définit le temps aujourd'hui. Nous n'avons plus de révolution, car comme le signifie quotidiennement le langage ordinaire « nous n'avons pas de temps », le temps nous fait défaut. Il ne nous reste, alors, que le présent, ce présent-ci. Et un présent dépossédé du temps ne peut évidemment avoir aucune autre *nécessité*, sinon celle de sa reproduction incessante.

Fabio MERLINI
Università dell'Insubria (Varese)
Istituto Svizzero di Pedagogia (Lugano)

INDEX

TABLE DES MATIÈRES

DEUXIÈME PARTIE

RÉVOLUTION

ACHEVÉ D'IMPRIMER
EN MAI 2004
PAR L'IMPRIMERIE
DE LA MANUTENTION
A MAYENNE
FRANCE
N° 183-04

Dépôt légal : 2e trimestre 2004